【제2판】

사회복지실천론

홍봉수
권은예 · 김문수 · 박영애 · 정규영 · 정숙희

KNOWLEDGE COMMUNITY 공동체

머리말

사회복지는 사람들이 안정된 생활이 가능하도록 보호, 예방하는 등 다양한 형태의 공공과 양심가들의 역할이라고 정의할 수 있다.

이러한 관점에서 사회복지실천은 개인, 가족, 집단, 지역사회 차원에서 인간다운 생활을 영위할 수 있도록 클라이언트를 도와주기 위해 국가와 민간이 여러 방법으로 협력하여 복지를 실현한다고 볼 수 있다.

그러므로 사회복지실천은 개인과 공동체의 복지를 향상시키고, 사회적 불평등을 줄이기 위한 다양한 활동이 포함된다. 이러한 활동은 개인과 공동체가 삶의 질을 향상시키고 사회적 참여를 늘리는 데 그 목적이 있다.

그리고 우리 사회에서 사회복지실천은 시간이 지나면서 사회의 변화와 발전에 따라 계속해서 발전되어 왔으며, 지속적으로 변화하며 새로운 도전과 기회를 만들어 내기도 한다.

오늘날 새로운 복지의 필요성이 증대되고 있는 현실은 사회복지실천의 목표와 서비스의 변화를 지속적으로 요구하고 있다. 이에 따라 인구구조의 변화, 사회경제적 변화 등은 사회복지실천의 목표를 재조정하게 하고 있다.

이러한 상황에서 본 교재는 사회복지실천 전반에 대한 기초지식과 개인과 가족, 집단, 지역사회를 대상으로 한 사회복지실천모델에 관하여 통합적인 시각에서 학습하여, 사회복지실천에서의 전문성을 습득하도록 하였다.

이를 위해 본 교과목에서는 사회복지실천의 개념 및 정의, 이념과 철학, 가치와 윤리, 서구와 한국의 사회복지실천의 역사적 발달과정을 이해하고, 사회복지실천현장에 대한 소개, 사회복지실천 대상 및 문제의 개관과 함께 이에 대한 사회복지사의 역할에 대해 파악하였다.

또한 접수 및 사정, 개입, 종결, 평가에 이르는 사회복지실천의 일련의 과정에 대해 학습하고, 각 단계에 필요한 지식과 기술의 습득을 통해 통합적 접근 및 사례관리 실천 방법을 이해하고자 하였다.

PREFACE

이러한 사회복지실천에 대한 전반적 이해를 기초로, 이후에 사회복지사로서 클라이언트를 위하여 효율성 있게 서비스를 제공하고, 특수한 상황에서 적절한 실천기술 및 기법을 효과적으로 활용할 수 있게 하였다.

이러한 현실을 반영하여 본 교재는 전체 12장(Chapter)으로 구성하여 사회복지학 분야에서의 학문적 연구와 다양하고 세분화되어 있는 사회복지실천현장에서의 사회복지사 등 전문가들의 역할에 도움이 되고자 하였다.

본 교재의 구성을 구체적으로 살펴보면

제1장에서는 사회복지실천의 기초 이론으로 사회복지실천의 목적과 기능과 사회복지실천의 이념과 철학 그리고 사회복지실천의 분류와 속성에 대하여 살펴보았고,

제2장 사회복지실천의 발달과정에서는 서구 사회복지실천의 역사적 발달과정과 한국 사회복지실천의 역사적 발달과정을 고찰하였다.

제3장 사회복지실천의 가치와 윤리에서는 사회복지실천의 가치와 윤리 그리고 사회복지 전문직의 윤리강령 및 윤리적 갈등에 대하여 연구하였고,

제4장 사회복지실천현장의 이해에서 사회복지실천현장의 개념과 현장에서의 사회복지사의 역할에 대하여 알아보았다.

제5장 사회복지실천과 대상에서는 개인체계 및 가족체계와 집단체계 그리고 지역사회체계에 관하여 살펴보았고,

제6장 사회복지실천의 통합적 접근에서는 통합적 접근의 개념 및 등장배경과 통합적 접근의 실천모델에 관하여 서술하였다.

제7장 사회복지실천과 관계에서는 관계형성의 7대 원칙과 관계형성의 방해요인에 대하여 기술하였고,

제8장 사회복지실천과 면접에서는 면접의 유형과 기술 그리고 사회복지실천의 면접기록에 관하여 연구하였다.

머리말

제9장 사회복지실천과정의 초기단계에서는 사회복지실천현장에서 접수와 자료수집 및 사정도구를 알아보았고,

제10장 사회복지실천과정의 중기단계에서는 사회복지실천에 있어서 계획과 개입에 관하여 서술하였다.

제11장 사회복지실천과정의 종결과 평가단계에서는 종결을 어떻게 하는지와 여러 평가방법을 검토하여 올바른 평가에 관하여 살펴보았고,

제12장에서는 사회복지실천에서 마무리 단계인 사례관리를 다루어 사례관리의 과정과 역할에 대하여 연구하였다.

사회복지실천을 위해 본 교재는 각 장(Chapter)마다 마무리에 핵심적인 키포인트(Key point : 요점정리)를 선정하여 비교 · 설명함으로써 학습에 필요한 요점들을 보다 쉽게 이해할 수 있도록 최선을 다하였다. 그리고 각 Key point 말미에 사회복지실천 현장에서 상담에 필요한 제도를 요약 설명하였다.

본서는 사회복지학과의 필수과목으로 사회복지를 공부하는 학생, 사회복지현장의 실천가, 사회복지 전담공무원은 물론 사회복지와 관련된 모든 분들에게 도움이 되도록 하는 동시에, 사회복지영역 학문연구자들의 학습효과 향상에도 기여하고자 하였다.

집필상 부족한 부분과 한계점 등에 대해서는 독자 제현의 아낌없는 충고를 바라면서 앞으로 지속적으로 사회의 욕구와 현실의 변화에 맞게 수정 · 보완하는 데 최선을 다할 것을 다짐한다.

끝으로 사회복지에 관한 남다른 열정과 관심을 가지고 귀중한 서적들을 출간하는 도서출판 공동체 김동훈 사장께 깊은 감사의 마음을 전하고 싶다.

PREFACE

학문을 연마하기에 바쁜 일정에도 교정에 참여한 제자들을 비롯하여 다양한 분들의 도움으로 결실을 이루게 되어 고마움을 표한다.

아무쪼록 많은 분들의 정성으로 출간된 본 교재가 사회복지학 분야의 학문 연구와 실무에 작은 도움이라도 되길 바라는 마음이다.

2025년 7월

대표저자 홍 봉 수

차 례

■ 머리말 / 3

CHAPTER 01 사회복지실천의 기초 이론 _ 11

제1절 사회복지실천의 이해 ······13
제2절 사회복지실천의 이념과 철학 ······23
제3절 사회복지실천의 과학적 속성과 예술적 속성 ······26

■ Key Point(요점정리) / 29

CHAPTER 02 사회복지실천의 발달과정 _ 33

제1절 서구 사회복지실천의 역사적 발달과정 ······35
제2절 한국 사회복지실천의 역사적 발달과정 ······49

■ Key Point(요점정리) / 57

CHAPTER 03 사회복지실천의 가치와 윤리 _ 61

제1절 사회복지실천의 가치와 윤리 ······63
제2절 사회복지사 윤리강령 ······75
제3절 사회복지실천의 윤리적 딜레마 ······79

■ Key Point(요점정리) / 87

CHAPTER 04 사회복지실천현장의 이해 _ 91

제1절 사회복지실천현장의 개념 ······93
제2절 사회복지실천현장의 분류 ······94
제3절 분야별 사회복지실천현장 ······97
제4절 사회복지사의 역할 ······107

■ Key Point(요점정리) / 113

CONTENTS

CHAPTER 05 사회복지실천과 대상 _ 117

제1절 개인(체계) ······ 119
제2절 가족(체계) ······ 123
제3절 집단(체계) ······ 129
제4절 지역사회(체계) ······ 133

■ Key Point(요점정리) / 141

CHAPTER 06 사회복지실천의 통합적 접근 _ 145

제1절 통합적 접근의 개념 및 등장배경 ······ 147
제2절 통합적 접근의 주요 관점 및 이론 ······ 151
제3절 통합적 접근의 실천모델 ······ 156

■ Key Point(요점정리) / 164

CHAPTER 07 사회복지실천과 관계 _ 167

제1절 사회복지실천과 관계형성 ······ 169
제2절 관계형성의 구성요소 ······ 174
제3절 관계형성의 방해요인 ······ 184

■ Key Point(요점정리) / 187

CHAPTER 08 사회복지실천과 면접 _ 191

제1절 사회복지실천에서 면접의 개념 ······ 193
제2절 면접의 유형과 기술 ······ 196
제3절 사회복지실천의 면접기록 ······ 206

■ Key Point(요점정리) / 216

차 례

CHAPTER 09 사회복지실천과정 : 초기단계 _ 219

제1절 접수 및 자료수집 ······ 221
제2절 사정의 개요 ······ 231
제3절 사정도구 ······ 235

■ Key Point(요점정리) / 241

CHAPTER 10 사회복지실천과정 : 중기단계 _ 245

제1절 계 획 ······ 247
제2절 개 입 ······ 254

■ Key Point(요점정리) / 262

CHAPTER 11 사회복지실천과정 : 종결과 평가단계 _ 265

제1절 종 결 ······ 267
제2절 평 가 ······ 274

■ Key Point(요점정리) / 285

CHAPTER 12 사례관리 _ 289

제1절 사례관리의 개념 ······ 291
제2절 사례관리의 과정 ······ 298
제3절 사례관리자의 역할 ······ 301

■ Key Point(요점정리) / 304

■ 참고문헌 / 307

■ 찾아보기 / 310

CHAPTER 01

사회복지실천의 기초 이론

제1절 사회복지실천의 이해
제2절 사회복지실천의 이념과 철학
제3절 사회복지실천의 과학적 속성과 예술적 속성

CHAPTER

01 사회복지실천의 기초 이론

제 1 절 사회복지실천의 이해

1. 사회복지와 사회사업, 사회복지실천의 관계

사회복지실천이란 사회복지사가 클라이언트의 욕구나 문제의 해결을 돕기 위해 일정한 개입목표와 과정에 따라 활동하는 것이다. 본서에서 집중적으로 다룰 '사회복지실천(social work practice)'이라는 용어는 결코 단순하게 이루어진 것이 아니다.

왜냐하면 사회복지, 사회사업, 사회복지사업 등의 용어와 맞물려 있기 때문이다. 사회복지실천은 이제 하나의 고유명사가 되었지만, 이 용어가 출현한 배경은 상당히 독특하다.

사회복지, 사회사업, 사회복지실천은 엄연히 다른 개념인데도 용어가 비슷하다는 이유로 혼용되기도 한다. 이 세 가지 용어가 뜻하는 바를 정리해 본다.

먼저, 1983년 「사회복지사업법」이 개정되면서 그 법에서 애초에 사용했던 '사회사업종사자'의 명칭이 '사회복지사(social worker)'로 변경되어 사회사업이라는 용어도 자연스럽게 사회복지로 바꾸어 사용하게 되었다. 그 후 점차 사회복지라는 용어가 일반화되었다.

사회복지는 social welfare, 즉, 사회와 복지의 합성어로, 복지란 불만이 없고 만족할 만한 상태를 뜻한다. 즉, 복지란 안락하고 만족한 상태, 건강한 상태를 말하며 행복한 상태를 추구한다고 말할 수 있다.

따라서 사회복지는 사회(social)에 복지(welfare)라는 말이 합쳐서 사회적으로 행복한 생활상태를 의미한다. 또한 넓은 의미에서 볼 때 사회복지는 사회구성원의 기본적 욕구를 충족하여 삶의 질을 개선하기 위한 모든 사회적 · 제도적 노력이라고 할 수 있다.

반면 사회사업이라는 용어가 역사에 등장한 것은 불과 최근의 일이다. 사회사업이란 개인, 가족, 집단, 지역사회를 도와 그들의 문제를 해결하고 관계를 만족스럽게 도와주며, 사회적 기능의 역량을 강화, 회복시키고 그들의 목적에 유리한 사회적 조건을 창출하도록 하는 전문적인 활동이다.

사회복지와 사회사업을 비교하면 사회복지는 사회사업보다 더 포괄적인 개념이라고 볼 수 있다. 즉, 사회복지는 개인, 가족, 집단, 지역사회의 욕구를 충족시키기 위한 법률과 정책의 의미가 강한 반면, 사회사업은 일련의 지식과 가치, 기술을 포함하는 전문직으로 인식된다.

그럼에도 불구하고 이 둘의 차이를 고려하지 않고 그냥 '사회복지'라고 혼용하여 사용하거나 동일한 개념으로 사용하고 있는 실정이다. 이러한 관행은 일정한 맥락 속에서 소통은 될지 몰라도 상황을 규명하고 정의하는데 한계가 있기에 개선할 여지가 있다.

사회복지실천은 사회복지학의 분야에서 상대적으로 새롭게 등장한 개념이다. 대학의 사회복지교육과와 연관하여 고려해 볼 수 있다. 애초 사회사업학과에서는 사회사업의 주요 방법론으로서 개별사회사업, 집단사회사업, 지역사회조직을 채택하여 다루었다.

하지만 1950년 이후 서구에서 통합방법론이 대두되기 시작하면서 개별사회사업과 집단사회사업, 지역사회조직과 같은 개별 교과목만으로는 사회복지 현장에서 강조하는 서비스의 통합을 기대하기 어렵다는 비판이 제기되었다.

이윽고 1990년 후반부터 사회복지실천론이라는 교과목을 통해 사회복지실천방법의 통합을 시도하기에 이르렀다. 이것이 오늘날의 사회복지실천론이다.

사회복지가 광의의 개념이라면 사회복지실천은 협의의 개념이다. 사회복지가 빈곤과 고난을 경감시킬 목적으로, 사회가 공공 또는 민간의 형태로 비영리적 기능을 통해 국민의 최저생활을 보장하는 것을 포함하는 의미라면, 사회복지실천은 사회복지의 핵심적인 요소로 사회복지 목적을 달성하기 위해 사회복지사가 전문가로서 행하는 일이다.

사회복지실천론은 개인과 가족, 집단, 조직, 지역사회의 클라이언트를 대상으로 직접적·간접적 서비스를 통한 개입에 필요한 지식과 개입 절차의 전반을 다루는 교과목이라고 할 수 있다.

2. 사회복지실천의 정의

사회복지실천이 무엇인지 한마디로 정의하기는 어렵다. 왜냐하면 시대와 상황에 따라 조금씩 다르게 정의해 왔고, 다양성과 복잡성 때문에 수많은 정의가 시도되어 왔기 때문이다. 그 개념은 점차 확장되는 경향을 보인다.

1) 사회복지실천 이전의 정의

사회복지실천의 고전적인 정의로 리치몬드(Richmond)는 개별사회사업을 『사회진단』에서 정의하여 "인간과 사회환경 간에 개별적이고 의식적인 노력을 통해 개개인의 인성 혹은 인격발달을 이루어 가는 과정"이라고 하였다. 개인의 욕구충족과 인격개발을 목적으로 한 미시적이고 치료적인 과정임을 강조한다.

펄만(Perlman)은 "개별사회사업이란 문제(Problem)를 가지고 있는 사람(Person)이 전문적 원조기관(Place)에 와서 주어진 과정(Process)에 의해 도움을 받는 것이다"라고 정의하여 4P, 즉 문제(Problem), 사람(Person), 장소(Place), 과정(Process) 등의 구성요소로 설명하였다.

사회복지가 발달하던 초기의 개별사회사업은 개인이나 개인의 성격 변화에 초점을 두는 정의가 대부분으로 직접적으로 개입하기 위한 과정으로 설명되었다.

2) 사회복지실천의 정의

(1) 통합적 정의

개별사회사업이 사회복지실천으로 대체되면서 그 개념은 통합적 정의로 확장되었다.

핀커스와 미나한(Pincus & Minahan)은 "사회복지실천이란 사람과 자원체계 간의 연결 및 상호작용과 개인들이나 체계가 그 기능을 효율적으로 발휘하는 데 당면하는 문제에 초점을 두는 개입활동"이라고 통합적인 정의를 하였다.

미국사회복지사협회(NASW)는 여러 차례 사회복지실천의 정의를 내린 바 있으며 계속 발전시켜 왔다. 최근 정의에 의하면 "사회복지실천이란 사회복지 가치 원리 및 기술을 다음과 같은 목적을 위해 전문적으로 적용하는 활동이다. 즉, 개인, 가족, 집단의 상담 및 심리 치료를 위한 목적, 지역사회 또는 집단에서 사회복지서비스 및 보건서비스를 제공하거나 개선하도록 돕는 목적, 그리고 입법과정에 참여하는 목적을 위한 전문적 활동이다"라고 정의하고 있다.

(2) 현대적 정의

사회복지실천의 현대적 정의는 세계화된 정의로, 국제사회복지사연맹(IFSW)에서 여러 차례 정의한 바 있다.

2014년 국제사회복지사연맹(IFSW)에서는 2000년 정의를 확대하여 "사회복지실천은 사회변화와 사회개발, 사회적 응집력, 인간의 권한 부여와 자유를 촉진하는 실천기반의 전문 활동이다. 사회정의, 인권, 연대, 책임 및 다양성 존중이 사회복지실천의 근본 원리이다"라고 정의하였다.

2016년에 국제사회복지사연맹(IFSW)은 "사회변화와 개발, 사회 응집력 향상, 개인의 역량 강화, 차별과 억압으로부터의 해방 등을 위한 노력"이라고 재정의함에 따라 사회복지실천의 핵심 내용으로 사회정의, 인권, 집합적 책임, 다양성에 대한 존중을 강조한다는 점에서 미국사회복지사협회의 정의보다 확대된 개념으로 볼 수 있다.

본서에서는 통합적 정의와 현대적 정의를 토대로 사회복지실천을 다음과 같이 정의하고자 한다.

"사회복지실천이란 인간의 삶의 질 향상을 위해 개인, 집단, 가족, 지역사회의 역량을 강화하고, 사회복지사가 그들의 사회적 기능(social function)을 원활히 수행해 나갈 수 있도록 클라이언트의 강점을 살려 그들의 욕구나 문제를 스스로 해결해 나갈 수 있도록 도와주는 종합적이고 체계적인 전문적인 활동이다."

3. 사회복지실천의 목적과 기능

사회복지실천에 대한 정의가 시대에 따라 달라졌듯이 사회복지실천의 목적도 사회나 문화, 시대의 가치 등에 영향을 받아 조금씩 달라져 왔다. 그러나 사회복지실천의 궁극적인 목적인 '인간의 삶의 질 향상'은 시대나 사회가 변해도 달라지지 않는다. 사회복지실천의 궁극적인 목적은 사회변화와 상관없이 그 사회의 사람들 모두가 동의하는 내용을 포함하고 있어야 한다. 그러나 세부 목적이나 목표는 그 사회와 그 시대의 가치나 요구, 기대 등을 반영하기 때문에 사회변화에 따라 달라질 수 있다.

1) 사회복지실천의 목적

(1) 미국사회복지사협회(NASW)의 목적

미국사회복지사협회는 "사회복지실천의 목적은 모든 사람의 복지를 향상시키고 기본적 인간 욕구를 충족시키며 권한을 부여하는 것이다. 이를 위해 사회복지는 사회환경 속의 개인의 복지에 대한 초점과 사회의 복지에 대한 초점 등 이중적 초점의 통합적 특성을 갖는다"라고 밝혔다.

즉, 미국사회복지사협회의 사회복지실천의 목적에서는 '환경 속의 인간의 복지와 사회의 복지'를 주요 내용으로 하고, 모든 사회구성원을 대상으로 하여, '복지 향상과 욕구 충족, 권한 부여'를 목적으로 하고 있음을 밝히고 있다.

(2) 핀커스와 미나한의 사회복지실천의 네 가지 목적

핀커스와 미나한(Pincus & Minahan)은 사회복지실천의 목적을 다음과 같이 제시하는 한편 목적을 달성하기 위한 사회복지사의 역할을 설명하고 있다.

① 사회복지실천은 인간과 사회환경 간의 상호작용을 보는 생태계적 관점에 기초하여 개인, 집단, 가족이 자신들의 문제해결능력과 대처능력을 향상시키는 것이다. 이를 위해 사회복지사는 개인이 스스로 자신의 문제를 해결할 수 없거나 욕구를 충족시킬 수 없을 때 지지적 서비스를 제공하는 조력자의 역할을 수행해야 한다. 여기서 사회복지사의 조력자 역할은 상담자, 교사, 클라이언트의 어떤 구체적인 행동을 변화시키는 행동변화자 등이 있다.

② 인간이 필요로 하는 지역사회자원, 서비스, 기회를 제공해 주는 체계와 연결시켜 주는 것이다. 이를 위한 사회복지사의 역할은 개인과 자원체계 사이의 초기 연결 관계를 확립하는 데 있어서 중재자의 역할을 할 수 있다.

③ 자원과 서비스를 제공하는 다양한 사회복지기관이나 조직이 클라이언트에게 보다 좋은 서비스를 제공할 수 있도록 효과적이고 효율적으로 운영되도록 장려하고 촉진시키는 것이다. 이를 위한 사회복지사의 역할은 개인과 개인이 속하는 사회적 자원체계를 새롭게 확립하여 서비스 전달의 효과성과 효율성을 증가시킴으로써 원활히 상호작용을 활용할 수 있도록 프로그램을 개발하고 감독하고 자문하는 역할을 담당해야 한다.

④ 새로운 사회정책을 개발하거나 발전시키는데 이바지하는 것이다. 이를 위해 사회복지사는 지속적으로 인간의 문제를 다루는 실천가로서 국가적인 수준에서 사회정책 변화의 필요성을 느끼는 한편 자신들의 직무 자

체가 사회문제와 현존하는 사회적 자원 체계의 결핍과 직접적으로 접촉하기 때문에 실질적으로 중요한 자료를 수집할 수 있어야 한다.

핀커스와 미나한은 사회복지실천이 개인의 생활 과정의 수행, 개인과 환경과의 상호작용, 그리고 자원체계 간의 상호작용에 초점을 두고, 더 나아가 사회정책을 변화시키는 데 목적을 두고 있음을 명시하고 있다.

(3) 미국사회복지교육협의회(CSWE)의 사회복지실천의 목적

① 개인, 가족, 집단, 조직, 지역사회가 각자 목적을 달성하고 자신의 고통을 완화하며 자원을 활용할 수 있도록 도와줌으로써 이들의 사회기능을 촉진, 회복, 유지, 강화시키는 것이다.

② 인간의 기본욕구를 충족하고 잠재능력과 기능성을 개발하도록 돕는데 필요한 사회정책, 서비스, 자원 그리고 프로그램을 계획, 공식화, 시행하는 것이다.

③ 어려움에 처한 집단에게 힘을 실어주고, 사회적, 경제적 정의를 실현하기 위해 조직, 행정적 옹호와 사회정치적 운동을 통해 정책, 서비스, 자원, 프로그램을 추구하는 것이다.

④ 이러한 목적과 관련된 모든 전문적인 지식과 기술을 개발하고 시험하는 것이다.

이와 같은 목적은 적극적인 사회복지실천을 보여주는 것으로 개인의 문제해결 및 대처능력을 향상시키기 위함이며, 지역사회자원 및 서비스 연결, 기회제공, 자원과 서비스체계의 운영과 효과성 증진, 사회정책 개발과 개선 등 광범위한 목적을 지니고 있음을 밝히고 있다. 또한 이러한 목적에 합의하여 1979년 시카고회의에서는 모든 사람의 삶의 질 향상을 위해 개인과 사회 간 서로 유익한 상호작용을 촉진 또는 회복시키는 것이라고 정의하였다.

2) 사회복지실천의 기능

'환경 속의 개인'은 사회복지사가 중시하는 가치이다. 이는 개인을 이해함에 있어서 환경적 맥락을 활용하라는 의미이다. 개인의 사회부적응에는 개인적 측면과 환경적 측면이 동시에 영향을 미친다. 이러한 측면에서 사회복지실천의 기능도 크게 두 가지로 나누어 볼 수 있다.

첫째, 클라이언트의 사회적 기능 증진 기능으로, 사회적 기능이란 인간의 기본욕구를 충족하는 데 필요한 과업과 활동을 완수하고 지역사회에서 요구하는 주요 사회적 역할을 수행하는 개인의 능력을 의미한다.

따라서 사회복지실천이 클라이언트의 사회적 기능을 증진시킨다는 것은 예방, 재활, 치료 활동을 통해 욕구가 있는 개인들의 사회기능을 높여준다는 것을 의미한다. 즉, 욕구를 표출한 사람들이 직접적인 관련이 있는 것으로, 작게는 개인이나 가족, 집단, 크게는 지역사회의 손상된 능력을 회복시켜 도와준다는 것이다.

예를 들어, 가출청소년 거리 상담, 자아존중감 향상을 위한 집단 상담, 가족기능 회복을 위한 가족치료 등이 있다.

둘째, 사회정의 향상 기능으로, 여기에서 '정의'는 인간의 사회적 관계에서 실현되어야 할 궁극적인 가치를 말한다. 이에 따라 사회정의는 사회제도가 모든 사람들의 기본적인 인권을 인정하고 지원하는 공정성과 도덕성을 발휘하는 것을 말한다.

사회복지사는 클라이언트가 권리를 찾도록 도와주는 활동, 즉 옹호 활동을 하며 공정하고 정의롭게 모든 사람들의 권리가 인정되도록 사람들을 촉구하고, 권리를 박탈당하거나 무시당하는 사람들을 위해 대변자 역할을 한다.

사회복지실천의 기능 중에서 사회정의 향상은 표출된 욕구와 직접 관련이 있지 않은 사람들이 대상이 되는 것으로, 주로 개인, 가족, 집단 또는 지역사회 전체가 대상이 된다.

예를 들어, 임금체불 노동자를 위한 옹호 활동, 다문화 가족에 대한 인식개선 활동 등이 해당된다.

사회복지실천이 이 사회에서 어떠한 기능을 갖는가에 대한 견해는 사회복지실천의 필요성을 설명하는 중요한 의미를 가진다. 다음 학자들이 제시한 사회복지실천의 기능에 대하여 살펴보면 다음과 같다.

(1) 헵워스와 라슨(Hepworth & Larsen)의 사회복지실천 기능

① 개인의 사회적 기능의 향상 기능
② 개인의 역기능의 회복 및 치료 기능
③ 사회정의의 촉진 기능

사회복지실천의 기능은 사회복지실천의 목적을 달성하기 위해 사회복지 전문가가 수행하는 기능으로, 개인의 사회기능 증진뿐 아니라 사회적·경제적 정의를 실현하기 위한 조직적·행정적 옹호와 사회운동까지 포함한다.

(2) 미국사회복지사협회(NASW)의 사회복지실천의 기능

① 개인으로 하여금 자신의 역량, 능력을 확대하고 자신의 문제해결과 대처 능력을 향상시키도록 도움을 제공하는 것이다.
예를 들면, 문제해결 전략 또는 절차를 교육시키는 일, 대인관계기술을 개발하도록 돕는 일 등이 이러한 목표에 해당된다.
② 각종 자원을 확보할 수 있도록 도움을 제공하는 것이다. 예를 들면, 가정폭력 피해자인 여성들을 위한 쉼터, 새로운 프로그램을 마련하는 일이 이에 해당된다.
③ 사람들의 욕구에 반응하는 조직이 되도록 해야 한다. 예를 들면, 최근 확산되고 있는 시민운동 단체들의 사회복지 관련 분야의 활동이 이에 해당된다.
④ 개인과 개인 주변 환경에 속한 사람들 간의 상호작용을 촉진한다. 이를

위해 개인과 주변 사람들과의 원만한 상호관계를 촉진하는 역할을 담당해야 한다.

⑤ 조직과 제도 간의 상호관계에 영향력을 행사한다.

⑥ 사회정책과 환경정책에 영향을 미친다. 예를 들면, 물리적·사회적 환경의 개선, 물질적 서비스의 확보 등 정책형성 및 법 제정을 위해 활동하는 일이 이에 해당한다.

위의 내용을 종합하면 사회복지실천의 기능은 아주 다양하다. 그 가운데서도 클라이언트의 사회적 기능 증진과 사회정의 향상이 대표적인 기능이라고 할 수 있다

(3) 핀커스와 미나한(Pincus & Minahan)의 사회복지실천의 기능

① 개인의 문제해결과 대처능력을 향상시키며 더 효과적으로 이용할 수 있도록 돕는다.

② 개인과 자원체계 간의 기본 연결을 성립시킨다.

③ 사람들과 사회자원체계 간의 상호작용을 촉진시키고 관계를 수정하여 새로운 관계를 형성한다.

④ 자원체계 내의 개인들 사이의 상호작용을 촉진시키며 관계를 수정하거나 형성한다.

⑤ 사회정책의 개발과 수정에 기여한다.

⑥ 물적자원을 분배한다.

⑦ 사회통제의 개입 역할을 한다.

이상의 내용을 종합하면 사회복지실천의 기능은 크게 다섯 가지로 정리해 볼 수 있다.

첫째, 개인의 역기능 회복과 대처능력의 향상 기능이다.

둘째, 개인의 사회적 기능 향상의 기능이다.

셋째, 자원 분배 촉진 기능이다.

넷째, 사회정책 향상 기능이다.

다섯째, 사회통합 기능이다.

즉, 사회복지실천의 기능은 사람들의 삶의 질을 향상시키기 위해 사회복지사가 실천하는 개인의 사회적 기능 향상뿐만 아니라 경제·사회정의를 실현하기 위한 다양한 조직적·행정적 옹호와 사회운동까지 포함된다.

제 2 절 사회복지실천의 이념과 철학

1. 사회복지실천의 이념과 철학의 개념

사회복지실천은 역사적 흐름으로 볼 때 전문직의 발달과 함께 이념과 철학이 추가되거나 변화되어 왔다. 그리고 사회복지실천은 다양한 이념과 철학적 배경에 따라 역사적으로 기본적 가치의 지향성이 나타나고 있다.

인도주의와 박애사상으로부터 시작된 것으로 보이는 사회복지실천은 근본적으로는 사회진화론의 영향을 받았으며, 자선조직협회(COS)에서 실시한 우애방문원 활동의 기본 철학이 되었다.

우애방문원은 인도주의와 박애사상의 영향을 받아 타인을 위해 봉사하는 정신으로 빈민 등 취약계층에게 인도주의적 서비스를 제공하였다.

사회복지실천은 한편으로는 사회를 통제하는 성격을 띠기도 하고, 다른 한편으로는 사회를 변화시키는 성격을 띠기도 하므로 이념과 철학이 상충되기도 하여 그 영향에서 탈피하고자 하는 노력을 보여 왔다. 이 절에서는 사회통제와 사회변화를 목적으로 삼고 있는 양대 축을 분류한 다섯 가지 사회복지 이념과 철학적 배경을 살펴보면 다음과 같다.

1) 인도주의와 박애주의

사회복지실천은 1601년 영국의 구빈법(Elizaberhan Poor Law)에 그 기원을 두고 있으며, 구빈법에 의한 우애방문자(friendly visitors)가 사회복지사의 시작으로 볼 수 있다.

이들은 대부분 자원봉사자들이었으며 박애주의(philanthropy)・인도주의(humanitarianism)를 가장 주된 이념으로 가지고 있었고, 이러한 사상은 사회복지실천의 기본 정신이 되었다. 박애주의는 인종, 종교, 신분, 관습, 국적을 초월하고 인간성을 기초로 하여 어려움을 같이 나누려는 인간애를 말하는 것이며, 인도주의는 모든 인간은 동등한 자격을 갖추고 있다는 생각에서 인류의 공존을 꾀하고, 복지를 실현시키려는 사상을 의미한다.

이는 타인에게 봉사하는 정신으로 실천되었다. 영어로 'care'인 봉사정신은 자신보다 클라이언트를 먼저 생각을 하는 정신을 낳았고, 이는 이타주의(altruism)로 불리는 사회복지실천의 기본 정신으로 자리 잡게 되었다. 그러나 시대의 변화에 따라 '클라이언트를 위한' 무조건적 봉사(caring for)에서 '클라이언트에 대한' 봉사활동(caring about)으로 그 개념이 변화되었다.

이러한 사상은 우애방문자 이후 사회복지실천의 주요 정신으로 사회복지실천현장에서 사회적인 약자・빈곤자를 향한 이타적인 봉사정신으로 나타났다.

2) 사회진화론

사회진화론(Social Darwinism)은 찰스 다윈(Charles Darwin)의 1895년 저서 『종의 기원』에서 파급된 이념으로 다윈의 자연과학적 개념이 사회과학적인 요소에서 파생된 것이다. 즉, 자연법칙의 진화론을 사회법칙의 진화론에 적용시킨 것이다.

사회적합계층(best fit)은 살아남고, 사회부적합계층(unfit)은 자연스럽게 소멸된다는 이념으로 적자생존의 법칙과 같다. 이러한 계층화는 동식물의 생태계에서 적자생존의 자연법칙과 같이 '사회적합계층(best fit)'이 사회의 주요 인물은 살아남고 그렇지 못한 사람들은 '사회부적합계층(unfit)'으로 자연적으로 소멸된다는 것이다.

사회에 적합한 계층을 위해 사회에 부적합한 계층이 사회에서 사라져야 한다는 논리를 수용하는 것은 사회복지실천의 사회통제적인 측면에서 볼 수 있다. 사회통제를 목적으로 하는 사회복지실천은 자선조직협회에서의 우애방문자들의 봉사활동에서 두드러지게 볼 수 있다.

그들은 그 당시 사회의 열등계층인 극빈자와 장애인을 방문하여 자기 자신이 신봉하는 중산층의 기독교사상의 도덕성에 따라 생활하도록 하여 그들의 가치관이나 도덕성을 완전히 무시하였으며, 지금까지 가지고 있는 가치관이나 생활신념을 버리고 새로운 도덕과 윤리를 따르도록 강요하였고, 따르지 않았을 경우에는 현재의 상태를 겨우 유지할 수 있을 정도로만 도움을 제공하는 것에 그쳤다.

의도는 사회적합계층에게 방해가 되지 않도록 하기 위함이었다. 결국 사회에 적합한 계층인 부자를 위해 게으르고 비도덕적인 부적합계층은 없어져야 한다는 논리가 저변에 깔려 있었다.

2. 사회복지실천 철학과 사회복지사와의 관계

사회복지실천에서 강조하려는 철학은 여러 의미를 지닌다. 인생관이나 세계관 따위를 규명하는 학문에서부터 사회복지실천을 주도하는 사회복지사가 지녀야 할 정신까지 다양한 층위에서 이해할 수 있겠다. 이와 같은 사회복지실천 철학은 사회복지사에게 다음과 같은 몇 가지 유익함을 주므로 강조하고자 한다.

첫째, 철학은 자신을 돌아보며 사회복지실천을 더욱 충실하게 이끌어 가게 한다. 성찰을 통해 자신의 심리를 파악하고 성찰을 동반한 사회복지실천은 사회복지사로서 더욱 준비하는 태도를 가지게 할 것이다.

둘째, 사회복지사는 철학적 소양을 갖추면서 사회복지실천에서 벌어지는 현상을 한층 더 깊게 이해할 수 있고, 그래서 창조적인 실천을 꾀할 수 있을 것이다.

셋째, 사회복지사는 철학적 기조에 근거하여 어려운 사회복지실천 현장의 사정을 이겨내는 데 힘이 된다. 사회복지사가 클라이언트를 접하고, 기관이 있는 주변의 주민을 접하고, 사회복지관으로부터 받은 처우 등을 생각하면 사회복지사에게 남다른 가치관이 요구될 것으로 본다. 이처럼 준비된 사회복지사라야 지역사회는 물론 더 큰 사회, 즉 국가의 변화에도 기여할 수 있을 것이다. 개인의 가치관이나 인생관이 붕괴되면 사회가 불안하고 결국 국가가 붕괴될 것이기 때문이다.

제 3 절 사회복지실천의 과학적 속성과 예술적 속성

1. 사회복지실천의 과학적 속성

사회복지사는 전문가이며, 전문가는 과학에 기반한 실천을 해야 한다. 따라서 사회복지사는 전문적 지식에 근거한 실천을 함으로써, 뛰어난 성과를 보여야 한다. 이는 사회복지실천의 과학적 속성이라 할 수 있다.

물론 사회복지실천에서 과학적 방법의 적용은 쉽지 않다. 사회복지와 관련된 요소들, 예를 들어 목표달성이나 효과성 등은 계량화하기 쉽지 않고, 때에 따라 윤리적 문제와 연결될 수 있으며, 과학적 절차와 실험상에서 외부 요인에 대한 통제도 쉽지 않기 때문이다. 그럼에도 불구하고 사회복지사는 과학적 실천을 할 수 있도록 노력해야 한다.

사회복지실천은 다음과 같은 방법을 활용할 때 과학적이라고 할 수 있다.

첫째, 사람들의 사회적 기능을 나타내는 자료들을 수집하고 조직화하고 분석한다.

둘째, 새로운 기법을 만들고 새로운 실천지침을 마련하며 새로운 프로그램과 정책을 개발하기 위해 관찰, 경험, 그리고 공식적 연구를 활용한다.

셋째, 사회복지 개입을 안내하는 계획과 개념적 준거틀을 만들기 위해 기초가 되는 자료를 활용한다.

넷째, 개입과 개입이 사람들의 사회적 기능 수행에 미치는 영향을 객관적으로 검토한다.

다섯째, 전문직에서 다른 사람들이 설명하는 아이디어, 연구 그리고 실천을 교환하고 비평적으로 평가한다.

흔히 '사회복지는 실천이 이론을 앞선다'는 말이 있다. 새로운 사회문제는 지속적으로 나타나는 반면, 문제와 관련된 연구나 이론이 미흡하기 때문에 과학적 지식에 기반한 실천을 하기 어려울 수 있다.

따라서 개입의 효과성과 효율성을 평가하는 연구를 통하여, 효과성과 효율성이 재검증된 경우, 이론으로 발전될 수 있다.

2. 사회복지실천의 예술적 속성

사회복지실천은 예술적 속성에도 기반을 두어야 한다. 예술적 기반(예술적 속성, 예술성)이란 클라이언트의 정서적 측면에 개입하는 사회복지사의 심리적 특성이나 능력을 적절히 활용하는 것을 말한다. 과학과 예술은 대립되는 것처럼 보이지만, 사회복지실천에 있어서 과학과 예술은 서로를 강화시키는 것으로 이해해야 한다.

사회복지의 주요 대상은 바로 사람이다. 따라서 자신의 감정, 그리고 서비스 대상자의 감정을 이해하고, 이를 근거로 한 실천을 해야 한다. 이러한 정서적 요소가 배제된 서비스는 기계적 서비스에 지나지 않을 것이며, 이는 기계가 대체할 수 있게 될 것이다.

그러나 미래직업 전망에 항상 사회복지 관련 직업군은 유망 직업군에 속해 있다. 이는 아무리 AI와 같은 기술이 발달하더라도, 기계나 인공지능이 대체할 수 없는 예술적 속성이 있기 때문이다. 사회복지실천은 클라이언트의 정서적 측면에 개입하는 사회복지사의 심리적 특성이나 능력이 요구된다.

따라서 사회복지사는 사회복지실천에 있어서 클라이언트와의 전문적 관계를 형성하는 능력, 클라이언트에 대해 감정이 이입된 의사소통 능력, 타인의 고통을 진심으로 이해하고 공감하는 능력, 클라이언트와 의미 있고 효과적인 관계를 맺을 수 있는 능력, 클라이언트의 특수한 상황에 맞게 유연하게 판단하고 적용할 수 있는 능력, 창의적 사고와 적합한 가치, 직관력, 건전한 판단력, 사회적 관심과 같은 예술적 요소를 발달시킬 수 있어야 한다.

KEY POINT

사회복지실천의 정의

인간의 삶의 질을 향상시키고자 전문적 개입을 하는 공·사 행위 일체

학자들의 정의

① 메리 리치먼드의 정의(유급자원봉사자)
개인과 사회환경 사이의 의식적 조정, 미시적 치료적인 과정 강조

② 핀커스와 미나한(통합방법론 영향)
사람과 사회환경에 존재하는 체계들 사이의 연결과 상호작용 강조

사회복지실천 목적의 특징

① 궁극적 목적 : 인간의 삶의 질 향상(변하지 않음)

② 세부 목적 : 사회·문화, 시대적 분위기에 따라 달라짐

일반적인 사회복지실천의 목적

① 문제해결의 능력과 대처 능력을 향상

② 불균형 발생 시 문제가 감소되도록 원조

③ 상호작용에 초점을 두고 사회정책 개발

④ 개인과 환경 간 상호 유익한 관계 증진

사회복지, 사회사업

① 사회복지 : 사회사업보다 더 포괄적인 개념, 법률·정책 의미가 강함

② 사회사업 : 일련의 지식과 가치, 기술을 포함하는 전문직으로 인식

사회복지실천의 2가지 기능

① 사회적 기능 증진(미시적 접근)

② 사회정의 향상(거시적 접근)

사회복지실천의 이중 초점

사회복지실천 초점을 인간과 환경에 맞추는 것을 일컫는 말로 '환경 속의 인간'

사회복지실천에 영향을 미친 이념

① 인도주의와 박애사상
② 사회진화주의
③ 민주주의
④ 개인주의
⑤ 다원주의

사회복지사가 관여하는 클라이언트 체계의 규모에 따른 분류

① 미시수준의 사회복지실천 : 개인, 부부, 가족
② 중범위수준의 사회복지실천 : 소집단, 조직
③ 거시수준의 사회복지실천 : 지역사회, 국가

클라이언트의 접촉 유무에 따른 분류

① 직접실천 : 클라이언트를 직접 변화시켜 문제해결
② 간접실천 : 클라이언트의 환경을 변화시켜 문제해결

사회복지실천의 과학적 기반(과학성)

단일사례를 이용한 평가, 실험적 조사, 이론적 설명, 객관적 관찰 등

사회복지실천의 예술적 기반(예술성)

공감 능력, 전문적 관계형성 능력, 의사소통능력, 직관적 능력 등

사회복지실천의 3대 축

① 지식 : 기준이 확실하여 예측 가능함
② 가치 : 기준이 애매모호하여 사회적 합의 필요
③ 기술 : 사회복지실천에 있어 중요한 기법과 모델

사회복지실천 지식의 구성 수준(차원)

① 패러다임 : 가장 추상적인 수준의 개념틀
② 관점/시각 : 개념적 준거틀로서 대상들을 규정하는 사고체계
③ 이론 : 특정 현상을 설명하기 위한 가설이나 의미의 집합체
④ 모델 : 실천과정에서 직접적으로 필요한 기법이나 기술 제시
⑤ 실천지혜 : 현장에서 귀납적, 경험적으로 체험한 지식의 종류

그린우드(Greenwood)가 제시한 전문직 속성

① 체계적 이론(체계화된 지식기반과 기술)
② 전문적(전문인의) 권위
③ 사회적 인가(재가)
④ 전문직 문화(공유된 전문직 가치와 규범)
⑤ 윤리강령

자선조직협회의 우애방문원 활동이 전문직으로 발전한 핵심 요인

① 보수체계 정립
② 교육 및 훈련제도 채택

제도적 · 잔여적 복지

① 제도적 : 사전적 복지로 광의의 복지(보험료로 운영하는 사회보험)
② 잔여적 : 사후적 복지로 협의의 복지(세금으로 운영하는 공공부조)

복지카드

① 읍 · 면 · 동사무소에 신청하면 의사의 소견 절차 후 복지카드 발급
② 복지카드 소유자는 전철탑승, 통신료 및 통행료 등 할인 혜택 다양
③ 복지카드는 연령에 관계없이 한 번 발급 받으면 평생 사용 가능

CHAPTER

02

사회복지실천의 발달과정

제1절 서구 사회복지실천의 역사적 발달과정
제2절 한국 사회복지실천의 역사적 발달과정

CHAPTER

02 사회복지실천의 발달과정

제 1 절 서구 사회복지실천의 역사적 발달과정

사회복지실천의 변화와 발달의 양상은 각 나라마다 차이가 있으며, 그 나라의 시대의 사회구조와 사상적 흐름 속에서 찾아볼 수 있다. 사회복지실천의 역사적 배경은 영국에서 1601년에 제정된 엘리자베스 구빈법(The Elizabethan Poor Law of, 1601)에 그 기원을 둘 수 있다.

사회복지 전문직의 출발은 엘리자베스 구빈법 제정 이후 산업혁명으로 인해 사회구조가 급격하게 변동하던 때부터이다. 봉건사회의 붕괴와 새로운 자본주의의 도래는 여러 가지 사회문제를 야기하였고, 공적 사회복지제도로만 대응하기에는 역부족이었다. 이러한 시기에 민간 주도의 활동이 전개되기 시작하였고, 마침내 하나의 전문직으로 자리 잡게 되었다. 사회복지실천의 초창기에는 사회문제의 원인을 개인적 요인 혹은 사회 환경적 요인으로 보는 두 가지 다른 시각이 존재하였다. 따라서 오늘날 일반 사회복지실천은 클라이언트의 문제해결을 위한 인간과 환경을 포괄하는 통합적 관점에서 여러 방법을 활용하고 있다. 사회복지실천의 발달은 사회복지체계 발달과정의 연장선에서 이해될 수 있으며, 영국에서 출발한 사회복지실천 활동은 미국으로 전파되어 더욱 발전하게 되었다.

본 장에서 소개하는 서구 사회복지실천 발달과정은 영국과 미국으로 제한하였다. 사회복지 전문직이 태동한 배경에서 출발하여 각 시대별로 사회변화에 따른 전문직의 발전과 사회복지실천 이론의 발달을 중심으로 살펴보고자 한다.

1. 전문사회복지실천의 태동기(19세기 말~1900)

18세기 후반부터 19세기에 걸쳐 본격화된 영국의 산업혁명으로 산업화, 도시화가 진행되면서 사회적 대변혁을 초래하였다. 많은 인구가 도시로 유입되었고, 이에 따라 도시 빈민들이 발생하게 되었으며, 비위생적 공장, 열악한 노동 조건, 슬럼가 형성 등으로 인하여 질병, 빈곤, 범죄, 비행 증가 등과 같은 사회문제를 해결하기 위해 개인이나 민간 차원의 자선사업과 박애사업이 시작되었다.

또한 인도주의적 사회개량사상과 연계된 민간 사회복지가 발달하기 시작하였다. 그 결과 자선조직협회가 설립되고 인보관운동이 활발하게 전개됨으로써 사회복지실천은 새로운 전환점을 맞이하게 되었다.

사회복지실천은 민간 차원에서 시작된 자선활동을 보다 체계화하고 과학적인 방식으로 사회문제를 해결하기 위해 노력하는 과정에서 탄생하였다. 그 시작을 영국의 자선조직협회에서 찾기 때문에 사회복지실천의 태동은 자선조직협회에서 출발했다고 볼 수 있다.

1) 자선조직협회(COS)

구빈법(1601)에 기초하여 19세기 말에 출현하기 시작한 민간 사회복지기관들의 활동을 체계적으로 조정하여 구제 서비스를 보다 효과적으로 실시하기 위하여 자선조직협회가 결성되었다. 도시 빈민 문제를 해결하기 위해 설립된 다양한 자선단체들은 오히려 산발적으로 활동함으로써 단체들 간의 조정과 협력이 부족하여 서비스 제공이 중복되거나 혹은 누락되는 등의 비체계적인 측면이 많았다.

이런 상황에서 자선기관들이 서로 협력하고 정보를 교환할 필요가 있다는 인식이 생겨나 주변의 640여 개 군소 단체들을 연합하여 1869년 자선조직협회(Charity Organization Society, C.O.S, 1869~)가 영국 런던에 창설되었다. 이후 미국은 영국의 자선조직화 운동에 영향을 받아 1877년 뉴욕 버팔로 시에 자선조직협회를 창설하였다.

자선조직협회는 빈곤자에 대한 무분별한 구제를 방지하고 공정한 서비스를 제공하는 것이 목적이었다. 구제 신청자에 대한 과학적이고 면밀한 조사를 통해 구제의 중복과 누락을 피하고, 효율적으로 구제 활동을 전개하기 위한 구제 등록의 실시, 여러 구제기관 간의 연락·조정 등을 실시하는 등 자선조직협회가 과학적으로 통합 조정하는 역할을 담당하였다. 이를 위해 구호 신청자들의 가정을 방문하여 적합한 수혜자를 선정하고, 지속적인 감독과 충고를 통해 수혜대상자 가정이 독립적으로 생계를 꾸려 갈 수 있도록 하였다. 또한 자선조직협회는 '구제받을 자격이 있는 빈민'과 '구제받을 자격이 없는 빈민'으로 구분하여 구제하였다.

자선조직협회에서 활동하는 자원봉사자의 조직을 '우애방문자'라고 불렀다. 우애방문자는 주로 기독교 사상을 지닌 중산층 이상의 부인들로서, 협회의 위원회에서 구호하기로 결정된 빈곤가정 사례를 할당받아 활동하였고, 주로 빈민층 교화를 위한 활동을 하였다. 빈곤가족을 방문하여 빈민 조사 및 등록을 통한 조직 간 활동의 조정과 협력을 추구하였고, 가정생활지도, 아동교육, 가계경제에 대한 조언 등을 제공하였다.

자선조직협회에 소속되어 있던 우애방문단은 1900년대부터 점차 보수를 받는 정식 직원으로 변하기 시작하였고, 이들이 점차 전문화되면서 나중에 사회복지사로 불리게 된다. 우애방문단에 의해 시작된 가정방문, 면담, 기록, 사례연구 등의 활동들은 개별사회사업실천기술의 기초가 되었고, 사회복지조사 및 지역사회실천활동의 뿌리가 되었다. 자선조직협회의 원조는 클라이언트의 상황에 대한 철저한 조사와 평가를 근거로 이루어졌다.

이후 조사에 대한 명칭과 목적 및 절차가 변화되었지만, 사회복지사의 활동이 클라이언트 체계의 상황, 강점과 약점, 기회 등의 이해를 기반으로 해야 한다는 자선조직협회의 실천원리는 지금까지도 계속되고 있다. 이러한 점 때문에 자선조직협회 활동은 오늘날 개별사회사업의 기초가 되었다. 또한 구호신청자에 대한 정보를 교환할 수 있는 연락 기구를 설치한 것은 지역사회조직 활동으로 발전하는 계기되었다.

2) 인보관운동

자선조직협회가 사회경제적인 기회와 조건이 빈곤 문제에 미치는 영향을 거의 무시하고 빈곤의 원인을 개인적인 성격적 결함에서만 찾으려 한다는 비판이 제기되었다. 인보관운동(Settlement House Movement)은 사회개혁 운동으로 사회문제가 집중적으로 나타나고 있는 빈곤 지역에서 함께 생활하면서 지역사회 문제를 해결하고 생활을 개선하고자 하는 목표로 시작되었다.

영국 최초의 인보관으로 1884년 런던의 토인비 홀(Toynbee Hall)이 설립되었고, 미국 최초의 인보관은 제인 애덤스(Jane Adams)가 영국의 토인비홀을 모델로 1889년 시카고에 헐 하우스(Hull House)를 설립하면서 시작되었다. 그 후 미국의 큰 도시들에 인보관이 많이 생겨나게 되었다.

영국의 인보관운동은 케임브리지 대학(University of Cambridge) 및 옥스퍼드 대학(University of Oxford)의 교수와 학생들과 슬럼가의 노동자들을 결합시킴으로써 빈곤문제를 해결하려는 운동으로 시작하였다. 활동가들은 빈곤의 원인을 산업화의 결과로 보았기에 빈곤을 개인의 책임이 아닌 환경적인 문제로 보아 빈곤의 원인을 사회구조적인 요인, 환경적 요인에서 찾았다. 인보관운동은 지역사회 문제를 해결하기 위해 문제를 가지고 있는 지역사회에 나가 빈민과 함께 거주하면서 주변 환경의 개선과 빈민의 도덕적 교화에 힘썼으며, 직업기술훈련, 언어 훈련, 환경개선 운동을 공동으로 전개함으로써 빈민들이 자립할 수 있는 여건 형성을 위한 집단적 노력을 실천하였다. 지역사회 거주자들의 자생력을 강화하기 위해 성인 교육도 동시에 실시하였다. 이처럼 인보관운동은 빈민문제를 사회구조적 문제라 정의하고 빈민의 도덕성 개선보다는 사회개혁을 위한 노력에 초점을 맞추었다.

인보관운동은 3R로 요약되는데, 이는 Residence(거주), Research(연구조사), Reform(개혁)이다. 빈곤의 원인을 연구하고 조사하여 사회의 개혁을 도모하자는 것이며, 이를 위해 빈민들과 함께 거주해야 함을 강조한 것이다. 인보관운동은 지역사회 문제를 해결하기 위한 정책과 법률 제정에 영향을 미칠 수 있는 조직적인 활동을 시도함으로써 오늘날 집단사회사업과 지역사회조직의 기원이 되었으며, 영국의 토인비 홀과 미국의 헐 하우스는 오늘날 지역사회복지관으로 발전하게 되었다.

2. 전문사회복지실천의 성장기(1900~1920)

미국에서 사회복지사가 자선활동에서 전문직으로 발전하려는 시기에 사회복지 전문성에 관한 논쟁이 시작되었는데, 이 논쟁을 촉발한 사람은 에이브러햄 플렉스너(Abraham Flexner)이다. 그는 1915년 미국에서 열린 전미 자선 및 교정 컨퍼런스에서 「사회복지는 전문직인가」라는 논문 발표를 통해 사회복지는 전문직이 아니라 클라이언트를 다른 기관에 의뢰하는 중개인에 지나지 않는다고 주장하였다.

이 시기는 사회복지 관련 단체들이 전국적으로 조직화되는 등 사회복지실천이 전문적 특수영역으로서 확대되는 차원에서 전문직으로서 성장을 해 가는 시기였다. 그러나 플렉스너의 연설에 자극을 받은 사회복지계는 전문직이 갖추어야 할 요소들을 적극적으로 갖추면서 전문직으로 성장해 나갔다. 이처럼 자선조직협회의 활동이 점차 전문화·조직화되어 가고, 봉사자 교육 및 조직·관리 과정에서 일정한 기준과 지침서가 요구됨에 따라 전문적인 교육의 필요성이 대두되면서 사회복지실천 교육과 훈련체계의 도입, 여러 분야에서 전문적 활동 전개, 전문적 지식과 기술의 이론화 작업 등 전문직으로서의 기반을 갖추기 시작하였다.

1898년 뉴욕자선조직협회에 의해 미국 최초의 사회복지전문인력 양성 과정이 현재의 컬럼비아 대학교(Columbia University)의 전신인 뉴욕자선학교에서 실시되었고, 이것이 1910년에 2년의 정규교육 프로그램으로 채택됨으로써 사회복지실천 교육의 체계화의 기틀을 마련하였다. 이것이 사회복지실천에 대한 최초의 정규교육과정으로 현재 2년제 전문대학교 형태의 교육제도의 전신이라고 할 수 있다. 1919년 당시 미국 내에 17개의 사회복지대학이 생겨났으며, 현장 유급직원들에 대한 현장 중심의 교육이 이루어졌다.

전문적 이론의 확립에 있어서는 개별사회사업의 어머니라 불리는 리치몬드(Richmond)가 1917년 『사회진단(Social Diagnosis)』을 통해 사회복지실천에 관한 이론과 방법을 최초로 체계화하였고, 『개별사회사업이란 무엇인가?』라는 저서를 통해 개별사회사업의 이론화를 명확히 하여 사회사업실천의 전문화에 커다란 공헌을 하였다. 1921년에는 전국적인 전문직 조직인 미국사회사업가협회(NASW : National Association of Social Workers)가 결성되기에 이르렀다. 이 시기는 전문적 사회복지실천 이론이 전문적 특수영역으로의 확대라는 차원에서 전문직으로서 성장을 해 가는 시기였다고 할 수 있다. 그러나 한편으로는 사회복지 전문직에 대한 강한 도전에 직면하였던 시기이기도 하다.

3. 사회복지실천의 전문적 분화기(1920~1950)

1920년까지 사회복지실천이 점차 전문직으로서의 기틀을 다지면서 전문영역의 확장 및 이론적 기초를 이루기 위한 성장을 하였다면, 이 시기에는 사회복지실천의 이론적 그리고 방법론적 발달이 각 영역별로 분화되어 발전하는 시기였다. 제1차 세계대전(1914~1918) 이후부터 제2차 세계대전(1939~1945)이 끝난 직후까지 사회복지실천 분야에서 일어난 중요한 일은 크게 두 가지로 정리된다. 첫째, 사회복지 3대 방법론 분회 및 확립, 둘째, 진단주의 학파와 기능주의 학파의 갈등이다. 사회복지실천 방법은 전문화되면서 개별사회복지실천, 집단사회복지실천, 지역사회조직론 등 3대 실천방법론으로 분화되었다.

진단주의 학파와 기능주의 학파 간 갈등도 있었지만, 방법론에 더 의미 있는 발전이 이루어진 시기이다.

1) 사회복지실천 3대 방법론 분화 및 확립

(1) 개별사회복지실천 중심으로 사회복지실천방법론 정착

개별사회복지실천을 중심으로 사회복지실천이 정착되었다. 이 시기의 사회복지사는 사적인 영역(아동상담소, 병원 등)에서 전문화된 사회복지를 실천하였다.

(2) 집단사회복지실천 발달

1930년대 이후 집단사회복지실천이 개별사회복지실천과 함께 사회복지실천방법으로 인식되었다. 1935년 미국 사회복지사 전국 대회에서 집단사회복지실천 부문이 생겨났으며, 1946년 집단사회복지협회로 발전하였다. 제2차 세계대전 후 지역사회로 돌아온 참전용사를 대상으로 정신의학적 집단사회복지실천이 실시되었으며, 1945년 이후 정신병원에서 집단사회복지실천이 증가하였고, 아동상담소에도 집단사회복지실천이 많이 활용되었다.

(3) 지역사회조직 발달

미국은 1920년대부터 주(州) 차원에서 공공 복지기관을 설치하면서 지역사회복지실천으로 전환하는 계기를 마련하였다. 1929년 대공황으로 민간 사회사업의 한계가 드러나자, 국가가 사회사업기관을 설립한 뒤 공공기관에서 활동하는 사회복지사의 수가 늘어나면서 지역사회복지 실천이 발달하고 전문화되었다. 이런 상황에서 지역사회조직의 이론화에 큰 공헌을 한 것은 미국사회사업회의에 제출되었던 레인(Raine)의 보고서(1939)였다. 이 보고서는 오늘날 지역사회조직의 초석이 되었다는 점에서 의의가 있다. 즉, 지역사회조직의 개념, 방법 및 활동 등을 체계화하였고, 지역주민의 욕구와 자원 간의 조정을 주요한 기능으로 인식하게 되었다.

지역사회조직은 1944년 9개 사회사업 필수교과목 중 하나로 포함되었다. 또한 1946년 버팔로 시에서 열린 미국사회사업회의에서 '지역사회조직연구회'를 발족하기에 이른다. 이에 따라 지역사회조직이 사회복지실천의 한 분야로 정착되었다.

2) 진단주의 대 기능주의 갈등(1930~1950)

1930년대 프로이드(Freud)의 정신분석을 중심으로 사회복지실천을 행하는 진단주의 학파와 랭크(Rank)의 이론을 중심으로 사회복지실천을 행하는 기능주의 학파 사이에 논쟁이 일어났다. 이 논쟁은 정신분석론에 대한 비판이 제기되면서 시작되었는데, 1950년대까지 지속되었다.

(1) 진단주의 학파

1920년대에 초기 아동기에서 비롯된 문제에 대한 이해를 강조한 프로이드의 정신분석이론에 영향을 받은 학파이다. 클라이언트의 생활력에 대한 탐구를 기초로 한 진단과 정신분석적 치료를 시도하였다. 이처럼 개별사회사업은 리치몬드(Richmond)의 사회진단의 흐름을 이어받으면서 프로이드 정신분석학의 개념과 방법을 적극적으로 도입하였다.

진단주의 학파는 인간을 기계적·결정론적 관점에서 바라보며, 인간은 무의식의 힘에 의해 좌우되고 유년기의 내면화된 부모의 영향력에서 벗어나지 못한다고 보았다. 이 학파가 인간성을 이해하는 관점을 '질병의 심리학'이라고 한다. 이후 진단주의 이론은 뉴욕 사회사업대학 교수인 해밀턴(Hamilton)에 의해서 그의 저서 『개별사회사업의 이론과 실제』(1940)에서 이론적으로 정립되어 세계적으로 많은 영향을 끼쳤다. 이어서 홀리스(Hollies)에 의해 '심리사회모델'로 체계화되어 사회복지실천모델의 하나로 발전하게 되었다.

(2) 기능주의 학파

1930년대 대공황과 대량 빈곤 문제를 경험하게 되면서 기능주의 모델이 등장하게 되는데, 기능주의 접근은 신 프로이드의 학파인 오토 랭크(Otto Rank, 1939)의 이론에서 크게 영향을 받았다. 이들은 프로이드(Freud)의 인간관, 즉 기계적이고 결정론적 관점에 정면으로 도전하여 인간을 성장 가능성이 있는 창조적이며 자신의 문제해결과 성장을 위해 선택할 수 있는 존재로서 접근하였다. 그래서 기능주의 학파를 '성장의 심리학'이라고도 한다.

이들은 치료라는 말 대신에 '원조 과정'이라는 용어를 사용하였으며, 시간과 장소와 '원조 과정'의 구조화를 통해 기관의 기능을 제공하려고 하였다. 기능주의의 대표자로는 로빈슨(Robinson)과 태프트(Taft)가 있다. 기능주의 논쟁은 사회복지의 관점을 '의료모델'에서 '생활모델'로 전환시키는 계기가 되었다.

(3) 문제해결 접근

진단주의와 기능주의의 논쟁은 25년 이상이나 지속되었다. 이러한 상황에서 두 학파 간의 해결에 공헌한 사람은 펄만(Perlman)이다. 펄만의 진단주의와 기능주의를 혼합한 문제해결모델은 스몰리(Smalley)의 현대 기능주의 모델, 로저스(Rogers)의 클라이언트 중심 모델, 집단사회사업을 포함한 상호작용 모델, 그리고 체계이론을 사용한 현대적 모델로 연결되었다. 문제해결 접근은 진단주의 입장에서 기능주의 입장을 수용한 모델이며, 이는 클라이언트의 문제해결능력과 대처능력을 향상시키는 것을 목적으로 하는 실천방법이다.

한편 1950년대의 혼란이 어느 정도 제거되고 안정되었을 때, 기능주의는 사라져 버렸다. 하지만 성장과 변화를 위한 자극제로서 과정의 개념과 치료적 관계를 포함하는 기능주의의 많은 이론과 태도, 기술들은 사회사업실천을 발전시키는 데 남아 있게 되었다.

4. 사회복지실천 통합의 움직임(1950~1960)

점점 복잡해지고 다양해지는 사회변동과 사회문제를 과거 방법론적 접근방법으로는 대응할 수 없게 되자 사회복지실천방법론을 통합하자는 움직임이 나타났다.

1950년대 후반 이후부터 개인과 환경을 동시에 고려하고 파편화된 사회복지실천 영역을 통합하여 개별사회사업, 집단사회사업, 지역사회조직 간의 경계를 넘어선 통합적인 사회복지실천방법론을 필요로 하게 되었다. 이는 이후 일반사회복지실천으로 발전하였다.

1) 사회복지실천의 통합 배경

제2차 세계대전을 거치면서 사회복지실천은 또 한 차례 변화를 겪게 되는데, 이것은 치료적 접근방법으로의 재전환과 통합방법론의 등장이었다. 과거의 방법론적 접근 방법으로 급격한 사회변동이나 여러 사회문제를 적절히 대응할 수 없다는 한계점이 드러나게 되어 사회복지실천의 통합방법론의 요구가 절실해졌다.

이 시기에는 지역사회를 하나의 단위로 보고 접근하고자 하는 노력이 한층 두드러졌고, 도움을 필요로 하는 클라이언트도 다양하고 복잡한 문제를 가지고 있어 이러한 복잡한 사회문제에 적절히 대응하기 위해 통합적 접근 방법이 필요하게 되었다. 사회복지실천방법이 다양하긴 하나 그런 가운데에서 사회복지사가 수행하는 어떤 공통적인 역할과 요소가 있다는 점에 착안하여 통합적 방법론이 등장하게 되었다. 방법론으로는 개별사회사업, 집단사회사업, 지역사회조직, 그리고 통합방법론이라는 전통적인 방법론을 정착시켰다.

이로 인해 전문직 영역과 전문사회복지사의 수도 증가하게 되어 개인과 가족을 돕는 전문직으로 자리 잡게 되었다. 1962년에는 미국사회복지사협회 내부의 분회제도를 폐지하고, 통합적인 방법을 지향하는 '사회복지실천'이라는 용어가 등장하여 일반화되기 시작하였다.

2) 사회복지실천과 기술의 통합

진단주의 접근과 기능주의 접근의 논쟁이 지속되다가 1950년대에 들어와 이론적 통합이 이루어지게 된다. 펄만(Perlman)은 1957년 『개별사회사업 : 문제해결과정』이라는 저서에서 기본적으로 진단주의적 입장을 취하면서 기능주의의 견해를 수용하여 절충주의적 방식을 제시함으로써 진단주의 대 기능주의의 논쟁에 종지부를 찍게 된다. 펄만은 진단주의라는 용어를 오늘날 사정의 개념과 유사하게 사용하였다. 진단은 역동적인 것으로 서비스이용자의 문제상황에 상호작용하는 요인들의 영향력을 파악하는 것이라고 보았다. 이처럼 펄만은 문제를 병리적인 것이라기보다 일상생활의 한 부분으로 보고, 서비스이용자의 사회 기능을 강조하였다.

이 시기의 또 다른 경향은 세 가지 전통적 방법론의 공통적 기본 원리를 찾기 위한 노력이다. 그 결과 개별사회사업은 물론 집단사회사업, 지역사회조직에서도 실천의 과정을 중시하고, 개별사회사업에서는 서비스 이용자뿐만 아니라 그와 관련된 모든 사람들과의 상호 관계를 고려하기 시작하였다. 이렇게 실천방법 간에 공통기반과 준거틀을 명확하게 하면서 사회복지실천의 공통기반을 완성한 후, 이 공통기반을 토대로 통합적인 사회복지실천 이론을 형성하면서 통합하였다.

이 과정은 단계적으로 진행되었으며, 대표적인 통합모델로는 펄만(Perlman)의 문제해결모델(1957), 핀커스와 미나한(Pincus & Minahan)의 4체계 모델(1973), 콤튼과 갤러웨이(Compton & Galaway)의 6체계 모델(1979)과 5체계 모델(1999), 골드스타인(Goldstein)의 단일화 모델(1973), 저메인과 기터맨(Germain & Gitterman)의 생활모델(1980) 등이 있다.

이로써 이 시기부터 개별사회사업, 집단사회사업, 지역사회조직이라는 방법론의 틀을 탈피하여 미시적 관점 일변도였던 사회복지실천에서 세 가지 방법을 절충적으로 사용하면서 사회행동, 조사, 관리행동계획, 정책론을 포함한 거시적 관점으로 그 시각을 확대해 나갔을 뿐만 아니라, 클라이언트의 생활에 대한 이해를 위해 필요한 서비스를 조정해 주는 사례관리나 자조집단 활동의 지원을 포함한 사회적 지지망의 형성 등 과거 미시적 수준과 거시적 수준의 원조를 통합한 새로운 영역으로 넓혀가게 되었다.

3) 전문직 단체의 통합

사회복지전문직 단체는 실천 분야나 방법론에 따라 각기 다른 7개 전문협회를 결정하였다가 오랜 기간 논의와 타협의 과정을 거쳐 1955년 사회복지실천과 관련된 단체가 모두 모여 '미국사회복지사협회(NASW : National Association of Social Workers)'로 새롭게 탄생하였다. 이로써 미국에서 활동하는 사회복지사는 분야나 방법에 구분 없이 모두 사회복지사로서 동일한 정체성을 가지게 되었다.

5. 사회복지실천의 발전기(1960~1980)

이 시기에는 사회사업 통합이론이 진행되는 한편, 전통적인 실천기술도 새로운 이론을 도입하여 형성되고 발전하는 과정을 거치면서 전문사회복지실천은 새로운 도약을 하게 된다. 또한 이 시기에는 현장 접근 방법의 발달로 사회복지기관으로 클라이언트가 찾아오는 것만이 아니라, 클라이언트가 있는 곳으로 직접 찾아가서 서비스를 제공하는 '현장 접근 방법'이 시도되었다.

지역사회를 개입대상의 한 단위로 보았으며, 빈곤뿐만 아니라 비행, 장애, 보건, 정신건강 등 다양한 문제를 다루게 되었고, 각 방법론과 통합방법론을 정착시켰다. 그 결과 사회복지실천에서 새로운 모델들이 발전하였고, 전문직

영역이 확대되었으며, 동시에 사회복지사의 수가 증가하면서 개인문제와 사회 문제를 모두 다루는 전문직으로 발전하였다.

가족치료도 발달하였다. 제2차 세계대전으로 인한 가족의 붕괴, 산업화 및 도시화로 인한 가족의 분리, 가족기능의 약화 등의 문제가 심각해지고 다양하고 복합적인 문제를 가진 가족들이 증가하였다. 이러한 사회적 변화는 다양한 가족에 대한 개입으로서 가족치료 분야의 발전에 꽃을 피우는 계기가 되었다. 1950년대부터 가족치료가 발달하였고, 1960년대와 1970년대에 다양한 이름의 가족치료 방법론(구조적 가족치료, 다세대가족치료, 경험주의적 가족치료 등)이 등장하였다. 즉, 가족치료는 1950년대에 태어나서 1960년대에 성장하고 1970년대에 성숙하였다.

1) 개별사회사업실천

1960년대 이르러 개인에 초점을 둔 사회복지실천이 근본적 문제 해결을 이루기에는 부적절하다는 인식의 영향으로 개별사회사업에 대한 비판의 목소리가 높아지면서 사회복지실천의 개입 방향이 다시 사회변화 및 사회적인 접근으로 회귀하기 시작하였다. 개별사회사업에 대한 비판이 크게 두 가지 측면에서 등장하였는데, 하나는 억압받고 소외받는 계층에 대한 원조가 충분하지 못하다는 것이고, 또 하나는 방법론적, 과학적 개입 기술이 충분하지 못하다는 비판이었다. 이러한 비판에 부응하여 대상별 클라이언트에 따라 직접적 기능과 간접적 기능으로 나누어 접근하게 되었다.

토마스(Thomas)의 행동주의 모델과 1970년대 생태체계이론의 등장과 함께 환경과 인간을 함께 이해하는 관점에서 라포포트(Rapoport)의 위기개입모델, 리이드(Ride)의 생활모델에 대한 이론화가 진행되었다. 이 시기에 등장한 대부분의 모델들은 표적이 되는 문제에 초점을 두고, 개입목표를 구체화·명확화하여 변화를 돕는 단기 개입적 접근이라는 점도 뚜렷한 변화 중 하나라고 할 수 있다.

2) 집단사회사업의 발전

집단과 관련된 실천이론과 기술들이 집대성되어서 더욱 발전하게 되었다. 가족 해체, 인지행동, 사회심리이론들이 도입되어 정교화되었으며, 자아심리학, 가족치료적 접근의 도입과 생태체계모델 접근법, 인간중심적 실천, 경험주의 실천 등과 같은 새로운 관점이 등장하게 되었다.

집단사회사업은 분화와 발전을 거듭하면서 1960년대 후반부터 1970년대 이르러 사회목표모델, 치료모델, 상호작용모델 등으로 성장하게 되었다.

3) 지역사회조직사업의 실천

지역사회를 통해 사회문제의 해결이 강조되었고, 사회적 측면을 기반으로 한 사회복지실천 전반에 중요한 영향을 미치게 된다. 사회행동이 지역사회조직방법으로서 사회문제를 해결하기 위하여 강조되었으며, 사회행동으로 분명해진 사회사업 욕구를 사회복지실천 서비스로 구체화해 가는 것이 중대한 과제가 되면서 1970년대 중반 이후 지역사회조직은 사회계획에 초점을 두게 되었다.

6. 새로운 관점의 등장과 개입전략의 확장(1980년대~현대)

1980년대에는 팽배했던 반 복지 정서로 인하여 사회복지프로그램과 서비스가 적지 않은 영향을 받게 되었다. 이에 따라 사회복지사의 활동 영역도 다원화되었고, 1980년대 이후 많은 사회복지사들이 개업실천가로 또는 영리를 목적으로 하는 기관에 고용되었다. 그 밖에도 특정한 서비스 욕구가 확인된 클라이언트 집단을 위해 정부가 계약을 맺은 민간기관에 고용되는 사회복지사들이 증가하게 되었다.

1980년대 후반부터 현재까지 지속적으로 일반사회복지실천과 전문사회복지실천으로 사회복지실천을 세분화하는 경향이 나타나고 있다. 일반사회복지실천은 '인간행동과 사회환경' 교과목을 기초로 한 지식과 기술로서 문제와 욕구를 포괄적으로 사정하고 해결하거나 충족한다. 따라서 다양한 모델과 이론, 기법 등을 자유롭게 활용하면서 모든 서비스이용자와 상황에 접근할 수 있다는 장점이 있다.

또한 전문사회복지실천은 사회복지실천이 전문직으로서 미진하다는 주장과 함께 과학에 기반한 전문성을 추구하는 것으로 특징지어진다. 이는 개별, 집단, 지역사회조직으로 접근방법을 분리하였고, 나름대로 각각 실천기법을 개발하고 있다. 하나의 방법론만 추구하도록 전문가를 교육·훈련하면서 각 접근방법론별 전문성을 키워가고 있는 것이다. 전통적인 사회사업 3대 방법론은 전문사회복지실천 영역에서 발전적으로 활용되고 있다.

1980년대에는 미국사회복지사협회를 중심으로 공통적인 지식기반, 실천방법, 실천현장, 가치와 기술 등에 대한 합의를 도출하려는 노력을 통해 통합방법론과 일반사회사업실천이 등장하였으며, 최근에는 다중 관점 및 다중 개입전략이 각광을 받고 있다. 이와 같이 발전한 사회복지실천 중 개인, 가족, 집단은 미시로 분류되고, 지역사회조직은 행정, 정책과 함께 거시로 편입되어 전문화에 대한 강조가 약화되면서 일반적 실천이 등장하였다. 결국 오늘날의 사회복지실천은 자선조직협회와 인보관운동의 영향, 지역사회조직 운동 등의 영향이 통합되어 이루어진 것이라고 볼 수 있다.

제 2 절 한국 사회복지실천의 역사적 발달과정

서구의 사회복지실천 발달과정은 오랜 기간에 걸쳐 점진적으로 발전해 온 반면, 우리나라의 사회복지실천은 대체로 왕조 중심의 시혜적 태도로서의 민생구호정책 위주였고, 그 후 일제 식민지 아래에서는 조선 민중의 반일 행동을 억제하려는 정치적 목적이 그 저변에 깔려있다고 볼 수 있다.

현대적 의미의 한국 사회복지실천의 역사적 발달과정은 20세기 이후를 중심으로 크게 3단계로 나누어 설명할 수 있다. 제1단계는 1900년부터 1970년대 후반까지의 80년간이고, 제2단계는 1980년대 이후부터 2000년대 전후, 3단계는 2000년 이후로 볼 수 있다.

이에 본 서에서는 근대 이전, 즉 왕조시대는 거론하지 않고, 제1단계를 근대 이후부터 한국전쟁 이전과 이후로 구분하여 초기 사회사업의 발달의 시기로, 다음은 제2단계인 1980년대부터 2000년 전후로, 제3단계는 2000년 이후로 분류하여 살펴보고자 한다.

1. 초기 사회사업의 발달

근대 사회복지사업이 우리나라에서 시작된 것은 왕도정치가 끝나고 근대로 이행해 오는 시기로, 조선 말엽인 1888년에 프랑스의 천주교회에 의해 고아원이 설립된 것이 최초이며, 1907년 평양 맹아학교의 개교라고 할 수 있다.

일제 강점기와 미군정기는 우리나라의 정치가 자주적인 정권을 행사할 수 없는 시기였으나 역사적으로 보면 외부의 힘으로나마 사회복지실천이 도입되기 시작한 시기로 볼 수 있다. 조선시대의 민생구휼제도는 1905년 을사조약과 함께 끝난 것으로 볼 수 있으며, 1910년 한일합병으로 일본의 강제정책이 시작되었다.

1) 일제 강점기의 사회복지실천

1921년 조선총독부는 내무국에 사회과를 신설하고 각종 사회정책에 관한 사업을 관장하게 되었고 그 후 일본의 강제성에 의한 의도적인 사회사업이 전개되었다. 한국에서의 개별사회사업실천의 기원은 일제 강점기의 방면위원에서 그 뿌리를 찾을 수 있다. 방면위원제도는 1927년 일제에 의해 인보사업과 사회사업서비스를 원활히 한다는 명목으로 도입되었다. 1921년에는 한국 최초의 사회복지관인 태화기독교사회관 설립으로 지역사회사업이 실시되기 시작되었다.

2) 미군정기의 사회복지실천

미군정기의 사회복지시책은 기아의 방지, 최저생계유지, 보건 및 의료보호, 응급 주택보급 등에 중점을 두고 있었으나 적극적이고 계획적인 사업추진이나 장기계획은 거의 이루어지지 않았다.

그런 상황에서도 1947년 이화여자대학교 기독교사회사업학과가 신설되었으며, 1953년에는 중앙신학교에 사회복지학과가 설치되어 전문적인 사회사업에 대한 교육이 시작되었다.

2. 한국전쟁과 외원기관

우리나라에 미국식 사회복지실천 방법이 본격적으로 도입되기 시작한 것은 1950년대 초반이라고 볼 수 있다. 한국전쟁으로 인한 사회적 혼란과 인간생활의 황폐 현상에 개입하고자 많은 외국 민간원조단체가 한국에 들어오기 시작한 것이다.

물론 한국전쟁 이전인 미군정기에도 전쟁 이재민과 월남 동포들의 구호를 위해 외국 자선단체들이 한국을 찾았다. 하지만 외국 원조에 의한 사회복지실천이 대대적으로 전개되기 시작한 것은 한국전쟁 시기부터라고 할 수 있다.

따라서 한국전쟁 발발 후 발생된 전쟁난민 구호 활동은 국제연합(UN)의 요청에 의해 각국의 외원단체들이 구호물품이나 성금을 한국으로 보내주거나 직접 한국을 방문하여 구호 사업을 지원 전개하기 시작하였다.

이 시기에 한국에서 활동한 외원단체들이 우리 사회에 미친 영향을 살펴보면 다음과 같은 특성을 알 수 있다.

① 한국전쟁 이후는 외원단체협의회(KAVA : Korea Association of Voluntary Agencies)를 비롯한 많은 외원단체를 통하여 개별사회사업실천이 탄생하였다.
KAVA는 외국 민간원조기관 한국연합회로서 전쟁 기간과 전후 상당 기간 동안 기본적인 생태문제, 여러 유형의 가족해체 문제, 전쟁고아 문제, 전쟁으로 인한 장애아동 및 성인들의 생활문제, 사회재활 문제 등 중요한 문제해결을 지원하는 역할을 하였다.
1951년 한국기독교세계봉사회(KCWS)와 1952년 한국외원단체협의회가 설립된 후 기독교 세계 봉사회, 홀트아동복리회, 선명회 등과 같은 외원사회사업 기관과 KAVA를 중심으로 기관을 통한 개별사회사업실천이 행해진 특성을 볼 수 있다.

② 이들 외원단체들은 전문적 사회복지실천보다 종교적 선교활동에 목적을 두었기 때문에 사회복지 전문성은 갖추지 못하였다. 반면 한국의 사회사업이 종교(특히 기독교)와 밀접한 관련하에 전개될 수 있도록 하였다.

③ 외원단체들의 활동은 한국에서 전문사회사업이 시작되도록 촉발된 계기가 되어 시설중심의 사회사업이 발전하게 되었다.

④ 한국의 사회복지가 거시적인 사회정책보다는 미시적인 사회사업 위주로 발전하는 계기가 되었고, 사회사업에 대해 구호사업 또는 자선사업과 같은 것으로 한국인들이 인식하는 데 기여하였다.

⑤ 외원단체의 철수에 따라 외원에 크게 의존하던 한국의 민간 사회사업 부문이 정부에 의존하게 됨으로써 민간 사회사업 부문이 정부통제하에 편입되게 하는 데 기여하였다.

⑥ 1960년대 후반부터 이러한 외원단체들이 한국을 떠나기 시작하여 사회복지실천이 자리 잡지 못해 수용보호의 전통적 방법에서 탈피하지 못한 채 대인서비스 기술 개발보다는 노인, 아동, 부녀, 정신질환 등의 분야로 나누어 수용보호 임무를 수행했다고 볼 수 있다.

3. 1980년대~2000년까지

1980년대에 들어와서 우리나라는 지역사회복지에 커다란 전기를 맞이하게 되었다. 우리나라의 사회복지관은 1980년대 초반까지 양적·질적인 면에서 기본적으로 1970년대의 골격을 그대로 유지하였다.

다만, 1983년 사회복지사업법의 개정에 따라 사회복지관은 종합사회복지관 가형과 나형 그리고 사회복지관으로 나뉘어 공식적으로 국가의 지원을 받게 되었다. 이로 인하여 1985년부터 지역사회 중심의 사회복지실천을 위하여 각 시·도 단위로 종합사회복지관이 설립되어 481개소(2024년 기준)가 운영 중이다.

한편 공공영역에서는 1987년부터 생활보호 업무를 담당하는 '사회복지 전문요원'이 저소득층 밀집지역에 투입되기 시작하였고, 1999년 9월부터는 별정직에서 일반직으로 전환되어 전국 동사무소에 배치됨으로써 사회복지전달체계가 확립되어 문제를 가진 개인 및 가족에 대한 개별적 접근이 다양하게 이루어지게 되었다.

1994년에는 방문간호사업이 시작되어 재가복지가 활성화되었고, 그 이후 2010년 재가복지센터는 종합사회복지관의 재가복지서비스로 흡수 통합되었다. 1995년에는 지방자치제도/지방분권제도가 전면적으로 실시되었고, 6월에는 지방자치단체장 선거가 실시되었다. 1997년에는 정신보건법 시행에 따른 정신보건사회복지사의 탄생으로 정신보건의 전문화가 강화되었다. 같은 해 학교사회사업법 시범연구사업을 시작하여 2000년에는 한국학교사회사업 실천가협회가 창립되었다.

1998년에는 사회복지사업법 시행령, 시행규칙 등이 개정되어 사회복지사 자격 국가고시가 신설되었으며, 임상사회복지사 제도에서 전문사회복지사제도로 명칭이 바뀌어 시행되었다. 뿐만 아니라 사회복지사업법 개정과 아울러 개별사회사업과 집단사회사업이 통합·분할되면서 각각 사회복지실천론과 사회복지실천기술론으로, 지역사회조직은 지역사회복지론으로 변경되어 시행되었다.

이 외에도 1997년 사회복지공동모금법이 제정되었고, 1999년에는 국민기초생활보장법이 제정되어 수급권이 보장되었다.

4. 2000년대~현재

2000년대로 들어서 사회적 양극화, 저출산·고령화 문제, 북한이탈주민 및 다문화가정의 증가로 사회복지실천에 있어서 임파워먼트와 문화적 다양성에 대한 관심이 증가되고 있고 민간 사회복지 분야에서 책임성에 대한 요구가 강화되면서 사회복지실천에 있어 서비스의 효과성과 효율성의 입증과 조사연구가 주요한 역량으로 강조되었다. 특히 사회복지예산의 대폭적인 확대와 함께 보편적 복지를 지향하는 다양한 정책이 실시되었다. 노인, 장애인, 아동, 여성 등 다양한 대상에 대한 맞춤형 복지서비스가 강화되었다.

이 시기에 일어난 주요한 변화로는 먼저 2000년 10월 국민기초생활보장제도가 시행되어 보충급여와 자활사업이 실시되었으며, 수급억제적인 요소로 지적받아 온 예산 할당주의가 신청주의로 바뀌었고 실업자가 공공보조의 대상으로 포함되었다. 또한 같은 해에 사회복지의 날을 제정하여 9월 7일을 사회복지의 날로 정하였다.

2005년 저출산·고령사회기본법이 제정되어 저출산에 대응하는 정책이 실시되었고, 2008년 기초노령연금이 도입되었으며 같은 해 노인장기요양보장제도가 시행되었다. 보다 구체적으로 2001년 여성부가 신설되었고 2003년 지역사회보장협의체가 법제화되어 지역단위의 복지계획을 수립하도록 하였으며 2003년 사회복지사 1급 국가시험이 실시되었고 이와 함께 사회복지실천과 관련된 교과과정도 개편되고 전문적 실천의 장도 확대되었다.

2004년 민간주도의 We Start 사업이 실시되었고 2005년 여성부가 여성가족부로 개편되었으며 2005년 전국 시·군·구 지역사회복지협의체가 구성되었고 2005년 제1회 학교사회복지사자격시험이 한국사회복지사협회와 한국학교사회복지학회 및 한국학교사회복지사협회 등의 공동주관하에 시행되었다.

또한 2007년에는 공공주도의 희망스타트 시범사업이 실시되어 사회적기업 육성법 시행으로 새로운 일자리 창출 및 해당 기업의 육성과 지원을 위한 제도가 마련되었으며, 2008년에는 사회적 연대원리에 따라 정부와 사회가 공동으로 노인의 간병·장기요양 문제 해결을 목적으로 노인장기요양보험법을 시행하였다. 또한 같은 해에 중앙자활센터의 법인 설립 허가, 희망스타트에서 드림스타트로 명칭 변경 등이 이루어졌으며, 2012년에는 찾아가는 보건복지 서비스 추진의 일환으로 시·군·구 희망복지지원단이 설치되어 공공 통합사례관리 사업이 실시되었다.

2014년에는 기존의 기초노령연금을 대체하여 명칭을 기초연금으로 개칭하고, 노인세대를 위한 안정적인 공적연금제도를 마련하여 65세 이상의 노인 중 소득기반이 선정기준액 이하에 해당하는 노인에게 공적 서비스를 시행하게 되었다.

2016년에는 정신보건법이 '정신건강증진 및 정신질환자 복지서비스 지원에 관한 법률'로 변경되면서 정신보건법은 폐지되었다. 같은 해 주민센터의 명칭이 행정복지센터로 변경되었으며, 읍면동 복지허브화 사업 실시로 기존의 신청주의에 기반하여 내방 민원을 위주로 공적 제도만 지원했던 것에서 벗어나, 선제적으로 사각지대를 발굴하고 대상자에게 필요한 서비스를 맞춤형 복지서비스로 전환하면서 민·관을 연계한 종합적인 복지전달체계로 개편하였다.

2017년에는 기존 정신보건사회복지사에서 '정신건강사회복지사'로 명칭이 변경되었다. 2019년에는 사회서비스원 개소와 커뮤니티 케어 운영으로 지역사회통합돌봄 추진에 따라 생활시설 거주자의 퇴소를 장려하고, 전문 직종 간 서비스를 연계하여 제공하게 되었다. 2020년에는 노인맞춤돌봄서비스 시행으로 취약노인에게 적절한 돌봄서비스를 제공하게 되었다.

2022년에는 아동수당법을 보편주의로 전환하여 빈부에 관계없이 8세 미만의 아동들에게 수당을 지급하고 있으며, 또한 아동복지법을 개정하여 보호대상아동에게 보호조치 과정과 목적, 예상기간 등을 설명하도록 하였다. 2024년에는 사회복지사업법을 개정하여 사회복지사의 결격사유에서 피한정후견인을 제외하여 지역사회 참여 확대를 위해 사회복지사의 결격사유를 요양보호사의 결격사유와 동일하게 시행하고 있다.

과거 경제성장 위주의 개발정책으로 일관하던 시기에는 대기업, 공무원, 교사 등에게 우선적으로 사회보험 혜택을 제공함으로써 사회보장 프로그램이 역진적 재분배 효과를 지니기도 하였다. 그러나 지금은 5대 사회보험 중 대부분 직종별 차이 없이 균형 있게 시행되고 있다. 그렇지만 특수직역연금인 공무원연금 및 사학연금 등과 국민연금과의 상대적인 큰 차이는 시급히 개선해야 할 연금제도이다. 그리고 아직도 빈곤과 질병 등의 생활고를 겪는 근로빈곤 및 근로연령층에 대한 소득안전망이 갖추어지는 과정에서 추가적으로 고려되어야 할 취약계층이 등장하고 있다. 새롭게 등장하는 취약계층으로서 생애주기별로는 청년과 노인, 새로운 구조 변화로 인해 나타나는 1인가구와 은둔·고립층을 들 수 있다. 이 외에도 다양한 사회영역과 범주에서 소득안전망은 물론 고용안전망에서 포괄하지 못하는 대상이 다수가 있다. 과거에 없던 취약계층이 다시 등장했다기보다는 그동안 우리 사회에서 잘 보호받지 못했던 계층이 위기 계층으로 드러나기 시작했다는 점이다. 이러한 계층 또한 사회복지실천에 있어서 해결해야 할 과제이다.

KEY POINT

서구 사회복지실천의 역사적 발달

시 기	내 용
19세기 말~20세기 초	1. 사회복지실천 태동기
1900년대 전후~1920년대	2. 전문직 확립기
1920년 전후~1950년대	3. 3대 방법론 분화/확립기
1950년대 전후~1970년대	4. 사회복지실천 통합기
1970년대 전후~현재	5. 다양화기

자선조직협회의 활동 목적

① 자선 단체 간 중복 구제 방지를 위한 자선활동 조정
② 적절한 조사를 통해 빈민들에게 알맞은 원조 제공
③ 구빈민의 구걸을 방지하여 빈민의 생활조건 개선

자선조직협회(COS)의 특징

① 영국 런던(1869)의 신흥자본가와 상류층 주도, 우애방문원
② 중복구제 방지를 위한 자선활동 조정
③ 개인 책임, 개인의 도덕성 개혁(빈곤의 사회적 원인 경시)
④ 가치 있는 빈민, 가치 없는 빈민을 구분하여 원조 제공

자선조직협회(COS)가 사회복지실천에 미친 영향

① 개별사회복지실천
② 사회복지 조사

인보관운동의 목적

① 빈민의 교육과 발전 도모
② 빈민의 생활환경에 관한 정보와 사회적 욕구 파악

인보관운동의 특징

① 영국 토인비 홀(1884)
② 성직자와 대학생 등 지식인 주도
③ 사회구조적 책임
④ 사회개혁
⑤ 3R : Residence(거주), Research(연구조사), Reform(개혁)

인보관운동이 사회복지실천에 미친 영향

① 집단사회복지실천
② 빈민의 역량강화
③ 지역사회조직

자선조직협회 · 인보관운동

구 분	자선조직협회(COS)	인보관운동
연 도	1869년(영국)	1884년(영국)
원 인	빈곤의 개인 책임	빈곤의 환경적 요인(사회책임)
참여자	상류층	중산층
접근방법	빈민개조, 역기능적인 면 수정	빈민과 함께 거주, 동정, 사회비판
이 념	사회진화론	자유주의 급진주의

메리 리치몬드(Mary Richmond)의 사회복지실천 기초 이론 구축

① 사회복지실천에 관한 이론과 방법을 최초로 체계화한 책(사회진단, 1917)
② 진단-치료-평가라는 사회복지실천과정을 제시(정신분석이론 영향)
③ '개별사회사업이란 무엇인가'(1922) 책 발간

진단주의와 기능주의 대립(1930~1950년대)

① 진단주의(1920년대) : 기계론적, 결정론, 전문가 중심
② 기능주의(1930년대 이후) : 클라이언트 스스로 문제해결, 치료 대신 원조로 표현
③ 진단주의+기능주의 절충 : 펄만의 문제해결모델(1957)

우리나라 사회복지실천의 발달과정

① 태화여자관 설립 : 1921년(우리나라 최초의 복지관)
② 대학에서 정규 사회복지 교육 시작 : 1947년 이화여자대학교
③ 최초의 한국사회사업가협회 탄생 : 1967년
④ 사회복지전담요원(사회복지전담공무원)제도 시작 : 1987년
⑤ 사회복지사 1급 국가시험 시작 : 2003년

한국외원단체협의회(KAVA) : COS와 비슷한 기능

① 1952년 7개 기관이 모여 카바(KAVA) 결성
② 1970년대 초반까지 활동(중반 이후 감소)

외원단체 중 현재까지 우리나라에서 사회복지사업 전개 기관

① 기독교아동복지회(CCF) → 한국복지재단 → 초록우산재단
② 선명회 → 한국월드비전
③ 홀트아동복지회 → 홀트아동복지회
④ 캐나다 유니테리언 봉사회 → 한국봉사회
⑤ 메노나이트 중앙재단 → 가정복지회
⑥ 양친회 → 양친사회복지회
⑦ 태화복지재단 → 태화복지재단
⑧ 스웨덴 아동구호연맹 → 한국아동복지회

서구 국가의 사회복지법 제정 요약

국 가	영 국	독 일	미 국
세계 최초 제정	엘리자베스구빈법 스핀햄랜드법 개정구빈법 실업보험법	질병보험법 재해보험법 노령연금법 수발보험법	사회보장법

CHAPTER 03

사회복지실천의 가치와 윤리

제1절 사회복지실천의 가치와 윤리

제2절 사회복지사 윤리강령

제3절 사회복지실천의 윤리적 딜레마

CHAPTER

03 사회복지실천의 가치와 윤리

제 1 절 사회복지실천의 가치와 윤리

1. 사회복지실천의 가치

1) 가치의 개념

가치는 지식(knowledge), 기술(skill)과 더불어 사회복지실천의 3대 중심축의 하나로 사회복지실천이 추구해야 하는 방향성을 제시한다.

골드스타인(Goldstein)이 사회복지사들을 일컬어 "가치에 둘러싸인 사람들"이라고 하였듯이 사회복지실천에서 가치는 매우 중요하다.

가치란 우리가 인간으로 존재하고 행동함에 있어 옳고 좋은 것으로 선호되는 것에 대한 지속적인 신념들이라고 할 수 있다. 이러한 의미에서 좋다/싫다, 바람직하다/나쁘다 등과 같이 선호하는 것에 대한 암묵적 견해로서 인간의 삶과 관련된 특정 수단, 목적, 조건들에 대한 보편적 선호이다.

가치는 세계가 어떠해야 하며, 사회 사람들이 어떻게 행동해야 하며, 최적의 생활환경은 어떠해야 하는지에 대한 신념이다. 또한 가치는 단순한 관심이 아니라 행동 시에 선택의 기준으로 작용한다. 즉, 가치는 인간행동의 방향과 동기를 제공한다. 이와 관련하여 일부 학자의 주장을 알아보고자 한다.

로웬버그(Lowenberg)는 가치란 "믿음과 같은 것으로 좋고 바람직한 것에 대한 지침이며 적합한 행동의 선택에 대한 지침"으로 보았다.

윌리엄(William)은 "가치란 선호하는 것 혹은 선택한 것에 대한 기준이며, 잠재적이거나 실제적인 행동을 정당화시켜 줄 뿐 아니라 선택된 행위들의 바람직한 상태를 일컫는 개념"이라고 정의하였다. 즉, 가치란 객관적으로 증명할 수 없고 주관적으로 선호하는 것으로 인간의 적절한 행동을 선택하는 데 지침이나 기준이 된다. 가치와 윤리는 종종 혼용되지만 그 뜻은 다르다. 사회복지실천의 윤리에서 가치의 문제를 중요하게 다루는 것은 가치에서 윤리가 나오기 때문이다.

레셔(Rescher)와 리머(Reamer)는 가치란, 즉 "평가될 수 있는 모든 것", "모든 욕구의 대상", "외향적이건 내재적이건 혹은 개인적 특성이건 집단의 특성이건 간에 어떤 바람직함이라는 개념으로서 가능한 여러 수단과 목적들 중에서 선택을 할 때 영향을 미치는 것", "인간의 노력의 지침이 되는 바람직한 최종 상태 혹은 사회적 행동을 인도하는 정당화된 목적의 가장 일반적인 진술", "여러 대안적 행동 중에서 선택을 할 때 영향을 주는 규범적 기준" 등이라고 하였다.

또한 바틀렛(Bartlett)은 사회복지실천에서의 본질적 3대 요소인 가치, 지식, 기법 중 가치적 요소를 중시했다. 사회복지 전문직은 어떠한 지식이나 개입방법만으로는 충족될 수 없으며 뚜렷한 가치나 신념이 선행되어야 함을 시사하고 있다.

일반적으로 사회복지 윤리학 분야에서는 가치를 '인간의 삶과 관련된 특정 수단, 목적, 조건들에 대한 보편적 선호'라고 정의한다.

2) 사회복지실천 가치의 개념

사회복지실천이 지향하는 궁극적인 가치는 인간의 존엄성이다. 개인의 지위나 신체적 장애 유무, 사회적 역할 또는 경제적 부와 상관없이 모든 인간을 존엄한 존재로 믿는 가치로부터 사회복지는 출발한다.

사회복지실천에서 사회복지 전문직은 윤리적이며 가치지향적인 전문직으로서 가치와 윤리가 중심을 차지한다.

사회복지실천의 주요 가치를 분류하면 다음과 같다.

(1) 본질적 가치 분류

사회복지실천의 본질적 가치는 '인간의 존엄성'과 '배분적 사회정의'로 나눌 수 있다. 이를 '이중가치체계'라고도 한다.

① 인간의 존엄성

모든 인간은 존엄한 존재로서 존중받아야 한다. 사회복지실천에서는 클라이언트의 존엄성과 관련하여 개별화, 자기결정권, 비밀보장 등이 수단적 가치와 직업적인 윤리의 기초가 된다. 즉, 사회복지실천은 모든 인간을 가치 있는 존재로 인정하는 것에서 서비스가 제공된다는 것을 의미한다.

② 배분적 사회정의

개인의 문제는 사회적 자원의 결핍 또는 역기능적인 사회환경에 의해 발생하는 것으로 이해할 수 있다. 따라서 사회는 개인의 안녕을 위해 사회적 자원을 최대한 공평하게 배분해 주어야 한다는 신념으로 볼 수 있다. 배분적 사회정의는 개인에 대한 사회의 책임성과 참여를 중요시한다. 예를 들면, 빈부의 격차가 개인의 능력이나 노력에 의해 영향을 받는다는 것을 인정하면서도 이들의 인간적인 삶을 위해 최소한의 사회적 자원이 배분되어야 한다는 것을 의미한다.

(2) 목적과 관련된 가치 분류

펌프리(Pumphrey)는 사회복지 가치를 추상적인 목적과 관련된 궁극적 가치, 이러한 목적을 달성하기 위해 사용할 수 있는 수단적 가치, 그리고 이 두 가치 사이에 추상적 가치를 좀 더 구체화한 차등적 가치로 범주화하였다.

① 궁극적 가치

궁극적 가치는 가장 추상적이고 대다수의 사람이 가장 쉽게 동의하는 가치로서 인간의 존엄성, 자유, 진보, 정의 등이 궁극적 가치에 속한다.

② 차등적 가치

차등적 가치는 궁극적 가치와 구체적 행위나 상황과 관련된 도구적 가치 사이에 있으며 추상적 가치를 좀 더 구체화한 가치이다. 사회문화적 영향과 개인의 경험에 따라 가치의 찬반이 가능하다.

차등적 가치에는 안락사나 낙태에 대한 권리, 아동 훈육 권리, 동성애에 대한 가치, 치료를 거부할 수 있는 환자의 권리 등이 있다.

③ 수단적 가치

수단적 가치는 도구적 가치라고도 한다. 목적을 위한 바람직한 수단에 대한 것으로 궁극적 가치를 달성하기 위한 수단으로서 비난하지 않는 태도, 자기결정, 비밀보장, 고지된 동의, 타인의 수용, 교육 기회의 균등 등이 수단적 가치에 속한다.

(3) 프리드랜더(W. Friedlander)가 제시한 기본적 가치

인간의 존엄성(개인존중의 원리)은 모든 사람은 인간으로서의 가치, 품위, 존엄성을 가진다는 것이다. 이는 사회복지의 철학이고 가장 중요한 기본 가치이다. 인간의 자율성(자발성 존중의 원리)은 모든 사람은 타인의 권리를 침해하지 않는 한 자신과 관련된 것을 스스로 결정할 자유를 가진다는 것이다. 기회의 균등성(기회균등의 원리)은 사회는 개인에게 균등한 기회를 차별 없이 제공해야 한다는 것이다. 사회적 책임성은 누구나 겪을 수 있는 공통의 위험에 대비하기 위하여 상호 책임을 가진다는 것이다. 상부상조의 원리인 사회 연대성의 원리를 따른다는 것이다.

이 외의 사회복지실천의 기본적 가치를 살펴보면 기본권 권리에 대한 존중, 인간의 사회적 책임감, 개인적 자유에 대한 헌신성, 자기결정에 대한 지지, 인간의 잠재적 능력의 인정, 인간 고유의 존엄성을 존중받을 가치, 자기 결정권, 분배적 사회정의와 평등, 연대성, 인도주의 등이 있다.

(4) 레비(Levy)의 사회복지 전문직의 가치 범위

전문직 가치란 어떠한 직업이 사회의 전문직으로 인정되는 과정에서 그 전문직의 독특한 실천활동과 관련하여 요구되는 가치로, 해당 전문직 활동의 평가와 책임소재의 근거가 된다.

레비(Levy)는 사회복지 전문직의 가치를 사람 우선의 가치, 결과 우선의 가치, 수단 우선의 가치라는 3개 범주로 나누어 설명하였다.

① **사람 우선의 가치**(인간에 대한 바람직한 생각)

전문직 수행의 대상인 인간 자체에 대해 전문직이 갖추고 있어야 할 기본적 가치관이다. 즉, 클라이언트를 하나의 개별화된 인간으로 보고 능력을 인정해 주며 그에 따라 권한을 인정해 주는 가치이다.

개인의 타고난 가치와 존엄성, 개인의 건설적인 변화에 대한 능력과 욕구, 상호책임성, 소속의 욕구, 공통적인 인간의 욕구, 그리고 개개인의 독특성에 대한 가치 등이 속한다.

② **결과 우선의 가치**(인간을 위한 바람직한 결과)

사람에게 서비스를 제공했을 때 초래하는 결과에 대한 가치관이다. 이는 사회가 개인의 발전을 위해 사회참여에 대한 기회를 동등하게 제공해야 한다는 사회적 책임에 대한 가치이다. 부적절한 교육과 주택문제 등 사회적 문제 제거, 평등한 기회 부여와 차별금지 등이 속한다.

③ **수단 우선의 가치**(인간을 다루는 바람직한 도구)

서비스를 수행하는 방법 및 수단과 도구에 대한 가치관이다. 즉, 인간은 존엄과 존경을 토대로 자기결정권을 가져야 하고, 사회변화 참여를 격려받아야 하며 독특한 개인으로 인정받아야 한다는 신념이다.

인간의 자율성으로 요약될 수 있는 수단 우선의 가치는 아마도 사회복지 실천 과정에서 매우 중요하게 실천되어야 할 가치체계일 것이다. 자기결정권 존중, 비심판적인 태도 유지 등이 속한다.

사회복지실천은 지식이나 특정한 기술만으로는 충족할 수 없는 전문영역이다. 사회과학의 여러 학문 분야 중에서 특히 사회복지학은 가치의 영역을 중요하게 취급할 뿐 아니라, 특정의 가치에 대한 강한 헌신을 요구하고 있다.

사회복지기관에 종사하는 대부분의 사회복지사는 서비스이용자의 문제를 해결하는 데 있어서 다양한 가치 갈등을 겪게 된다. 따라서 사회복지사는 확고한 가치와 사명감이 선행되어야 한다.

2. 사회복지실천의 철학적 가치

1) 개인존중의 원리(인간의 존엄성)

'개인존중'의 원리는 사회복지실천의 기본 이념으로 모든 사람은 인간으로서의 가치, 품위, 존엄을 가지며 개인은 그 이용가치와 상관없이 존중받을 권리가 있고 존엄성을 지닌 독특한 존재이므로 개인 간의 다양성과 차이는 인정되고 존중되어야 한다는 이념을 말한다.

즉, 모든 인간을 가치가 있는 존재로 인정하는 데에서 사회복지실천의 서비스가 제공된다는 것을 의미한다. 이것은 인간이 천부적으로 가지고 있는 가치로 모든 인간은 실제로 무엇을 하고 있고, 무엇을 할 수 있는가 혹은 어떤 상태나 상황에 놓여있는가 하는 것과는 상관없이 존중되어야 한다는 것을 의미한다.

따라서 사회복지사는 인종, 성, 경제적 · 정치적 · 사회적 지위, 종교, 국적, 지능, 육체적 조건이라는 속성으로 인하여 클라이언트를 무시하거나 차별하지 말아야 한다.

또한 주변 환경으로부터 클라이언트의 이러한 속성으로 인하여 무시되거나 차별받지 않도록 활동하여야 한다.

2) 자기결정권의 원리

'자기결정권'의 중요성에 대해 홀리스와 우즈(Hollies & Woods, 1990)는 사회복지사가 갖추어야 할 자질 가운데 가장 중요한 두 가지의 기본적 자질로 클라이언트에 대한 '비심판적 태도'와 '자기결정에 대한 존중'을 들었을 정도로 중요하다.

이처럼 자기결정권의 원리는 사회복지의 실천과정에서 중요한 원칙으로 인간의 타고난 존엄성에 대한 신념으로부터 나오며 각각의 자기 능력과 판단에 따라 자신의 태도와 행동을 결정할 권리인 동시에 스스로 결정하도록 허용되어야 하는 기본적 인권을 존중하는 사회복지의 철학이다.

따라서 사회복지사는 클라이언트의 환경과 그의 능력이 허용하는 범위 내에서 스스로 자신이 원하는 결정을 할 수 있도록 최대한 허용적인 환경 및 분위기를 조성해야 한다.

즉, 클라이언트가 잘못된 판단을 할 우려가 있거나 정신장애로 건전한 사고능력이 없는 특별한 경우는 예외로 하되 어디까지나 클라이언트의 올바른 이해와 판단과 결정을 기본으로 해야 하며, 일방적인 명령이나 금지 혹은 위협으로 자기결정을 저해하지 않도록 해야 한다.

더불어 클라이언트가 자신의 결정을 신뢰하고 시도해 볼 수 있도록 격려와 지지로 원조해야 한다. 이러한 자기결정을 통하여 보다 신뢰성 있는 관계를 형성하고 민주적인 사회복지실천이 가능할 수 있다.

자기결정의 개념에는 '대안'의 의미가 포함되어 있다. 그러므로 사회복지사는 클라이언트의 자기결정을 돕기 위해 다양하고 객관적인 정보와 자원을 제공하면서 가능한 대안을 찾아가는 작업을 해야 한다.

3) 기회균등의 원리(평등 및 기회 균등권)

인간은 누구나 평등하고 균등한 기회가 차별 없이 제공되어야 한다는 이 원리는 복지국가의 기본 이념인 동시에 사회복지실천에 있어서 반드시 수반되어야 할 기본 가치로서 사회적 평등에 기초하고 있다.

일반적으로 재산, 교육, 지위, 종교, 직업 등에 의해 인간을 여러 계층으로 분류하기도 하는데 사회복지에서는 이들에게 어떠한 차별 없이 똑같은 기회를 제공해야 할 도덕적·직업적 원칙이 있다.

따라서 돕는 과정에 있어서 앞서 논한 개인의 기본적인 인권의 존엄성과 자기결정권을 절대 훼손하지 않음은 물론 어떠한 기준에 의한 차별이 있어서는 안 된다. 즉, 모든 클라이언트에게 동등한 기회를 제공하고 제한된 자원을 공정하게 분배해야 한다는 것이다.

이와 같이 사회복지는 자유와 평등 위에 비로소 성립될 수 있으므로 자유와 평등 이념은 사회복지체계의 핵심적 기반인 것이다. 그러나 이러한 가치는 물려받았다기보다는 앞으로 기대되며 쟁취해야 할 중요한 가치개념이라 할 수 있다.

4) 국가책임의 원리

우리나라 사회보장기본법 제1장 제1조에는 “사회보장에 관한 국민의 권리와 국가 및 지방 자치단체의 책임을 정하고 사회보장정책의 수립·추진과 관련 제도에 관한 기본적인 사항을 규정함으로써 국민의 복지증진에 이바지하는 것을 목적으로 한다”고 명시되어 있다.

이는 모든 국민들이 인간다운 생활을 유지할 수 있도록 최저생활보장을 통하여 생존권을 보장해 주는 것이 국가의 책임으로 간주되는 것은 규범적인 측면이나 당위적인 측면에서 당연한 일로서 국가가 책임지는 원리를 말한다.

따라서 사회복지사는 국가의 책임을 대신 수행하는 대행자로서의 책임감을 가지고 클라이언트를 원조해야 하며, 이러한 가치는 사회복지사가 사회복지실천을 통해 달성하고자 하는 이상적인 상태를 말하는 것이다.

3. 사회복지실천의 윤리

1) 윤리의 개념

윤리의 한자적 의미를 살펴보면 윤(倫)은 사람의 무리, 집단을 의미하고, 리(理)는 이치 혹은 도리라는 뜻이다. 또한 윤리는 영어로 'ethics'라고 하며 그리스어의 'ethos'에서 나온 관습의 의미로, 가치에서 비롯되나 무엇이 옳고 그른가를 판단해 주는 도덕적 지침이 된다.

가치는 객관적으로 증명할 수 없고 주관적으로 선호하는 것으로, 인간이 적절한 행동을 선택하는 데 있어서 지침이나 기준이 된다. 어떤 현상을 객관적으로 설명하는 지식과는 반대로, 가치는 '이래야 한다', '저래야 한다'는 당위성을 이야기한다. 이러한 가치가 사회적으로 합의되면 윤리가 된다.

윤리는 인간이 살아가는 데 있어서 지켜야 할 도덕적 원리이고, 사회윤리는 사람이 사회적 관계에서 지켜야 할 도리이다. 일반인의 윤리는 인간관계에서 개인이 그 사회의 도덕률과 가치에 기초해서 행하고 지켜야 할 의무를 규정한 것이다.

반면 전문가의 윤리는 특수한 역할의 입장, 즉 전문가 역할을 수행하면서 고려해야 할 특수한 의무다. 사회복지실천 윤리는 사회복지사의 활동이 도덕적으로 바른 방법이 될 수 있도록 규정한 지침이다.

따라서 윤리는 행동과 관련이 있다. 이러한 윤리는 사회복지 분야에서 취약계층의 권리 보호를 위해 특히 강조된다.

사회복지실천 윤리에서 가치의 문제를 중요하게 다루는 것은 사회복지사의 가치에서 윤리적 원칙들이 나오기 때문이다. 따라서 서로 다른 가치관들 사이의 관계 정립을 위해 윤리가 필요하다.

또한 윤리는 가치에서 나오기 때문에 윤리는 조화를 이루어야 한다. 이러한 가치와 윤리는 개인에 따라 그리고 사회나 문화에 따라 변할 수 있다. 이때 가치는 무엇이 '좋다/싫다', '바람직하다/나쁘다' 등과 같이 선호하는 것과 관련되고, 윤리는 무엇이 옳고 그른가를 파악하는 기준이 된다.

따라서 사회복지실천 가치에서 윤리가 비롯되고, 이 윤리는 실천적 원칙을 만들며, 원칙은 옳고 바른 것을 추구하는 윤리기준을 제공한다.

〈표 3-1〉 가치와 윤리

가 치	윤 리
• 믿음, 신념, 선호 • 어떤 것이 바람직한가, 바람직하지 않은가 • 행동의 방향성 제시 • 구체적인 실천을 지시하기보다 일반적으로 선호하는 더 폭넓은 사회의 가치를 반영	• 마땅히 따라야 할 규범 • 어떤 행동이 옳고 그름에 대한 판단 • 가치의 기반 위에 구현된 행동 지침 • 가치에서 나오기 때문에 가치와 조화를 이루어야 함

2) 사회복지실천의 윤리적 개념

사회복지실천 윤리란 다양한 배경을 가진 사회복지사들이 복잡한 사회복지실천 분야에서 직면하게 되는 윤리적 쟁점에서 올바른 판단을 할 수 있는 체계적인 준거틀을 제공한다.

로웬버그(Lowenberg)와 돌고프(Dolgoff)는 사회복지실천 윤리를 "사회복지실무자에게 윤리적으로 올바른 실천방법인지 인식할 수 있도록 전문적인 사회복지실천 상황에서 발생하는 윤리적인 측면을 올바른 실천 행위로 결정하도록 도와주는 방법"이라고 정의한 바 있다.

사회복지사는 클라이언트를 돕는 과정에서 다양한 윤리적 결정을 해야 하는 상황에 직면하게 된다. 도덕적으로 마땅히 해야 할 옳은 일은 무엇인지, 그 상황에서 사회복지사는 어떻게 해야 비윤리적인 행동을 피할 수 있는지 등 사회복지실천과정에서 사회복지사의 판단 근거와 방법을 제시해 줄 수 있는 것이 바로 사회복지실천 윤리이다.

즉, 사회복지실천 윤리는 사회복지실천과정에서 직면하는 다양한 윤리적 쟁점에 대해 올바른 판단과 이를 행동으로 실행하도록 도와주는 지침이라고 할 수 있다.

3) 사회복지실천 윤리의 필요성

사회복지실천 윤리는 사회복지 전문직을 보호하는 기능을 한다. 사회복지 전문가의 가치관과 클라이언트의 가치관 등 이들 사이에 존재하는 공통점과 차이점을 확인시켜 주고, 서로 다른 가치관 사이의 관계 정립을 위해서도 필요하다.

아울러 사회복지실천 윤리는 실천과정에서 윤리적 딜레마를 이해하고 이에 올바른 판단과 행동을 했는지 스스로 판단함으로써 자기 규제를 하도록 한다.

이를 통해 사회복지 전문직의 전문성을 확보할 수 있다. 사회복지사의 자기 규제는 전문직을 보호하고 윤리적인 실천과 함께 클라이언트를 보호한다.

따라서 윤리는 사회복지 전문가는 물론 클라이언트의 권리 보호 등을 위해 필요하다.

4) 윤리적 결정의 철학적 근거(윤리 이론)

사회복지실천에서의 철학적 영역에는 지식, 진리 및 도덕에 대한 우리의 이해를 형성하는 중심 개념으로 윤리적 상대주의와 절대주의가 있다. 윤리적 상대주의는 보편적으로 타당한 어떤 윤리법칙도 존재하지 않는다는 관점으로 상대적인 중요도에 따라 판단이 달라질 수 있고, 반면 윤리적 절대주의 입장에서 본다면 도덕적 가치판단은 결과와 별개로 보편적이고 절대적인 기준으로 판단하는 것이다. 이에 관한 내용을 제시하면 다음과 같다.

(1) 윤리적 상대주의

윤리적 상대주의(ethical relativism)는 우리가 마땅히 따라야 할 규범으로서 윤리가 문화에 따라 다르다는 입장이다. 규범으로서 윤리가 문화에 따라 다르다는 것은 옳고 그름의 기준이 문화에 따라 다름을 의미한다.

이처럼 윤리적 상대주의는 도덕 규칙이나 객관적이고 보편적인 원리를 거부하고, 직면한 상황이나 산출결과가 얼마나 옳고 선한가의 정도에 따라 윤리적인 결정을 한다.

즉, 윤리적 상대주의는 어떤 상황에서도 적용될 수 있는 불변하는 윤리 기준이 있는 것이 아니라, 주관적으로 자신에게 유리하고 즐거운 것, 결과적으로 좋은 것이 윤리적으로 옳다고 보는 것이다.

예를 들어, 비밀보장을 약속한 학교사회복지사와 상담한 여자 중학생은 현재 임신 9주째로 부모에게 알리지 않고 출산할 수 있도록 도움을 요청하였다. 그러나 학교사회복지사가 태아와 학생의 건강과 복지를 위해 비밀보장의 약속을 어기고 부모에게 알릴 경우, 이는 윤리적 상대주의에 근거한 것이다.

(2) 윤리적 절대주의

윤리적 절대주의(ethical absolutism)는 인간이 마땅히 따라야 할 윤리가 사회나 문화에 상관없이 항상 같다는 입장으로 보편적인 도덕법에 따라 행위의 옳고 그름을 판단한다. 여기서 보편적인 도덕법은 모든 상황에서 절대적으로 적용되고 무조건 인정하며 의심할 수 없는 확실한 것을 말한다.

또한 자연법칙이나 초자연적 절대자의 속성과 같이 시대와 장소를 초월하여 모든 사람에게 보편타당하며, 선천적으로 주어진 삶의 원리를 의미한다. 어떤 행위에 대해 상황이나 그 행위의 결과와는 상관없이 보편적인 도덕 원칙에 따라 명료하게 옳고 그름을 판단해야 한다는 것이다.

이렇게 명료한 가치 판단을 가질 때 도덕적 권위가 확고해지면서 사회적으로도 질서가 확립될 수 있다고 본다.

제 2 절 사회복지사 윤리강령

1. 사회복지사 윤리강령의 개념

윤리강령은 전문가들이 지켜야 할 전문적 행동기준과 원칙을 기술해 놓은 것으로 사회복지사 윤리강령은 사회복지사가 사회복지를 실천하는 전문적 활동에 대한 행동기준이자 지침으로, 사회복지가 추구하는 가치 기준을 얼마만큼 잘 준수하고 실천하였는가에 대한 판단기준이라 할 수 있다.

2. 사회복지사 윤리강령의 기능

윤리강령은 사회의 가치관과 개인의 가치관 및 윤리관이 급격하게 변하면서 이전에는 나타나지 않았던 다양한 갈등이 발생하게 되었고 이를 해결하기 위해 등장하였다.

윤리강령의 기능은 공통적으로 합의한 내용을 담고 있기 때문에 사회적 및 윤리적 제재의 힘을 가지며, 전문가들이 윤리적 실천을 수행할 수 있도록 전문적 행동 기준과 원칙이 구체적인 지침으로 규정되어 있다.

윤리강령의 기능은 전문직의 임무에 관한 규범을 확립하며, 외부의 규정으로부터 보호해 줄 뿐만 아니라 잘못된 실천오류에 대한 판단기준을 명확하게 해주는 것으로, 사회복지사 윤리강령의 일반적인 기능은 다음과 같다.

① 사회복지 가치기준에 맞는 실천을 하였는가에 대한 행동기준 및 판단기준이 된다.
② 사회복지실천현장에서 윤리적 갈등이 생겼을 때 지침과 원칙을 제공한다.
③ 자기규제를 통해 클라이언트를 보호한다.

④ 스스로 자기규제를 가짐으로써 사회복지 전문직의 전문성을 확보하고 외부로부터 전문직을 보호한다.

⑤ 일반 대중에게 전문가로서의 사회복지의 기본 업무 및 자세를 알리는 일차적 수단으로 기능한다.

⑥ 사회복지 전문가들의 윤리의식을 고양시킨다.

⑦ 사회복지사 윤리강령은 사회복지 가치기준에 맞는 실천을 하였는가에 대한 행동 및 판단 기준이 된다.

로웬버그와 돌고프(Lowenberg & Dolgoff)가 강조한 윤리강령의 기준을 살펴보면 다음과 같다.

① 실무자가 윤리적 문제를 포함한 딜레마에 당면했을 때 안내한다.

② 무능력한 실무자로부터 대중을 보호한다.

③ 정부의 통제로부터 전문직을 방어한다.

④ 동료와의 관계를 건전하게 유지한다.

⑤ 소송으로부터 전문가를 보호한다.

이를 종합해 보면 윤리강령의 기능은 전문가로서 지켜야 할 기본 윤리적 행위가 무엇이고, 전문가로서 하지 말아야 할 비윤리적 행동이 무엇인지를 판단하는 기준을 제시한다.

따라서 윤리강령의 기능은 전문직을 외부의 규정으로부터 보호하는 기능과 전문직 실천 대상을 보호하는 기능으로 이해할 수 있다.

3. 사회복지사 윤리강령의 목적 및 내용

전문직은 전문직으로서의 가치관과 윤리적 원칙, 윤리적 기준이 명확히 수립되어야 할 의무가 있다. 사회복지사 윤리강령은 사회복지사 실천의 핵심으로, 사회복지 전문직이 수행하는 전문기능, 실천현장, 서비스 대상과 상관없이 모든 사회복지사에게 적용된다.

1) 한국사회복지사협회 사회복지 전문직 윤리강령의 목적

한국사회복지사 윤리강령의 목적은 다음과 같다.

① 윤리강령은 사회복지 전문직의 사명과 실천의 기반이 되는 핵심 가치를 제시한다.
② 윤리강령은 사회복지 전문직의 핵심 가치를 실현하기 위해 윤리적 기본 원칙을 제시하고, 사회복지실천의 지침으로 사용될 윤리기준을 제시한다.
③ 윤리강령은 사회복지실천현장에서 발생하는 윤리적 갈등 상황에서 의사결정에 필요한 사항을 확인하고 판단하는 데 필요한 윤리기준을 제시한다.
④ 윤리강령은 사회복지사가 전문가로서 품위와 자질을 유지하고, 자기관리를 통해 클라이언트를 보호할 수 있도록 안내한다.
⑤ 윤리강령은 사회복지의 전문성을 확보하고 외부 통제로부터 전문직을 보호할 수 있는 기준을 제공한다.
⑥ 윤리강령은 시민에게 전문가로서 사회복지사의 역할과 태도를 알리는 수단으로 작용한다.

2) 한국사회복지사협회 사회복지 전문직 윤리강령의 주요 내용

한국사회복지사협회의 사회복지사 윤리강령은 1982년에 제정되었는데, 2001년 개정되면서 실천적 행동강령으로서의 모습을 갖추게 되었다. 2023년 5차 개정에서는 기본적인 구조와 내용에서 많은 변화가 있었다.

기존에는 전문－윤리기준－사회복지사 선서로 구성되었으나 5차 개정에서는 전문－목적－가치와 원칙－윤리기준－선서로 구성되었다. 내용에는 시대적 변화와 세계적 기준을 반영하였다.

즉, 윤리강령 목적, 가치와 원칙이 신설되었으며, 사회복지사 윤리기준이 42개 조문에서 69개 조문으로 확대되었고, 윤리위원회 구성과 운영은 삭제되었다.

① 윤리강령 전문

윤리강령 전문

사회복지사는 인본주의 · 평등주의 사상에 기초하여, 모든 인간의 존엄성과 가치를 존중하고 천부의 자유권과 생존권의 보장활동에 헌신한다. 특히 사회적 · 경제적 약자들의 편에 서서 사회정의와 평등 · 자유 민주주의 가치를 실현하는 데 앞장선다. 또한 도움을 필요로 하는 사람들의 사회적 지위와 기능을 향상시키기 위해 저들과 함께 일하며, 사회제도 개선과 관련된 제반 활동에 주도적으로 참여한다. 사회복지사는 개인의 주체성과 자기결정권을 보장하는 데 최선을 다하고 어떠한 여건에서도 개인이 부당하게 희생되는 일이 없도록 한다. 이러한 사명을 실천하기 위하여 전문적 지식과 기술을 개발하고 사회적 가치를 실현하는 전문가로서의 능력과 품위를 유지하기 위해 노력한다. 이에 우리는 클라이언트 · 동료 · 기관, 그리고 지역사회 및 전체 사회와 관련된 사회복지사의 행위와 활동을 판단 · 평가하며 인도하는 윤리기준을 다음과 같이 선언하고 이를 준수할 것을 다짐한다.

② 윤리강령의 가치와 원칙

사회복지사는 인간 존엄성과 사회정의라는 사회복지의 핵심 가치에 기반을 두고 사회복지 전문직의 사명을 다하기 위해 노력해야 한다는 핵심 가치와 관련해 사회복지 전문직이 준수해야 할 윤리적 원칙을 제시하였다.

③ 윤리강령의 목적

한국사회복지사 윤리강령은 사회복지 전문직의 가치와 윤리적 실천을 위한 기준을 안내하고, 윤리적 이해의 충돌이 발생하는 경우에 고려해야 할 사항을 참고할 수 있도록 기준을 제시하였다.

④ 사회복지사의 윤리기준

한국사회복지사 윤리강령에는 사회복지사의 기본적 윤리기준, 클라이언트에 대한 윤리기준, 사회복지사의 동료에 대한 윤리기준, 기관에 대한 윤리기준, 사회에 대한 윤리기준 등과 관련하여 다섯 가지 윤리기준을 제시하였다.

⑤ **사회복지사 선서**

사회복지사는 일을 시작하기에 앞서 의무와 책임을 다하고 윤리강령을 준수할 것을 맹세하는 선서를 한다.

사회복지 선서문

나는 모든 사람들이 인간다운 삶을 누릴 수 있도록, 인간 존엄성과 사회정의의 신념을 바탕으로, 개인 · 가족 · 집단 · 조직 · 지역사회 · 전체사회와 함께한다.

나는 언제나 소외되고 고통받는 사람들의 편에 서서, 저들의 인권과 권익을 지키며, 사회의 불의와 부정을 거부하고, 개인이익보다 공공이익을 앞세운다.

나는 사회복지사 윤리강령을 준수함으로써, 도덕성과 책임성을 갖춘 사회복지사로 헌신한다.

나는 나의 자유의지에 따라 명예를 걸고 이를 엄숙하게 선서합니다.

제 3 절 사회복지실천의 윤리적 딜레마

1. 사회복지실천에서의 윤리적 딜레마

사회복지사들은 전문적 가치와 윤리기준을 가지고 있음에도 불구하고 사회복지를 실천하는 과정에서 다양한 윤리적 갈등을 경험하게 된다.

윤리적 갈등이란 사회복지사가 전문가로서 지켜야 하는 윤리적 의무와 책무가 서로 충돌하여 어떠한 실천행동을 선택하는 것이 윤리적으로 올바른 것인지 판단하기 어려운 상태를 말한다.

두 가지 이상의 가치나 윤리가 상충하는 상황에서 한 가지를 선택해야 하는 경우, 이 선택이 개인 혹은 여러 사람에게 영향을 미치게 될 때 윤리적 갈등을 겪게 된다.

이러한 윤리적 딜레마를 해결하는 데 지침이 되는 것이 윤리강령이지만, 최선의 행동을 선택하기 위해서는 각 대안을 면밀히 검토하고 우선순위를 두어야 한다.

그러나 윤리강령은 일반적으로 사회복지사에게 발생하는 특정한 상황에 대한 해답을 제공하지는 않는다. 전문적 사회복지실천과정에서 경험하게 되는 대표적인 윤리적 갈등 상황으로는 다음과 같은 것들이 있다.

1) 클라이언트의 자기결정권

클라이언트의 자기결정권은 사회복지사가 자신의 전문적 지식과 경험, 기술에 근거하여 자신의 생각이나 이념을 클라이언트에게 강요할 수 없고, 클라이언트가 자신에게 가장 좋다고 생각되는 것을 선택할 수 있는 권리이다.

클라이언트가 스스로 선택하고 결정할 수 있도록 클라이언트의 권리와 욕구를 인정하고 클라이언트의 의사를 존중해 주는 사회복지 윤리원칙이다.

단, 클라이언트가 너무 어리거나 정신적 연령이 낮아서 스스로 결정할 능력이 없거나, 클라이언트의 결정이 다른 사람이나 기관 및 사회에 불이익을 가져올 위험성이 높다고 판단될 때에는 자기결정권의 제한이 발생한다.

이때 사회복지사는 클라이언트의 자기결정권의 행사를 어느 범위까지 한정시켜야 할지 윤리적 갈등 상황에 빠지게 된다.

2) 비밀보장

비밀보장은 사회복지사가 클라이언트의 동의 없이 클라이언트에 대한 정보를 누설하지 않는다는 윤리원칙이다. 이러한 원칙하에 클라이언트는 사회복지사에게 자신의 문제뿐 아니라 그와 관련된 사실들에 관하여 이야기하게 된다.

그러나 비밀보장에 있어서 예외는 있다. 사회복지사는 클라이언트의 비밀보장을 지켜줄 법적 의무를 가지고 있지 못하기 때문에 클라이언트가 범법행위를 하여 법의 심판을 받게 될 경우에는 법이 원하는 범위 내에서 클라이언트와의 대화 내용을 공개해야 한다.

그 외 교육의 목적이나 슈퍼비전을 위한 전문가 회의 등 전문적인 이유에서도 클라이언트의 대화 내용이 공개될 수 있다. 이러한 경우에는 클라이언트의 개인의 권리를 최대한 존중하면서 사전에 동의를 받아야 한다.

3) 진실성 고수와 알 권리

사회복지사는 클라이언트에게 정직하게 실천 내용을 알려줄 책임이 있다. 어떤 사람이 사회복지사에게 클라이언트에 관한 정보를 제공했을 때, 그 사실을 클라이언트에게 알려주어야 하는지, 만약 알려준다면 그 사람의 비밀보장에 관한 권리는 어떻게 되는 것인지 등과 관련이 있다.

클라이언트의 알 권리와 사회복지사의 진실성 고수라는 측면에서 볼 때 사회복지사는 당연히 클라이언트에게 진실을 알려주어야 하고, 잘못된 정보를 제공하는 일이 없어야 한다.

그러나 때로는 진실한 정보가 클라이언트에게 해가 된다고 판단될 때, 사회복지사는 윤리적 갈등을 경험할 수 있다.

4) 제한된 자원의 공정한 분배

모든 클라이언트에게 공평하게 자원을 분배해야 함을 의미한다. 하지만 클라이언트의 문제를 해결하기 위해 사회복지사가 활용할 수 있는 자원은 매우 제한적이어서 모든 클라이언트에게 똑같이 제공할 수는 없다.

따라서 클라이언트에게 자원을 제공할 때에는 형평성의 원리에 입각해야 하는데 이 형평성의 기준을 찾는 것이 어려운 과제이다.

5) 상충되는 의무와 기대

사회복지사는 여러 방면에서 다양한 역할이 기대된다. 클라이언트, 동료, 상사, 기관, 사회 등이 서로 상충된 기대를 가질 때, 사회복지사는 누구를 대상으로 어떤 기대에 맞는 의무를 행사해야 하는지 갈등 상황에 놓이게 된다.

2. 윤리적 딜레마의 대처방안

사회복지사가 사회복지실천현장에서 경험하게 되는 윤리적 갈등을 해결하기 위한 정답은 존재하지 않을 뿐만 아니라, 모든 경우에 적용되는 원칙이나 기준도 존재하지 않는다. 그럼에도 불구하고 사회복지사는 윤리적 갈등 상황에 부딪혔을 때 의사결정을 해야 한다.

이때 사회복지사가 취할 수 있는 방법은 여러 가지가 있지만, 여기에서는 콩그레스(Congress)의 윤리결정모델, 로웬버그와 돌고프(Lowenberg & Dolgoff)의 의사결정모델과 윤리적 준거틀에 대하여 살펴보기로 한다.

1) 콩그레스의 윤리결정모델(ETHIC 모델)

콩그레스(Congress)는 사회복지사가 가능한 한 효과적이면서 빠르게 윤리적 결정을 할 수 있도록 윤리결정모델(ETHIC decision-making model)을 개발했다. 이 모델은 간결하게 정리하여 이해하기 쉬우며, 사회복지실천에 적용하거나 활용하기 쉽다는 장점이 있다.

윤리결정모델은 가치, 윤리강령, 관련 법 및 실천적 맥락을 고려해 상이한 결정들의 잠재적 결과들에 대한 가설을 설정·분석함으로써 특정 경우에 선호되는 대안을 결정한다.

〈표 3-2〉 콩그레스의 윤리결정모델

E(Examine)	사회복지사의 개인적 가치, 사회적 가치, 기관의 가치, 클라이언트의 가치, 전문가의 가치를 검토한다.
T(Think)	상황에 적용되는 윤리강령의 윤리기준, 관련 법과 판례를 고려한다.
H(Hypothesize)	각기 다른 결정으로 나타날 수 있는 잠재적 결과에 대해 가설을 설정한다.
I(Identify)	가장 취약한 대상에 대한 사회복지의 헌신에 비추어 누가 혜택을 받을 것이며, 누가 피해를 입을 것인가를 확인한다.
C(Consult)	윤리적 선택에 대해 슈퍼바이저와 동료들에게 자문을 구한다.

2) 로웬버그와 돌고프의 의사결정모델

로웬버그와 돌고프(Lowenberg & Dolgoff)의 윤리적 의사결정모델은 의사결정 과정의 형식에 해당되는 것으로, 어떤 절차를 거치면서 의사결정을 내리는 것이 윤리적으로 의사결정을 내리는 데 도움이 되는지를 11단계로 구성하여 제시해 준다.

이 모델은 복잡한 상황에서 적용할 수 있는 일반적 모델로 윤리적 결정만이 아니라 일반적 의사결정에도 사용이 가능하다. 이 모델은 사회복지사가 현재 직면해 있는 다양한 상황에 개입할 때 무엇이 필요한지 합리적으로 계획할 수 있도록 도움을 주고 있어 사회복지실천과정에서 윤리적 의사결정의 유용한 지침이 되고 있다.

그리고 의도된 행동의 비합리성과 충동성, 무계획적 결과를 최소화하는 데 도움을 준다.

〈표 3-3〉 일반결정모델

단 계	내 용
1단계	문제가 무엇인지, 문제를 야기하는 요인은 무엇인지를 확인한다.
2단계	누가 클라이언트이고 피해자인지, 지지체계와 다른 전문가 등 해당 문제와 관련된 사람과 단체는 누구인지 확인한다.
3단계	두 번째 단계에서 확인된 다양한 주체들이 주어진 문제와 관련하여 어떤 가치가 있는지 확인한다.

4단계	주어진 문제를 해결하거나 혹은 최소한 문제의 정도를 경감시킬 수 있는 개입목표를 명확히 한다.
5단계	개입수단과 개입대상을 확인한다.
6단계	확정된 목표에 따라 설정된 각각의 개입 방안의 효과성과 효율성을 평가한다.
7단계	누가 의사결정에 참여할 것인지 결정한다.
8단계	개입방법을 선택한다.
9단계	선택된 개입방법을 수행한다.
10단계	선택된 개입방법이 수행되는 것을 검토하여 예상하지 않았던 결과가 나타나는지 주의를 기울인다.
11단계	결과를 평가하고 추가적인 문제들이 무엇인지 확인한다.

3) 로웬버그와 돌고프의 윤리원칙 준거틀

로웬버그와 돌고프(Lowenberg & Dolgoff)는 윤리적 의사결정의 우선순위를 '윤리적 원칙의 심사기준'이라고 부르면서 윤리적 원칙은 위계가 있고 그 위계에 따라 윤리적 의사결정을 할 것을 제안하고 있다.

윤리적 의무들이 서로 갈등을 빚는 상황에서 어떤 원칙이나 법적 의무를 우선시해야 하는지를 결정하는 것을 돕기 위해 윤리적 원칙의 순서를 제시하였다.

첫째, 개인의 기본적 욕구 충족으로 사회복지사는 어떤 윤리원칙보다 가장 우선적으로 개인의 생명 및 기본 조건을 충족하는 데 노력해야 한다.

둘째, 공평한 처우 원칙으로 사회복지사는 클라이언트를 공평하고 균등하게 대우하여야 한다.

셋째, 자유로운 자기결정권 및 자유의 선택으로 사회복지사는 클라이언트가 자유롭게 자기결정을 내리고 자유를 보장받도록 해야 한다.

넷째, 최소한 침해의 원칙으로 클라이언트는 손상으로부터 보호받고 최소한으로 위해를 받도록 하는 원칙이다.

다섯째, 삶의 질 향상 원칙으로 클라이언트는 보다 나은 삶의 질에 도달할 수 있도록 보장받아야 하며, 이에 우선한 원칙은 첫째와 넷째 원칙이다.

여섯째, 사생활 비밀 보장의 원칙으로 사회복지사가 클라이언트가 제공하는 모든 정보에 관한 비밀을 지켜야 한다는 원칙이다.

일곱째, 진실과 정보를 알릴 권리로 클라이언트가 진실을 알고자 할 때 사회복지사는 진실된 정보를 제공할 의무가 있다.

윤리원칙 준거틀은 윤리적 원칙을 서열화하여 여러 가지 원칙이 충돌하는 경우, 상위의 원칙이 더 우선적으로 적용된다.

즉, 〈표 3-4〉의 윤리원칙 1(생명보호의 원칙)과 윤리원칙 3(자율과 자유의 원칙)이 윤리적으로 갈등하는 경우에는 윤리원칙 1이 우선권을 가짐을 의미한다.

로웬버그와 돌고프의 윤리원칙 준거틀은 〈표 3-4〉와 같다.

〈표 3-4〉 윤리원칙 준거틀

윤리원칙 1	생명보호의 원칙	인간의 생명보호가 다른 모든 것에 우선한다.
윤리원칙 2	평등과 불평등의 원칙	능력이나 권력이 같은 사람은 '똑같이 취급받을 권리'가 있고, 능력이나 권력이 다른 사람은 '다르게 취급받을 권리'가 있다.
윤리원칙 3	자율과 자유의 원칙	클라이언트의 자율성과 독립성, 자유는 중시되지만 무제한적인 것은 아니며, 자신이나 타인의 생명을 위협하거나 학대할 권리 등은 없다.
윤리원칙 4	최소 해악의 원칙 (혹은 최소 손실의 원칙)	선택 가능한 대안이 모두 유해할 때 가장 최소한으로 유해한 것을 선택해야 한다.
윤리원칙 5	삶의 질의 원칙	지역사회는 물론이고 개인과 모든 사람의 삶의 질을 증진시킬 수 있는 것을 선택해야 한다.
윤리원칙 6	사생활 보호와 비밀보장의 원칙	사회복지사가 클라이언트에 대해 알게 된 사실을 다른 사람에게 공개해서는 안 된다.
윤리원칙 7	성실의 원칙 (혹은 진실성과 정보개방의 원칙)	클라이언트와 여타의 관련된 당사자에게 오직 진실만을 이야기하며 모든 관련 정보를 완전히 공개해야 한다.

4) 윤리적 의사결정의 과정

윤리적 딜레마 상황에서 사회복지사의 의사결정은 일련의 단계를 밟아서 체계적으로 접근하는 것이 중요하다. 명확하게 공식화된 일련의 단계를 따름으로써 사회복지사는 윤리적 결정의 질을 향상시킬 수 있다.

- 1단계 : 윤리적 이슈를 규명한다.
  이때 상황에 대한 정보를 수집하고 갈등을 일으키는 사회복지실천의 가치도 분명히 한다.
- 2단계 : 윤리적 결정에 의해 영향을 받을 가능성이 있는 개인이나 집단, 조직을 규명한다.
- 3단계 : 실행 가능한 행동방침과 각각의 경우에 포함되는 참가자들, 그리고 각 경우의 잠재적 이익과 위험을 잠정적으로 규명한다.
- 4단계 : 다음의 관련 사항을 고려하여, 각각의 행동 방침을 찬성 또는 반대하는 이유와 근거를 철저하게 검토한다.
  ① 윤리강령, 법과 규정
  ② 사회복지실천 이론과 원칙
  ③ 개인적 가치, 특히 자신의 가치와 갈등을 일으키는 가치들
- 5단계 : 동료와 전문가와 상담한다.
- 6단계 : 결정을 내린 후 의사결정 증거서류를 첨부한다.

이러한 과정을 거치면서 사회복지사는 윤리적 의사결정을 보다 체계적으로 수행할 수 있으며, 각 단계에서 신중한 판단과 전문적인 자세를 유지하여 상황을 분석하고 적절한 결정을 내려야 한다. 그럼에도 불구하고 자신이 당면한 윤리적 딜레마의 해결책을 찾을 수 없는 경우 동료나 슈퍼바이저의 도움을 구함으로써 딜레마 상황을 다른 시각에서 바라보고 해결책을 함께 모색하는 기회를 갖도록 한다. 또한 해결책을 찾았으나 그것이 적절한 것인지, 주어진 상황에서 가장 바람직한 것인지에 대한 확신이 필요한 경우에도 동료나 슈퍼바이저의 도움을 구할 수 있다.

KEY POINT

가치와 윤리의 관계

① 가치 : 무엇이 좋고 바람직한가? 바람직한 방향성 제시

② 윤리 : 무엇이 옳고 그른가? 가치 기반 위에 구현된 행동지침

사회복지실천의 핵심 가치(이중가치체계)

① 인간존엄성

② 사회정의(분배정의)

인권의 특징

① 천부성 : 하늘로부터 부여받은 인권으로 태어나서부터 지니게 됨

② 보편성 : 인종, 성별, 신분 등과 상관없이 모든 인간이 누려야 함

③ 불가침성 : 누가 빼앗거나 무시하거나 침해할 수 없는 권리

④ 항구성 : 영원히 보장되는 권리

⑤ 불가양성 : 누구에게 양도할 수 없음

⑥ 불가분성 : 분할할 수 없음

사회복지 전문직의 가치(레비, Levi)

① 사람 우선 가치(인간에 대한 바람직한 개념)

② 결과 우선 가치(목표로 하는 결과에 대한 개념)

③ 수단 우선 가치(인간을 다루는 바람직한 방법)

윤리적 결정의 철학적 근거

① 윤리적 절대주의
보편적으로 타당한 절대적 윤리법칙이 존재한다고 보는 관점

② 윤리적 상대주의
보편적으로 타당한 어떤 윤리법칙도 존재하지 않는다고 보는 관점

윤리적 갈등

사회복지사의 전문가로서의 윤리적 의무와 책무가 서로 충돌하는 경우 발생

윤리적 갈등이 발생하는 상황

① 가치 상충
② 의무 상충(충성심과 역할 상충)
③ 클라이언트 체계의 다중성
④ 결과의 모호성
⑤ 힘 또는 권력의 불균형

로웬버그와 돌고프(Lowenberg & Dolgoff)의 윤리적 원칙 준거틀

① 윤리원칙 1. 생명보호의 원칙
② 윤리원칙 2. 평등과 불평등의 원칙
③ 윤리원칙 3. 자율과 자유의 원칙
④ 윤리원칙 4. 최소해악(손실)의 원칙
⑤ 윤리원칙 5. 삶의 질의 원칙
⑥ 윤리원칙 6. 사생활 보호와 비밀보장의 원칙
⑦ 윤리원칙 7. 진실성과 정보공개의 원칙(성실의 원칙)

고지된 동의(알 권리 바탕)

정보수집 및 서비스를 제공하고자 할 때 클라이언트로부터 사전동의 필요

윤리강령

전문가들이 지켜야 할 전문적 행동 기준과 원칙을 기술

사회복지사의 윤리강령

사회복지사가 행동하는 데 지침이 되는 핵심 요점

사회복지실천 윤리강령의 등장배경

① 사회의 가치관과 개인의 가치관 및 윤리관의 급격한 변화
② 새롭고 다양한 갈등 발생

우리나라 사회복지사 윤리강령 제정 연혁

① 1982년 1월 윤리강령 제정
② 1988년 4월 윤리강령 공포
③ 2023년 4월 사회복지사 윤리강령 5차 개정(현재)

클라이언트

지역사회에서 사회서비스를 받거나 필요로 하는 자로 대상자, 수급자, 욕구자 등으로 다양하게 해석되지만 일반적으로 클라이언트로 통칭

기본권(헌법 10조)(행복추구권)

모든 국민은 인간으로서의 존엄과 가치를 가지며, 행복을 추구할 권리를 가진다. 국가는 개인이 가지는 불가침의 기본적 인권을 확인하고 이를 보장할 의무를 진다.

복지권(헌법 34조)

① 모든 국민은 인간다운 생활을 할 권리를 가진다.
② 국가는 사회보장 · 사회복지의 증진에 노력할 의무를 진다.
③ 국가는 여자의 복지와 권익의 향상을 위하여 노력하여야 한다.
④ 국가는 노인과 청소년의 복지향상을 위한 정책을 실시할 의무를 진다.
⑤ 신체장애자 및 질병 · 노령 기타의 사유로 생활능력이 없는 국민은 법률이 정하는 바에 의하여 국가의 보호를 받는다.
⑥ 국가는 재해를 예방하고 그 위험으로부터 국민을 보호하기 위하여 노력하여야 한다.

CHAPTER

04

사회복지실천현장의 이해

제1절 사회복지실천현장의 개념

제2절 사회복지실천현장의 분류

제3절 분야별 사회복지실천현장

제4절 사회복지사의 역할

CHAPTER 04

사회복지실천현장의 이해

제 1 절 사회복지실천현장의 개념

사회복지실천현장은 사회복지 전문직이 다양한 실천의 장에서 일하는 데 필요한 전문적 능력을 구분할 때 쓰는 용어로 '사회복지실천이 이루어지는 곳' 또는 '클라이언트의 문제해결을 위해 사회복지사가 활동하는 장소'이다. 도움이 필요한 개인과 장소는 모두 사회복지현장이라고 볼 수 있으며 사회복지실천이 이루어지는 장과 문제 및 대상 집단인 클라이언트를 포괄하는 개념이다.

법적 용어로는 '사회복지사업법에 의하여 사회복지 서비스를 제공하는 기관 및 시설'을 의미한다. 특정 대상이나 사회문제에 초점을 두고 서비스를 제공하는 사회복지기관이 증가함에 따라 사회복지실천현장은 세분화되고 있다.

1. 넓은 의미에서의 사회복지실천현장

넓은 의미의 사회복지실천현장은 사회복지실천이 이루어지는 분야, 또는 서비스의 초점이 되는 '문제'와 '대상집단' 등을 포괄하는 개념이다.

따라서 넓은 의미의 사회복지실천현장이란 단순히 사회복지 서비스를 제공하는 물리적 공간이나 장소를 넘어 사회복지실천이 이루어지고 있는 실천분야, 개입의 대상이 되는 문제, 클라이언트 등이 포함된다.

2. 좁은 의미에서의 사회복지실천현장

좁은 의미에서의 사회복지실천현장은 클라이언트에게 사회복지 서비스를 직접 또는 간접적으로 제공하는 사회복지기관을 의미한다.

따라서 사회복지실천이 이루어지는 '구체적인 장소' 혹은 사회복지 서비스를 직접 또는 간접적으로 제공하는 사회복지기관이 해당된다. 기관은 클라이언트의 문제해결 과정에 중요한 영향력을 미치며 사회복지사들의 활동을 규정하는 환경인 셈이다.

제 2 절 사회복지실천현장의 분류

바틀렛(Bartlett)은 실천현장의 기준을 정의하기 어려운 이유 중의 하나가 사회복지가 수행되는 장과 프로그램 및 사회서비스가 본질적으로 변화되는 특성을 가지고 있기 때문이라고 하였다. 사회복지실천현장들은 사회환경의 변화와 새로운 요구 출현에 의해 점차 다양하게 확대될 것이다.

1. 기관의 기능과 목적에 따른 분류

운영의 주된 목적이 무엇이냐에 따라 기관을 구분해 보면 1차 현장과 2차 현장으로 나눌 수 있다.

1) 1차 현장

기관의 주된 기능과 목적이 사회복지 서비스를 제공하는 것으로서 일반적으로서 사회복지사가 중심이 되어 활동하는 실천현장을 말한다. 예를 들면, 지역사회의 종합사회복지관, 노인복지관, 사회복귀시설 등이 있다.

2) 2차 현장

기관의 1차적인 기능은 따로 있으며, 필요에 의해 사회복지사가 부분적으로 개입하여 사회복지 서비스를 제공하는 기관은 2차 현장이다.

사회복지 서비스가 기관의 목표달성과 서비스의 효과성에 미치는 긍정적 영향이 인정되어 사회복지실천이 부분적으로 수행되는 실천현장을 말한다.

예를 들면, 학교, 병원, 교정시설, 기업, 의료기관, 보육시설, 동행정복지센터 등이 있다.

2. 기관 설립주체 및 재원조달 방식에 따른 분류

1) 공공기관

정부의 자원에 의해 운영되며, 사회복지사의 업무는 정부 규정이나 지침에 의해 규정되고 서비스를 계획하고 관리·지원하는 행정체계와 서비스를 직접 제공하는 집행체계로 나뉜다.

여기에 각종 사회보험 프로그램과 공공부조 프로그램 등이 모두 포함된다. 예를 들어, 보건복지부, 시·도 사회복지과, 시·군·구 사회복지과, 읍·면·동 복지담당, 행정복지센터 등이 있다.

2) 민간기관

순수 자원봉사적인 활동과 공공과 민간이 파트너십을 통해 행해지는 활동을 목적으로 하는 기관으로서 기부금이나 후원금, 재단전입금, 기타 서비스이용료 등을 주요 재원으로 하며, 서비스를 직접 제공하는 사회서비스 기관과 간접서비스나 행정지원을 위해 조직된 협의체로 나뉜다.

예를 들어, 사회복지모금회, 한국사회복지사협회, 성폭력상담소, 지역아동센터, 아동보호전문기관, 시민사회단체, 종교계, 사회복지 법인 및 재단을 통해 이루어지는 다양한 사회복지 활동들이 포함된다.

3. 서비스 제공방식에 따른 분류

사회복지서비스는 크게 간접서비스와 직접서비스로 구분될 수 있다. 간접서비스는 사회복지사가 직접적으로 클라이언트와 상호작용하지 않고 주로 정책개발, 연구, 교육, 행정관리 등을 통해 제공되는 서비스이다. 반면 직접서비스는 사회복지사가 클라이언트와 직접 상호작용하며 제공하는 서비스로 상담, 사례관리, 집단 프로그램 운영 등이 포함된다. 각각의 서비스 제공방식에 따른 분류를 살펴보면 다음과 같다.

1) 행정기관(간접서비스)

사회복지 서비스 전달체계를 효율적으로 운영하기 위해 행정업무를 수행하고 기관 간 연계 및 협의 업무를 담당한다. 업무상 사회복지사의 개입이 필요하거나 혹은 사회복지실천현장과의 교류가 필요하기 때문에 중요하다.

관련 주요 부처로서 중앙정부의 사회복지행정기관으로는 보건복지부, 고용노동부, 교육부, 문화체육관광부 등이 있으며, 민간행정조직으로 한국사회복지협의회, 장애인복지시설협회, 사회복지공동모금회 등이 있다.

2) 서비스 기관(직접서비스)

주요 대상이나 문제영역에 따라서 서비스 기관이 분류되고 클라이언트에게 직접서비스를 제공하는 것을 목적으로 한다. 예를 들면, 아동상담소, 지역사회복지관, 보육시설 등이 있다.

4. 주거 서비스 제공 여부에 따른 분류

1) 생활시설

사회복지실천현장에서 생활시설은 클라이언트가 개인적으로 활동할 수 없거나 부양가족의 능력이 부족하여 주거서비스를 포함한 제반 사회복지 서비스를 제공하는 기관을 말한다.

예를 들면, 장애인거주시설, 아동단기보호시설, 청소년쉼터, 노인전문요양시설, 미혼모시설, 자립지원시설 등이 있다.

2) 이용시설

사회복지실천현장에서 이용시설은 지역사회에 거주하는 클라이언트를 대상으로 서비스를 제공하는 곳을 말한다. 주거서비스는 제공하지 않는다.

예를 들면, 종합사회복지관, 노인복지회관, 장애인복지관, 청소년상담센터, 자활후견기관, 성폭력피해상담소, 영유아보육시설 등이 있다.

제 3 절 분야별 사회복지실천현장

1. 사회복지관

사회복지관은 지역사회를 기반으로 일정한 시설과 전문인력을 갖추고 지역주민의 참여와 협력을 통하여 지역사회복지 문제를 예방하고 해결하기 위하여 종합적인 복지서비스를 제공하는 시설을 말한다.

모든 사회복지관들이 천편일률적인 사업을 시행하는 것이 아니라 사회복지관의 위치, 지역적 특성, 대상별 특성, 복지관의 규모, 담당인력 등에 의거하여 각 사회복지관이 전문성, 효율성, 책임성을 최대한 살릴 수 있는 능력의 범위 내에서 사업을 선택적으로 시행한다.

〈표 4-1〉 사회복지관의 기능

기능	사업분야	사업 및 내용
사례관리 기능	사례발굴	지역 내 보호가 필요한 대상자 및 위기 개입대상자를 발굴하여 개입계획 수립
	사례개입	지역 내 보호가 필요한 대상자 및 위기 개입대상자의 문제와 욕구에 대한 맞춤형 서비스가 제공될 수 있도록 사례개입
	서비스연계	사례개입에 필요한 지역 내 민간 및 공공의 가용자원과 서비스에 대한 정보제공 및 연계, 의뢰
서비스 제공 기능	가족기능 강화	• 가족관계증진사업 : 가족원 간의 의사소통을 원활히 하고 각자의 역할을 수행함으로써 이상적인 가족관계를 유지함과 동시에 가족의 능력을 개발 · 강화하는 사업 • 가족기능보완사업 : 사회구조 변화로 부족한 가족기능, 특히 부모의 역할을 보완하기 위하여 주로 아동 · 청소년을 대상으로 실시되는 사업 • 가정문제해결 · 치료사업 : 문제가 발생한 가족에 대한 진단 · 치료 · 사업복귀 지원사업 • 부양가족지원사업 : 보호대상 가족을 돌보는 가족원의 부양부담을 줄여주고 관련 정보를 공유하는 등 부양가족 대상 지원사업 • 다문화가정, 북한이탈주민 등 지역 내 이용자 특성을 반영한 사업
	지역사회 보호	• 급식서비스 : 지역사회에 거주하는 요보호 노인이나 결식아동 등을 위한 식사제공 서비스 • 보건의료서비스 : 노인, 장애인, 저소득층 등 재가복지사업대상자들을 위한 보건 · 의료 관련 서비스 • 경제적 지원 : 경제적으로 어려운 지역사회 주민들을 대상으로 생활에 필요한 현금 및 물품 등을 지원하는 사업 • 일상생활 지원 : 독립적인 생활능력이 떨어지는 요보호대상자들이 시설이 아닌 지역사회에 거주하기 위해서 필요한 기초적인 일상생활 지원서비스 • 정서서비스 : 지역사회에 거주하는 독거노인이나 소년소녀가장 등 부양가족이 없는 요보호대상자들을 위한 비물질적인 지원서비스 • 일시보호서비스 : 독립적인 생활이 불가능한 노인이나 장애인 또는 일시적인 보호가 필요한 실직자 · 노숙자 등을 위한 보호서비스 • 재가복지봉사서비스 : 가정에서 보호를 요하는 장애인, 노인, 소년 · 소녀가정, 한부모가족 등 가족 기능이 취약한 저소득 소외계층과 국가유공자, 지역사회 내에서 재가복지봉사서비스를 원하는 사람에게 다양한 서비스 제공

	교육문화	• 아동 · 청소년 사회교육 : 주거환경이 열악하여 가정에서 학습하기 곤란하거나 경제적 이유 등으로 학원 등 다른 기관의 활용이 어려운 아동 · 청소년에게 필요한 경우 학습내용 등에 대하여 지도하거나 각종 기능 교육 • 성인기능교실 : 기능습득을 목적으로 하는 성인사회교육사업 • 노인 여가 · 문화 : 노인을 대상으로 제공되는 각종 사회교육 및 취미 교실 운영사업 • 문화복지사업 : 일반 주민을 위한 여가 · 오락 프로그램, 문화 소외집단을 위한 문화 프로그램, 그 밖에 각종 지역문화 행사사업
	자활지원 등 기타	• 직업기능훈련 : 저소득층의 자립능력 배양과 가계소득에 기여할 수 있는 기능훈련을 실시하여 창업 또는 취업을 지원하는 사업 • 취업알선 : 직업훈련 이수자, 기타 취업희망자들을 대상으로 취업에 관한 정보제공 및 알선사업 • 직업능력개발 : 근로의욕 및 동기가 낮은 주민의 취업욕구 증대와 재취업을 위한 심리 · 사회적인 지원 프로그램 실시사업
지역 조직화 기능	복지 네트워크 구축	• 지역 내 복지기관 · 시설들과 네트워크를 구축함으로써 복지서비스 공급의 효율성을 제고하고, 지역복지의 중심으로서의 사회복지관 역할을 강화하는 사업 • 지역사회연계사업, 지역욕구조사, 실습지도
	주민조직화	• 주민이 지역사회 문제에 스스로 참여하고 공동체 의식을 갖도록 주민의 육성을 지원하고, 이러한 주민협력 강화에 필요한 주민의식을 높이기 위한 교육을 실시하는 사업 • 주민복지증진사업, 주민조직화 사업, 주민교육
	자원 개발 및 관리	• 지역주민의 다양한 욕구 충족 및 문제해결을 위해 필요한 인력, 재원 등을 발굴하여 연계 및 지원하는 사업 • 자원봉사자 개발 · 관리, 후원자 개발 · 관리

2. 노인복지시설

건강하고 안정된 노후생활을 위하여 각종 노인복지 서비스를 제공하는 시설을 말한다. 노인복지시설은 노인주거복지시설, 노인의료복지시설, 노인여가복지시설, 재가노인복지설, 노인보호전문기관, 노인일자리 지원기관, 학대피해노인 전용쉼터로 구분하고 있다.

〈표 4-2〉 노인복지시설

종 류	시 설	내 용
노인주거 복지시설	양로시설	노인을 입소시켜 급식과 그 밖에 일상생활에 필요한 편의를 제공함을 목적으로 하는 시설
	노인공동 생활가정	노인들에게 가정과 같은 주거여건과 급식, 그 밖에 일상생활에 필요한 편의를 제공함을 목적으로 하는 시설
	노인복지주택	노인에게 주거시설을 임대하여 주거의 편의 · 생활지도 · 상담 및 안전관리 등 일상생활에 필요한 편의를 제공함을 목적으로 하는 시설
노인의료 복지시설	노인요양시설	치매 · 중풍 등 노인성질환 등으로 심신에 상당한 장애가 발생하여 도움을 필요로 하는 노인을 입소시켜 급식 · 요양, 그 밖에 일상생활에 필요한 편의를 제공함을 목적으로 하는 시설
	노인요양공동 생활가정	치매 · 중풍 등 노인성질환 등으로 심신에 상당한 장애가 발생하여 도움을 필요로 하는 노인에게 가정과 같은 주거여건에 입소시켜 급식 · 요양, 그 밖에 일상생활에 필요한 편의를 제공함을 목적으로 하는 시설
노인여가 복지시설	노인복지관	노인의 교양 · 취미생활 및 사회참여활동 등에 대한 각종 서비스를 제공하고, 건강증진 및 질병예방과 소득보장 · 재가복지, 그 밖에 노인의 복지증진에 필요한 서비스를 제공함을 목적으로 하는 시설
	경로당	지역노인들이 자율적으로 친목도모 · 취미활동 · 공동작업장 운영 및 각종 정보교환과 기타 여가활동을 할 수 있도록 하는 장소를 제공함을 목적으로 하는 시설
	노인교실	노인들에 대하여 사회활동 참여욕구를 충족시키기 위하여 건전한 취미생활 · 노인건강 유지 · 소득보장 기타 일상생활과 관련한 학습 프로그램을 제공함을 목적으로 하는 시설
재가노인 복지시설	방문요양 서비스	가정에서 일상생활을 영위하고 있는 노인으로서 신체적 · 정신적 장애로 어려움을 겪고 있는 노인에게 필요한 각종 편의를 제공하여 지역사회 안에서 건전하고 안정된 노후를 영위하도록 하는 서비스
	주 · 야간보호 서비스	부득이한 사유로 가족의 보호를 받을 수 없는 심신이 허약한 노인과 장애노인을 주간 또는 야간 동안 보호시설에 입소시켜 필요한 각종 편의를 제공하여 이들이 생활안정과 심신기능의 유지 · 향상을 도모하고, 그 가족의 신체적 · 정신적 부담을 덜어주기 위한 서비스

단기보호 서비스	부득이한 사유로 가족의 보호를 받을 수 없는 심신이 허약한 노인과 장애노인을 단기간 보호시설에 입소시켜 보호함으로써 노인 및 노인가정의 복지증진을 도모하기 위한 서비스
방문목욕 서비스	목욕장비를 갖추고 재가노인을 방문하여 목욕을 제공하는 서비스
재가노인지원 서비스	재가노인에게 노인생활 및 신상에 관한 상담을 제공하고, 재가노인 및 가족 등 보호자를 교육하며 각종 편의를 제공하여 지역사회 안에서 건전하고 안정된 노후생활을 영위하도록 하는 서비스
방문간호 서비스	간호사 등이 의사, 한의사 또는 치과의사의 지시서에 따라 재가노인의 가정 등을 방문하여 간호, 진료의 보조, 요양에 관한 상담 또는 구강위생 등을 제공하는 서비스

노인보호전문기관은 노인학대 관련 업무를 수행하기 위해 지방자치단체가 설치한 시설(이용시설)로, 학대받은 노인을 위한 상담과 서비스를 제공하고 교육 및 홍보를 통하여 노인학대를 예방하는 직접서비스 기관이다.

노인일자리지원기관은 지역사회 등에서 노인일자리의 개발·지원, 창업·육성 및 노인에 의한 재화의 생산·판매 등을 담당하는 기관이다. 노인인력개발개관에서는 노인일자리 개발·보급·조사사업, 교육·홍보 및 협력사업, 프로그램 인증·평가사업 등을 지원하며, 노인취업알선기관에서는 노인에게 취업 상담 및 정보를 제공하거나 노인일자리를 알선하는 일을 담당한다.

학대피해 노인쉼터 운영 사업은 노인 학대에 대한 문제 제기가 늘어나는 상황에서 노인 학대 예방 및 노인 보호를 위해 필요한 사항을 규정하여 노인의 권익을 증진시키고, 건강하고 안정된 노후 생활을 할 수 있도록 하기 위해 시작되었다. 입소 대상은 60세 이상 학대피해 노인으로 노인보호 전문 기관장 인정자 중 본인이 입소를 희망하거나, 동의 시 입소가 가능하다. 보호 기간은 3개월 이내이며, 부득이한 경우 1개월 연장이 가능하다. 다만, 재입소하는 경우를 포함하여 연간 총 입소기간은 6개월 이내로 한다(노인복지법 시행규칙 제29조의24 제3항).

3. 장애인복지시설

장애인복지는 사회복지 분야 중 가장 많은 패러다임의 변화를 겪었다고 할 수 있다. 장애인에 대해 시혜와 보호의 대상이라는 시선에서 서비스 제공 및 정책결정의 주체로서의 위상을 갖게 된 영역이 바로 장애인복지 영역이다. 장애인복지시설이란 장애인의 인간다운 삶과 권리보장을 위해 장애인의 의료, 교육, 직업재활, 생활환경 개선 등을 제공하여 장애인의 생활안정에 기여하는 등의 장애인복지 서비스를 제공하는 시설을 말한다.

〈표 4-3〉 장애인복지시설

종 류	시 설	내 용
장애인 거주시설	장애유형별 생활시설	장애유형이 같거나 또는 유사한 장애를 가진 사람들을 입소 또는 통원하게 하여 그들의 장애유형에 적합한 의료 · 교육 · 직업 · 심리 · 사회 등 재활서비스와 주거서비스를 제공하는 시설
	중증장애인 요양시설	장애의 정도가 심하여 항상 도움이 필요한 사람을 입소하게 하여 상담 · 치료 또는 요양서비스를 제공하는 시설
	장애영유아 생활시설	6세 미만의 장애영유아를 입소 또는 통원하게 하여 보호함과 동시에 그 재활에 필요한 의료 · 교육 · 심리 · 사회 등 재활서비스를 제공하는 시설
	장애인 단기보호시설	장애인을 일정 기간 보호하여 장애인에게 필요한 재활서비스를 제공하는 시설
	장애인 공동생활가정	스스로 사회적응이 곤란한 장애인들이 장애인 복지전문인력에 의한 지도와 보호를 받으며 공동으로 생활하는 지역사회 내 소규모 주거시설
장애인 지역사회 재활시설	장애인복지관	장애인에 대한 각종 상담 및 사회심리 재활시설 · 교육 · 직업 · 의료재활 등 장애인의 지역사회 생활에 필요한 종합적인 재활서비스를 제공하고 장애에 대한 사회적 인식개선사업을 수행하는 시설
	장애인 주간보호시설	장애인을 주간에 일시보호하여 장애인에게 필요한 재활서비스를 제공하는 시설
	장애인체육시설, 장애인수련시설, 장애인심부름센터, 수화통역센터, 점자도서관, 점서 및 녹음서 출판시설	

장애인 직업재활시설	장애인보호작업장, 장애인근로사업장
장애인 의료재활시설	장애인을 입원 또는 통원하게 하여 상담, 진단 · 판정, 치료 등 의료재활 서비스를 제공하는 시설/재활병 · 의원
기타 시설	장애인생산품 판매시설 외

4. 청소년복지시설

청소년이 건강하고 행복하게 자랄 수 있도록 복지서비스를 제공하는 시설을 말한다. 청소년쉼터, 청소년자립지원관, 청소년치료재활센터, 청소년회복지원시설 등이 있다.

〈표 4-4〉 청소년복지시설

종 류	내 용
청소년쉼터	가출청소년에 대하여 가정 · 학교 · 사회로 복귀하여 생활할 수 있도록 일정 기간 보호하면서 상담 · 주거 · 학업 · 자립 등을 지원하는 시설
청소년자립지원관	일정 기간 청소년쉼터 또는 청소년회복지원시설의 지원을 받았는데도 가정 · 학교 · 사회로 복귀하여 생활할 수 없는 청소년에게 자립하여 생활할 수 있는 능력과 여건을 갖추도록 지원하는 시설
청소년치료재활센터	학습 · 정서 · 행동상의 장애를 가진 청소년을 대상으로 정상적인 성장과 생활을 할 수 있도록 해당 청소년에게 적합한 치료 · 교육 및 재활을 종합적으로 지원하는 거주형 시설
청소년회복지원시설	소년법 제32조 제1항 제1호에 따른 감호 위탁 처분을 받은 청소년에 대하여 보호자를 대신하여 그 청소년을 보호할 수 있는 자가 상담 · 주거 · 학업 · 자립 등 서비스를 제공하는 시설

특히 가정 밖 청소년 대상 지원의 차별화가 필요하다. 복합적인 가출요인, 정신건강, 발달장애 등 청소년의 특성과 병리적 문제를 고려한 전문적 개입·사례관리가 필요하다. 쉼터 이용 청소년 약 75% 이상이 가정으로 복귀할 가능성이 희박하고, 쉼터가 아닌 독립을 선택하는 청소년이 증가하고 있는 만큼 독립생활 청소년을 위한 별도의 지원 대책을 마련해야 한다.

5. 한부모가족 복지시설

한부모가족의 생활안정과 복지증진을 위한 각 시설의 종류는 〈표 4-5〉와 같다.

〈표 4-5〉 한부모가족 복지시설

종 류	내 용
모자가족 복지시설	• 기본생활지원 : 생계가 어려운 모자가족에게 일정 기간 동안 주거와 생계를 지원 • 공동생활지원 : 독립적인 생활이 어려운 모자가족에게 일정 기간 동안 공동생활을 통하여 자립을 준비할 수 있도록 주거 등을 지원 • 자립생활지원 : 자립욕구가 강한 모자가족에게 일정 기간 동안 주거를 지원
부자가족 복지시설	• 기본생활지원 : 생계가 어려운 부자가족에게 일정 기간 동안 주거와 생계를 지원 • 공동생활지원 : 독립적인 생활이 어려운 부자가족에게 일정 기간 동안 공동생활을 통하여 자립을 준비할 수 있도록 주거 등을 지원 • 자립생활지원 : 자립욕구가 강한 부자가족에게 일정 기간 동안 주거를 지원
미혼모자가족 복지시설	• 기본생활지원 : 미혼 여성의 임신 · 출산 시 안전 분만 및 심신의 건강 회복과 출산 후의 아동의 양육 지원을 위하여 일정 기간 동안 주거와 생계를 지원(한부모가족지원법 제5조에 따른 지원대상자 중 미혼이 아닌 여성의 임신 · 출산 시 안전분만과 출산 후 양육 지원을 포함한다) • 공동생활지원 : 출산 후 해당 아동을 양육하지 아니하는 미혼모 또는 미혼모와 그 출산 아동으로 구성된 미혼모자가족에게 일정 기간 동안 공동생활을 통하여 자립을 준비할 수 있도록 주거 등을 지원
일시지원 복지시설	배우자(사실혼 관계에 있는 사람을 포함한다)가 있으나 배우자의 물리적 · 정신적 학대로 아동의 건전한 양육이나 모의 건강에 지장을 초래할 우려가 있을 경우 일시적 또는 일정 기간 동안 모와 아동 또는 모에게 주거와 생계를 지원하는 시설
한부모가족 복지상담소	한부모가족에 대한 위기 · 자립 상담 또는 문제해결 지원 등을 목적으로 하는 시설

한부모가족지원법에서는 한부모가족복지시설에 관하여 복지대상별로 출산지원시설, 양육지원시설, 생활지원시설, 일시지원시설, 한부모가족복지상담소 등으로 시설 유형을 구분하고 있다.

6. 정신건강증진시설

정신장애인과 가족의 욕구에 기초하여 정신장애인의 지역사회 생존과 적응에 필요한 다양한 재활과 복지서비스를 개발, 연결, 제공하며, 정신장애인의 능력 고취와 기능수준 향상을 통해 사회복귀를 돕기 위해 설립된 시설을 말한다.

〈표 4-6〉 정신건강증진시설

종 류	내 용
정신요양시설	정신의료기관에서 의뢰된 정신질환자와 만성정신질환자를 입소시켜 요양과 사회복귀 촉진을 위한 훈련을 행하는 시설을 말한다.
정신의료기관	의료법에 따른 의료기관 중 제19조 제1항 후단에 따른 기준에 적합하게 설치된 병원(이하 "정신병원"이라 한다) 또는 의원 및 병원급 의료기관에 설치된 정신건강의학과를 말한다.
정신건강 복지센터	정신건강증진서비스의 질적 향상을 위한 노력과 초기, 중증정신질환자의 지역사회 정신건강 서비스전달체계 및 지지체계 형성, 재활, 사회적응을 도와 인간적인 삶을 영위할 수 있도록 하고, 소아 · 청소년을 포함한 일반 시민들의 정신질환의 예방과 증진을 도모한다. 또한 정신건강복지센터는 자살예방상담, 정신질환 관리, 우울증 예방, 알코올중독 관리 등을 실시하는 시설이다.
정신재활시설	• 정신질환자를 정신의료기관에 입원시키거나 정신요양시설에 입소시키지 아니하고 사회복귀 촉진을 위한 훈련을 행하는 시설을 말한다. • 생활시설 : 정신질환자 등이 생활할 수 있도록 주로 의식주 서비스를 제공하는 시설 • 재활훈련시설 : 정신질환자 등이 지역사회에서 직업활동과 사회생활을 할 수 있도록 주로 상담 · 교육 · 취업 · 여가 · 문화 · 사회참여 등 각종 재활활동을 지원하는 시설 • 그 밖에 대통령령으로 정하는 시설

정신건강증진시설은 정신요양시설, 정신의료기관, 정신재활시설을 가리키는 말로 「정신건강복지법」에 규정되어 있다. 정신건강증진사업이란 정신건강 관련 교육 · 상담, 정신질환의 예방 · 치료, 정신질환자의 재활, 정신건강에 영향을 미치는 사회복지 · 교육 · 주거 · 근로 환경의 개선 등을 통하여 국민의 정신건강을 증진시키는 사업을 말한다.

7. 노숙인복지시설

노숙인 발생 예방 및 노숙인들이 심신장애를 극복하여 정상적인 사회생활로 복귀할 수 있도록 신체적·심리적 치료의 재활기능을 담당하고, 실직 노숙인들에게 숙식서비스를 제공하여 생활안정을 도모하고, 입소자들의 생활을 도와 취업의 기회를 제공하는 시설을 말한다.

〈표 4-7〉 노숙인복지시설

종 류	내 용
노숙인 복지시설	노숙인복지시설의 종류는 다음 각 호와 같다. 1. 노숙인일시보호시설 : 노숙인 등에게 일시보호 및 복지서비스 연계 등을 제공하는 시설 2. 노숙인자활시설 : 노숙인 등이 자립을 지원하기 위하여 전문적인 직업상담·훈련 등의 복지서비스를 제공하는 시설 3. 노숙인재활시설 : 신체 및 정신장애 등으로 자립이 어려운 노숙인 등에게 치료 및 재활서비스를 제공하는 시설 4. 노숙인요양시설 : 건강상의문제 등으로 단기간 내 가정 및 사회복귀가 어려운 노숙인 등에게 요양서비스를 제공하는 시설 5. 노숙인급식시설 : 노숙인복지법 제11조에 따른 급식시설 6. 노숙인진료시설 : 노숙인복지법 제12조에 따른 진료시설 7. 쪽방상담소 : 쪽방 밀집지역에서 쪽방거주자에 대한 상담·취업지원·생계지원, 그 밖의 행정지원 서비스를 제공하는 시설 8. 그 밖에 보건복지부령으로 정하는 시설
노숙인 종합지원센터	노숙인종합지원센터는 다음 각 호의 업무를 수행한다. 1. 노숙인복지법 제10조, 제12조 및 제13조에 따른 주거·의료·교용 지원을 위한 상담 및 복지서비스 연계 2. 노숙인복지법 제14조에 따른 응급조치 3. 복지서비스 이력 관리 4. 심리상담 5. 그 밖에 보건복지부령으로 정하는 사항

국가와 지방자치단체는 노숙 등을 예방하고, 노숙인 등의 권익을 보장하며, 보호와 재활 및 자활을 지원하기 위한 정책을 마련하여 노숙인 등의 사회복귀 및 복지를 향상시킬 책임을 질 의무가 있다.

8. 자원봉사 관련기관

자원봉사센터는 자원봉사활동, 개발・장려・연계・협력 등의 사업을 수행하기 위하여 법령과 조례 등에 의하여 설치된 기관・법인・단체 등을 말한다. 광역시・도 및 시・군・구에서 자원봉사센터가 운영되고 있다.

〈표 4-8〉 자원봉사 관련기관

종 류	내 용
특별시 · 광역시 · 도 자원봉사센터	• 특별시 · 광역시 · 도 지역의 기관 · 단체들과의 상시협력체계 구축 • 자원봉사 관리자 및 지도자의 교육훈련 • 자원봉사 프로그램의 개발 및 보급 • 자원봉사 조사 및 연구 • 자원봉사 정보자료실 운영 • 시 · 군 · 자치구 자원봉사센터 간의 정보 및 사업의 협력 · 조정 · 지원 • 그 밖에 특별시 · 광역시 · 도 지역의 자원봉사 진흥에 기여할 수 있는 사업
시 · 군 · 자치구 자원봉사센터	• 시 · 군 · 자치구 지역의 기관 · 단체들과의 상시 협력체계 구축 • 자원봉사자의 모집 및 교육 · 홍보 • 자원봉사 수요기관 및 단체에 자원봉사자 배치 • 자원봉사 프로그램의 개발 · 보급 및 시범운영 • 자원봉사 관련 정보의 수집 및 제공 • 그 밖에 시 · 군 · 자치구 지역의 자원봉사 진흥에 기여할 수 있는 사업

제 4 절 사회복지사의 역할

사회복지사는 개인, 가족, 집단과 지역사회의 문제를 해결하고, 이들의 복지수준, 즉 행복을 향상시키는 과정에서 다양한 역할을 수행한다. 실천현장의 특성에 따라 사회복지사는 여러 가지 역할을 통합적으로 수행하거나 또는 특정 역할을 중심으로 세분화된 개입을 하게 된다.

특히 사회복지 영역이 확대되고 변화됨에 따라 사회복지실천과정에서의 사회복지사의 개입 역할은 실천현장에 적절한 전문화를 요구하고 있다.

사회복지사는 클라이언트의 문제나 욕구를 파악하여 적절한 개입을 할 수 있는 능력이 있어야 하고, 지역 내의 사회자원 및 관계망에 대한 지식을 가지고 클라이언트, 기관, 단체들과 효율적인 의사소통을 할 수 있어야 한다.

사회복지사의 역할은 클라이언트의 욕구와 문제 유형, 클라이언트의 수와 크기, 서비스의 목적, 기관의 목표, 지역사회 환경 등에 따라 다양하게 나타난다.

사회복지실천현장에 종사하는 사회복지사의 역할에 관해 서비스 직접 제공자, 체계연결자, 체계개발자, 체계 유지와 강화 역할, 연구자와 조사활용자의 다섯 가지로 나누어 볼 수 있다. 구체적인 내용은 다음과 같다.

1. 서비스 직접 제공자

1) 가능하게 하는 자

가능하게 하는 자(enabler)로서의 사회복지사의 역할은 클라이언트가 자신의 감정을 더욱더 잘 이해하고, 행동을 수정하며, 문제 상황에 대처할 수 있도록 도움으로써 그들의 사회적 기능을 향상시킨다.

2) 조력자

조력자로서의 사회복지사 역할은 클라이언트가 위기상황에서 다양한 스트레스에 대처하도록 돕는다. 조력자는 희망을 전하고, 저항이나 양가감정을 줄여주며, 개인의 강점이나 사회적 자원을 발굴하고 지지해 주는 것 등이다.

3) 교육자

교육자로서의 사회복지사 역할은 클라이언트와 다른 체계에 정보를 제공하며, 기술을 가르치는 일을 포함한다. 즉, 좋은 교육자가 되기 위해 사회복지사는 관련 분야의 많은 전문지식과 정보를 갖추어야 한다.

또한 청소년에게 성교육을 제공하거나, 부모들에게 양육기술을 가르치고, 장애인에게 사회기술훈련을 시키는 등 클라이언트에게 필요한 구체적 행동이나 기술을 가르치는 것이다. 더불어 효과적인 교육자가 되기 위해 사회복지사는 정보를 명확히 전달하고 이해시키기 위한 효율적 의사소통기술이 필요하다.

2. 체계연결자

1) 중개자

클라이언트를 적절한 인간자원과 연결시키는 사회복지사의 역할이다. 사람을 자원과 연결시키기 위해서는 지역사회의 자원에 대해 잘 파악하고 있어야 적절하게 의뢰할 수 있다. 연결 담당자와 좋은 업무관계를 유지하면서 자원체계의 정책을 잘 파악하고 있는 것이 성공적 의뢰의 필수요소이다.

예를 들면, 학교폭력 가해학생에게 지역사회복지기관에서 실시하는 분노조절 프로그램을 소개하는 것, 거동불편 노인에게 무료급식 제공기관의 밑반찬 배달서비스를 연계하는 것 등이다.

2) 사례관리자/조정자

사례관리자 또는 조정자의 역할은 클라이언트의 욕구나 문제가 무엇인지를 파악한 후 문제해결을 위해 필요한 자원이나 서비스를 개발하고 연계시켜 주며, 이러한 서비스가 원래의 목표에 따라 지속적으로 잘 제공되고 있는지를 관리하고 도와주는 역할이다.

가령 장애아동의 경우 장애와 관련한 서비스 외에도 교육이나 친구, 가정환경 등 건강한 발달을 돕기 위한 다양한 서비스가 필요하다. 따라서 한 명의 사회복지사나 특정 복지기관의 제한된 자원만으로는 이러한 클라이언트의 문제를 효과적으로 해결하기가 어렵다.

그러므로 사회복지사는 지역사회의 사회복지관, 학교, 병원, 재활치료센터, 상담기관 등과의 긴밀한 연계를 통해 이러한 클라이언트를 도와줄 수 있다.

3) 중재자

중재자의 역할은 서로 다른 두 집단 간의 갈등이나 이해관계를 해결하여 서로 간에 만족스러운 결과를 얻을 수 있도록 도와주는 역할이다. 가령 노동자와 고용주 사이의 갈등 또는 집주인과 세입자의 갈등이 있을 때 양측의 이해관계를 고려하여 최선의 해결책을 제시하고 서로에게 만족을 주도록 도와주는 것이다.

중재자의 역할을 수행하는 사회복지사는 양쪽의 입장을 정확히 이해하여 어느 한쪽의 입장을 편파적으로 지지하지 않고 중립적 위치에서 갈등을 해결해 나가는 것이 매우 중요하다.

4) 옹호자

옹호란 사회정의를 지키고 유지하려는 목적으로 개인, 집단, 지역사회의 입장에서 직접적으로 대변·개입·지지하는 행동을 포함한다.

사회복지실천 초창기부터 사회복지사의 주요 역할인 옹호자의 역할은 클라이언트 개인이나 집단의 권익 보호를 위해 새로운 자원이나 서비스를 제공하는 대신 촉구하는 정치적 역할을 수행하며, 특히 클라이언트가 필요한 것을 얻을 힘이 거의 없을 때 적절하다.

중재자의 역할이 양측의 이해를 절충하고 타협하여 공동의 이해영역을 도출하는 역할임에 비해, 옹호자의 역할은 클라이언트의 이해와 권리만을 대변하는 역할이다.

예를 들면, 사회복지사가 클라이언트의 직장에서 임금체불 문제를 해결하는 것, 미등록 이주노동자 자녀가 교육받을 수 있도록 관계법 개정을 제안하는 것 등이다.

단, 사회복지사는 클라이언트의 권리나 이익을 법적인 범위 안에서만 옹호할 수 있다.

3. 체계개발자

1) 프로그램 개발자

사회복지사는 클라이언트의 욕구 발생에 대응하여 서비스를 개발할 기회가 있다.

예를 들어, 교육적인 프로그램, 지지집단, 기술개발 프로그램 등이 있는데, 현재 사용하는 개입에 대한 자료수집 등을 사정하여 기관의 서비스를 확대하거나 증진시켜야 한다.

2) 기획가

사회복지사는 접근성이 떨어지는 작은 지역사회, 시골지역, 신흥도시에서 보통 지역사회 지도자와 함께 기획하는 역할을 맡을 필요가 있다.

이 역할에서 그들은 공식·비공식적으로 영향력 있는 사람들과 함께 욕구에 대응하여 프로그램들을 계획한다.

그러한 욕구들은 아동보호 프로그램, 노인과 장애인들을 위한 운송수단, 레크리에이션 프로그램, 건강보호 프로그램 등을 포함한다.

3) 정책개발자

정책 및 절차 개발과정에서 사회복지사가 참여하는 것은 클라이언트에게 서비스를 제공하는 기관의 범위로 한정된다.

사회복지사는 사회복지실천현장에 있기 때문에 클라이언트의 욕구를 평가하고, 어떤 정책과 절차가 클라이언트의 관심에 부합되는지를 파악할 수 있다.

4. 연구자와 조사활용자

연구자는 관심 있는 주제에 관한 문헌연구나 자신의 실무에 대한 평가, 프로그램에 대한 분석, 지역사회 욕구조사 등의 활동을 통해 이론적 또는 실천적인 전문직으로 발전시키는 활동을 수행하는 역할을 한다.

즉, 지식 개발을 위해 조사나 연구 등을 수행하고 관련 분야에서의 조사, 연구 및 실무의 진행과 평가 등을 통해 전문이론의 발전을 도모하고 동료들과 그 결과를 공유한다. 또한 사회복지사는 자신이 제공한 서비스를 과학적이고 체계적으로 평가할 책임이 있으며, 이러한 과정을 위해 사회복지사는 연구를 수행하고, 연구들을 활용해야 한다.

사회복지 서비스에 대한 사회적 욕구가 더욱 확대되고 있는 시점에서, 사회복지시설과 이에 근무하는 사회복지 인력의 수도 급속하게 증가하는 추세이다. 사회복지 서비스에 대한 사회적 인식 또한 높아지면서 사회복지사의 전문성에도 더욱 초점이 맞추어지고 있다.

전문화된 사회복지를 실현하기 위해서는 사회복지시설의 효율적인 운영과 관리가 이루어져야 하며, 사회복지사들의 자질 향상과 전문성 강화도 요구된다. 사회복지사라는 직업에 대해 더욱 면밀하고 뜻깊은 직업관이 자리 잡아야 할 것이다.

KEY POINT

사회복지실천현장의 개념

① 좁은 의미의 사회복지실천현장
사회복지실천이 직접 이루어지는 구체적 장소 또는 기관

② 넓은 의미의 사회복지실천현장
사회복지실천이 이루어지는 분야, 또는 문제, 대상집단 포함

기관의 목적에 따른 분류

① 사회복지실천 1차 현장
기관의 주된 목적이 사회복지 서비스 제공 : 종합사회복지관, 노인복지관 등

② 사회복지실천 2차 현장
기관의 일차 목적은 따로 있으며 필요에 의해 서비스 제공 : 학교, 병원 등

기관 설립주체 및 재원조달 방식

① 공공기관(읍·면·동사무소 등)
정부에 의해 운영되며 사회복지사의 업무는 정부 규정과 지침이 결정

② 민간기관
민간이 주도, 사회복지사업을 목적으로 함(기부금, 후원금, 재단 전입금 등)

서비스 제공방식

① 행정기관 : 간접서비스 제공, 서비스전달체계를 효율적으로 운영

② 민간기관 : 클라이언트에게 직접서비스 제공을 목적으로 함

주거서비스 제공 여부

① 생활시설 : 주거서비스를 제공하는 기관(그룹 홈, 보육원 등)

② 이용시설 : 클라이언트가 주거하지 않고 서비스만 이용

분야별 구분

① 대상별 분류 : 아동, 청소년, 노인, 여성, 장애인 등
② 영역별 분류 : 약물남용, 의료, 정신건강 등
③ 장소별 분류 : 병원, 학교, 교도소 등

우리나라 사회복지실천현장 발전

① 1950년 외국 외원단체 중심으로 미국식 사회복지실천방법으로 시작
② 생활시설 중심으로 발달하였기에 사회복지시설의 여러 종류로 형성
③ 1980년 후반부터 지역사회복지관 등장, 이용시설 중심으로 증가
④ 재가복지 등 사회복지실천현장은 점점 다양화되고 세분화되고 있음

사회복지사

① 1970년대 사회복지사업종사자로 시작
② 1983년 사회사업가 또는 사회사업종사자의 명칭이 '사회복지사'로 규정
③ 사회복지사의 영문표기는 Social Worker
④ 1997년 사회복지사업법에 따라 2003년부터 1급 국가자격시험

사회복지사업법에 의한 영역별 사회복지사

① 사회복지 전담공무원(공공기관행정업무, 사회복지 서비스)
② 정신건강사회복지사(정신병원, 정신건강사업 등)
③ 학교사회복지사(학교 부적응학생 상담, 부모상담 등)
④ 의료사회복지사(환자의 심리적 상담, 지역사회연계 등)

사회복지사의 역할

① 조력자 : 클라이언트의 문제해결능력 향상 원조 역할
② 중개자 : 클라이언트와 자원을 연결해 주는 역할
③ 중재자 : 체계 사이의 갈등 및 의견 차이를 조정하는 역할
④ 협상자 : 어느 한쪽의 입장에 서서 개입
⑤ 교사/교육자 : 교육적인 프로그램 및 정보제공과 적응기술을 가르치는 역할
⑥ 클라이언트 옹호자 : 클라이언트의 이익을 대변하는 역할

기능에 따른 사회복지사 역할 분류

① 직접서비스 제공하기 : 상담가, 정보제공자, 교육자 등
② 체계와 연결하기 : 중개자, 사례관리자, 중재자, 옹호자 등
③ 연구 및 조사하기 : 프로그램 평가자, 조사자 등
④ 체계유지 및 강화하기 : 조직분석가, 촉진자, 자문가
⑤ 체계 개발하기 : 프로그램 개발자, 기획가, 정책개발자

전문가로서의 사회복지사

① 사회복지실천
② 전문적, 객관성을 유지
③ 인간의 다양성을 존중
④ 사회의 불의에 도전
⑤ 전문적 능력 향상을 위해 노력

사회복지사 결격사유 요약

다음 중 하나만 해당되어도 결격자
① 피성년후견인(금치산자)
② 금고 이상 형의 집행이 끝나지 아니한 자
③ 법원의 판결로 자격상실 및 정지된 자
④ 마약 · 대마초 또는 향정신성의약품 중독자
⑤ 전문의가 사회복지사로 부적합하다고 판단한 자

피성년후견인

① 피성년후견인이란 성년이 되었는데도 도움받아야 생활하는 사람
② 과거 금치산자제도와 유사하고 법으로 결정

금고 · 징역

① 금고 : 교도소에 구금은 되지만 노동을 하지 않는 징역(징역보다 가벼운 실형)
② 징역 : 교도소에 구금되고 노동을 하는 징역(금고보다 무거운 실형)

CHAPTER

05

사회복지실천과 대상

제1절 개인(체계)
제2절 가족(체계)
제3절 집단(체계)
제4절 지역사회(체계)

CHAPTER

05 사회복지실천과 대상

제 1 절 개인(체계)

1. 개인 대상 사회복지실천

사회복지실천 대상으로 개인은 개별지도 혹은 개별실천의 대상을 의미한다. 사회복지실천의 초기단계에 사용된 개별사회사업(case work)은 개인의 부적응에 대한 치료적 입장을 강조하며, 사회문제에 대한 거시적 접근보다 개별화된 문제에 대한 적응에 초점을 두는 미시적 접근이 중심적이었다.

개인적·사회적 문제에 직면해 있는 개인을 일대일로 만나 문제해결을 원조하는 활동을 개별지도 또는 개별사회사업이라고 한다. 개별실천은 클라이언트로 하여금 주변 환경에 적응하도록 도움을 제공하고 개인에 영향을 미치는 사회·경제적 결핍상태를 완화시켜 주기 위한 활동으로, 대부분의 사회복지실천 현장에서 가장 빈번하게 활용되는 접근방법으로 알려져 있다.

개별사회사업은 개인과 사회환경 간의 개별적인 의식적 조정을 통해 인격발달을 도모하는 과정으로 클라이언트의 문제에 대한 조사와 과학적 접근을 강조하며, 개인의 기능에 영향을 미치는 환경에 대한 인식, 개인의 부적응에 대한 치료적 개입을 강조한다. 그 특징은 다음과 같다.

① 클라이언트를 직접 대면하여 원조한다.

② 클라이언트의 생활상의 문제를 자각하여 정서적·관계적·행동적으로

대처할 수 있게 행한다.

③ 개인체계의 문제는 개인의 내면적인 면, 개인 간, 그리고 환경체계가 상호작용한 결과이다.

④ 개인적 어려움은 다른 사람과의 관계에 영향을 주고, 환경적 자원의 부족은 부정적 영향을 미친다.

⑤ 클라이언트의 문제에 초점을 두고, 클라이언트와의 개별화된 원조과정을 진행한다.

⑥ 클라이언트의 문제를 해결하기 위해 클라이언트와 사회복지사 간의 관계를 중시한다.

⑦ 다양한 모델과 개입방법을 적용하여 개인의 적응과 변화, 개인과 환경의 상호작용을 변화시킨다.

개인 대상 실천의 기원은 주로 자선조직협회(COS : Charity Organization Society)를 통해 개인과 가족을 지원하는 것에서 시작되었다. 특히 리치몬드(Richmond)가 1917년 『사회진단』이라는 저서를 통해 개별사회사업의 접근방법들을 조직화함으로써 개인 대상의 실천을 사회복지 최초의 전문적인 사회복지실천 방법으로 제시하였다.

개별사회사업에 대한 학자들의 정의를 살펴보면, 리치몬드(Richmond)는 개별사회사업을 "개개인, 그리고 개인과 그 사회환경 사이에서 의식적인 조정을 통해 개개인의 인격발달을 이루어 가는 과정"으로 정의하고 있다.

그리고 펄만(Perlman)은 "개별사회사업이란 사람들이 사회적 기능을 수행함에 있어서 그들의 문제를 보다 효과적으로 대처해 나가도록 돕는 사회복지기관에서 사용되는 한 과정"이라고 하였다. 다시 말해 개별사회사업의 구성요소를 사람(Person)과 문제(Problem), 그리고 장소(Place)와 과정(Process)의 4P 개념으로 설명하여 기관의 기능 안에서 클라이언트 문제해결의 주체성을 강조하였다.

2. 개인 대상 사회복지실천모델

직접실천으로는 클라이언트와의 면접이나 상담 등이 있고, 간접실천으로는 지역사회를 중심으로 대상자의 사회적 지지나 자원을 동원하는 기법을 활용한다.

개인 대상 사회복지실천모델에는 크게 심리사회모델, 기능주의 모델, 문제해결모델, 행동수정모델, 위기개입모델 등이 있다.

1) 심리사회모델

심리사회모델은 특정 인물이 고안해 낸 모델이 아니라 사회복지실천이 전문화되는 과정에서 다양한 인물과 활동의 영향을 받아 만들어진 절충적 모델이다.

클라이언트가 경험한 과거의 사건이나 경험, 현재의 경험과 관련된 심리 내적인 갈등과 어려움을 클라이언트가 이해하고 통찰할 수 있도록 원조하여 문제해결능력을 향상시키는 것을 목표로 한다.

문제의 진단과 치료는 인간과 그 외부 환경과의 상호작용에 중점을 두고 진행된다.

심리사회모델은 인간을 단순히 심리적인 측면으로만 보는 것이 아니라, 심리적인 측면과 사회적인 측면, 그리고 양자의 상호작용에 의한 결과도 동시에 고려하면서 이해해야 한다. 따라서 심리사회모델은 상황 속의 인간이라는 개념이 중요하다.

2) 기능주의 모델

기능주의 모델은 1930년대 미국의 펜실베이니아대학교 사회복지학과 교수진에 의해 개발되었다. 기능주의는 인간은 그의 잠재력을 최대한으로 실현함으로써 자기 자신을 성취할 수 있는 가능성을 지니고 있다는 실존주의 사상의 영향을 받았다.

또한 기능주의적 접근은 성장심리학에 근거하기 때문에 변화를 사회복지사 중심이 아닌 클라이언트 중심으로 보았으며, 사회복지실천의 목적은 클라이언트에게 주어진 건강한 개인적·사회적 조건을 위해 영향을 주는 것으로, 사회복지실천기관을 통해 전체 과정을 돕는 기능을 자유롭게 활용함으로써, 클라이언트 스스로 자아를 전개하도록 원조하는 것을 과제로 하였으며, 치료라는 말을 거부하고 원조과정이라는 말을 사용하였다.

3) 문제해결모델

문제해결 과정에서 클라이언트 주변 환경의 조정이나 치료에 중점을 두기보다는, 주변 자원을 적극적으로 활용하여 문제해결 기능을 강화시키는 모델이다.

문제해결모델은 펄만(Perlman)이 개발한 모델로, 진단주의와 기능주의를 절충하여 현재와 실용성에 중점을 둔 모델이다. 모델의 구성요소는 문제, 사람, 장소, 과정의 4P 개념으로 이루어져 있으며, 인생의 지속적인 문제에 대처하고 해결하는 과정을 강조한다.

이 모델은 과거에 의존하지 않고 개인적 강점을 활용하여 문제에 효과적으로 대응하도록 돕는 데 초점을 두고 있으며, 사회복지실천에서 다양한 이론과 모델의 발전에 영향을 미치며 발전하고 있다.

4) 행동수정모델

클라이언트의 행동이나 사고 변화를 위한 행동주의 이론에 근거한 모델로, 클라이언트의 특정 행동을 변화시키거나 변화된 결과를 지속시켜 주는 것을 목적으로 한다.

인간의 행동은 학습되는 것이며, 인간이 느끼고 사고하고 행동하는 것은 학습의 결과라고 보는데, 인간의 문제는 정신 내적 과정, 인지, 의지, 동기와 같이 추상적인 개념들에 의해서가 아니라, 눈으로 관찰할 수 있는 행동을 통해 풀어야 한다는 모델이다.

행동 변화의 핵심은 의지의 문제가 아니라 기술의 문제이며, 기술은 배울 수 있는 것이라고 보는 모델이다.

5) 위기개입모델

정신분석이론 및 인간행동이론에 근거한 모델로, 클라이언트가 당면한 위기에 대한 심리적 압박을 해소하여 위기 이전과 같은 기능 수행이 가능하도록 클라이언트를 회복시키는 것을 목적으로 한다.

스트레스 사건의 영향을 최소화하기 위한 심리사회 기능적인 접근방법이며, 위기개입은 매우 초점화된 단기개입으로 위기개입의 목표는 제한적일 수밖에 없다.

사회복지기관이나 병원 등 여러 자원의 정보를 제공해 주며, 문제 파악과 해결에 초점을 두면서 클라이언트가 조정할 수 있을 만큼 현재에 직면할 수 있도록 돕는다.

제 2 절 가족(체계)

1. 가족대상 사회복지실천

가족이란 그들 스스로를 가족으로 정의하고 지속적으로 서로에게 가족체계의 핵심적 요소로 간주되는 의무감을 주는 둘 이상의 개인으로 구성된 집단이다.

이는 한부모가정, 확대가족, 혈연·입양·결혼 등으로 제한되지 않는 친족의 개념으로, 레즈비언과 게이 부부 그리고 그들의 아이들을 포함하는 가족형태의 다양성을 인정하는 개념이다.

가족은 인간과 사회가 존재할 수 있게 하는 가장 기본적인 사회단위로, 급변하고 불안정한 현대사회에서 그 중요성이 점점 강조되고 있다.

가족복지실천은 가족구성원들의 문제나 증상, 역기능적인 상호작용 방식을 좀 더 기능적으로 변화하도록 원조하며, 문제해결에 도움을 주는 가족치료이론 등을 포괄적으로 다루고 있다.

또한 가족 관련 정책이나 법안으로 가족의 안전과 보호, 보장 강화를 도모하고 있다.

따라서 가족대상 사회복지실천은 가족을 단위로 한 사회복지실천이며, 개인의 인성과 사회체계의 복잡한 상호관계성을 강조한다.

가족대상 사회복지실천은 자선조직협회 초창기부터 시작되었고, 실천방법으로는 가족상담, 가족치료, 가족생활교육 등이 있다. 가족상담은 문제 상황을 해결하기 위한 방안을 모색하고 합의점을 찾아가는 것이며, 상충되는 의견이나 관점을 타협하고 합의를 이루어 가는 과정이다.

가족치료는 문제행동이 일어나는 가족 내의 체계를 변화시키기 위해 가족 전원, 또는 일부 구성원을 대상으로 하는 심리치료이다.

가족생활교육은 가족의 기능강화와 개인의 삶의 질을 향상하기 위해 가족이 직면할 수 있는 여러 가지 가족문제를 사전에 예방할 수 있도록 하는 교육을 말한다.

2. 가족대상 사회복지실천의 목적

가족구성원의 신체적·심리적·사회적·정서적 문제나 가족구성원 간에 발생할 수 있는 다양한 문제에 개입하여 해당 문제를 해결하는 데 목적을 두며,

가족대상 사회복지실천의 1차적 목적은 모든 가족구성원들 각자의 발달적·정서적 욕구를 충족시키면서 가족들이 보다 유능하게 기능하는 것을 배울 수 있도록 돕는 것이다.

가족문제 해결에 중점을 두므로 가족구성원 전체의 협조가 필요할 뿐만 아니라, 사회복지사는 전체로서의 가족이라는 관점에서 개인과 가족 간의 상호작용을 중시해야 한다.

3. 가족체계에 대한 개입

가족 사회복지실천은 체계이론을 기반으로 전체 가족의 이해를 도모하거나 가족치료적 접근을 하기도 하는데, 체계론적 관점에서 가족은 모든 체계들 중에 구성원들 사이의 상호작용이 가장 복잡하고 상호관계가 가장 뚜렷한 체계이다. 사회복지사는 가족 내의 한 성원의 문제가 모든 가족에게 영향을 줄 수 있고, 가족의 모든 성원이 가족 내의 문제에 영향을 주고받을 수 있음을 인식해야 한다.

이와 같이 체계적 시각에서는 인간과 환경을 서로 영향을 주는 체계적이고 통합적인 개방체계로 간주한다. 그런 만큼 인간행동의 문제의 원인을 일방적이고 단편적 입장에서 해명하는 것이 아니라, 체계 내에서의 관계, 전체와 부분의 관계, 환경과의 상호작용, 또는 전후관계의 맥락에 초점을 맞춘다.

체계이론은 심리적 접근보다는 환경의 변화를 강조하는 만큼 포괄적이라는 장점이 있다. 또한 다양한 수준을 연결하고 파악하는 데 도움이 되며, 단선적인 결정론적 원인-결과론을 배제하고 순환적인 인과론을 가능하게 하여 개인의 증상이나 행동에 따른 낙인감을 감소시킬 수 있다.

순환론적 인과론은 가족구성원이 연쇄적으로 행동하고 반응하는 것을 전제로 하며, 이러한 광범위한 초점은 체계모델이 가지고 있는 장점이다.

4. 가족성원 간의 경계

경직된 경계선으로 부모와 자녀 간에 타협이나 협상 여지가 없으면 하위체계들 간의 경계 또한 엄격하며, 부모와 자녀가 자신의 생각이나 감정을 표출하지 않고 서로에 대해 관심이 없다. 가족성원 간 충성심, 그리고 소속감이 부족하다는 특징을 가지고 있다.

밀착된 경계선은 체계 간 경계가 불분명하고 미분화되어 있으며, 가족성원들 간 구분이 모호하고 거리감이 없으며, 부모와 자녀가 서로 지나치게 관여하고 간섭하여서 적정 수준의 경계가 결여된 경우를 말한다.

또한 과도하게 밀착된 경계는 가족성원의 자율성을 방해하고, 자아의식, 그리고 책임감의 발달에도 부정적인 영향을 미치게 된다.

명확한 경계선은 가족성원 간 분명한 경계와 자율성이 없고, 서로의 경계를 침범하지 않으며, 필요한 경우 전체 가족체계를 서로 지지하고 개입하는 기능이 쉽게 이루어지게 된다. 가족체계들 간 의사소통의 기회가 있으며, 협상으로 변화가 가능하므로 가족의 안정이 유지된다는 특징을 보여준다.

5. 가족체계의 외부와의 경계

폐쇄형 가족체계는 가족성원들이 외부와 상호작용하는 것을 엄격히 제한하며, 가족 안의 권위자가 가족 공간에 명확한 경계를 설정하여 이웃, 그리고 지역사회와의 소통을 통제한다. 부모의 자녀에 대한 감시, 대중매체에 대한 엄격한 통제 등의 모습을 보인다.

개방형 가족체계는 가족성원들의 행위를 규제하는 규칙이 집단의 합의과정을 통해 도출이 되는데, 가족 내 경계는 유동적이고 가족 외부와의 경계는 분명하며, 침투력을 가지고 있다. 대중매체에 대한 최소한의 검열, 외부활동 참여, 지역사회와의 교류 확대 등의 모습으로 나타난다.

방임형 또는 임의형 가족체계는 각자 자신의 영역과 가족의 영역을 확보하면서 개별적 패턴을 만들어 가며, 가족경계선을 중요하게 생각하지 않으며 외부와의 교류를 제한하지 않는다. 외부활동의 무제한적 참여, 집안 내 갈등의 외부 표출, 제3자의 빈번한 집 안 출입 등의 모습으로 나타나게 된다.

6. 가족대상 실천모델

1) 구조적 가족치료

개인을 사회적 존재로 이해해 개인을 둘러싼 구조에 관심을 가지는 접근법이다. 비교적 단시간에 가족의 문제점이나 가족 특유의 양식을 파악해 가족구조를 변화시키는 접근방법이다. 가족구조가 변하면 동시에 가족의 지위가 변하여 결국 각 개인들의 경험도 변할 수밖에 없다고 보며, 환경의 변화가 한 개인의 지각을 변화시킬 만큼 지대한 영향을 미친다고 강조한다.

이 모델의 치료 목표는 경계선, 그리고 하위체계 기능의 변화를 통한 역기능적 가족구조의 재구조화를 이루는 것이다. 이러한 목표를 달성하기 위해 치료자는 합류와 적응, 구조적 지도를 통해 가족평가를 하고 가족 재구조화 기법을 활용한다. 치료의 주요 개념은 가족구조, 경계선, 하위체계, 위계구조 등이며, 연합, 우회, 동맹, 가족적응, 재구조화, 합류 같은 개념을 포함한다.

2) 경험적 가족치료

경험적 치료모델은 개인의 정서 경험과 가족체계에 대한 이중적 초점을 강조하는 접근이다. 자기가치와 자아존중감을 중시하며, 가족구성원이 의사소통 유형을 자기가치와 일치하도록 하여 선택적인 삶을 살도록 하는 모델이다.

이 모델은 정서적 경험을 강조한다는 점에서 다른 모델과 차별화되며, 지금

-여기에서의 경험을 중시하는 인본주의 심리학에 뿌리를 두고 있다.

주요 인물은 사티어(Satir)와 휘태커(Whitaker)이다. 휘태커는 자신의 치료를 상징적 경험주의 모델로 규정하였고, 사티어는 성장모델을 강조하였다.

사티어의 경험적 치료모델의 치료적 원칙은 인간에 대한 신념, 부모에 대한 신념, 성장과 변화에 대한 신념, 스트레스와 대처에 대한 신념, 그리고 치료목표에 대한 신념을 전제로 한다.

경험적 치료모델에 개입하는 과정은 경험과 학습의 차원에서 의사소통 유형이 일치형으로 변하도록, 그리고 과정을 통해서 해결점을 찾도록, 새로운 경험을 제공해 준다.

사티어 모델의 개입목표는 가족구성원들의 독립적인 성장욕구와 가족체계의 관계성을 통합하여 개인이 성장할 수 있도록 돕는 것이다. 경험적 치료모델에서의 변화 과정은 정체단계, 외부요인의 도입, 혼돈, 그리고 변형, 통합, 연습, 새로운 상태 등 7단계를 거치게 된다.

3) 보웬(Bowen)의 다세대 가족치료

보웬(Bowen)이론의 핵심 목표는 자아 분화, 즉 집단으로서의 가족생활에서 비롯되는 강력한 압박 속에서도 자신을 유지시키는 능력을 키우는 것이다. 그에 따르면, 가족체계이론은 가족을 정서적 단일체로 보는 이론으로 그 단일체 내에서의 복잡한 상호작용을 설명하는 체계를 사용하였다.

다문화 간 전승, 가족구성원 간의 분화 등 독자적인 보웬 이론은 가족체계이론뿐만 아니라 여러 이론과 심리치료 접근법에 영향을 미치고 있으며, 정서체계에 대한 지식과 그 정서 체계가 관계 내에서 어떻게 움직이고 그 안에서 자기를 어떻게 정의하는지를 알 수 있도록 하였다.

보웬 이론의 기반은 연대감과 개별성 간의 평형에 영향을 미치는 여덟 가지 연동 개념에 있다. 정서적, 생물학적, 환경적 영향력을 세대를 거듭하면서 가족 단일체 안에서 개인이 적응해 나갈 요소로 본 것이다.

보웬 가족체계이론의 여덟 가지 기본 개념은 첫째, 자기분화의 수준, 둘째, 핵가족, 셋째, 가족투사 과정, 넷째, 다세대 전승 과정, 다섯째, 형제 간 출생 순위, 여섯째, 삼각관계, 일곱째, 정서단절, 여덟째, 사회적 정서 과정 등이다.

보웬은 인간의 행위에서 체계적인 기원을 보고, 이를 개인 정신 안의 내적 기제라는 프로이드적인 관점에 대비시켰다. 정신분석은 과학적 기준에 적합하지 않다고 본 것이다.

제 3 절 집단(체계)

통상의 의미로는 집단이란 공동관심사나 목표를 가진 두 사람 혹은 그 이상의 모임이라고 볼 수 있다. 특히 집단은 집단의 크기, 구조, 성원 간의 유사성 등에 따라 집단의 성격이 결정되는 사회조직의 단위이기도 하다.

집단대상 사회복지실천은 집단을 일차적 개입대상으로 하는 다양한 형태의 사회복지실천으로 집단성원들 간의 상호의존과 의사소통 등 상호작용이 있는 상태를 의미한다.

집단사회사업은 구조화된 집단 상호작용을 통해 개인들로 하여금 사회적 기술과 기능을 적응력 있게 수행하도록 지지하고 자극하는 활동이자 과정을 의미한다.

1. 집단대상 사회복지실천의 목적

인간은 태어나면서부터 집단에 소속되며 집단을 통하여 성장과 발달을 경험한다. 집단실천은 자신의 문제를 해결하거나 성장을 원하는 구성원들에게 사회복지사가 의도적으로 집단경험의 기회를 제공함으로써 집단성원의 요구와 문제를 해결하고, 개인의 성장·발달 및 사회화에 기여하는 사회복지실천의 한 방법이다.

집단대상의 사회복지실천 목적으로는 활동적 시민으로 책임감 형성, 개인적 성장과 풍요로운 생활, 자아인식과 사회적 소속감의 증진, 새로운 상황에 대한 적응능력 배양, 만족할 만한 사회적 기능의 유지, 사회적 해체 방지나 교정, 그리고 치료 등이 대표적이라고 할 수 있다.

2. 집단대상 사회복지실천의 특징

인간 동료의식의 발현 등을 통해 다양한 활동과 자원을 제공하여 집단 내의 상호원조를 활성화시키는 것으로 집단 단위의 사회서비스의 실천 영역이다.

또한 실천 활동을 통해 집단의 공동목적과 구성원 개인의 목적을 함께 달성하고자 하며, 구성원 사이의 역동성을 매개로 하고, 집단 지도력을 활용해 집단의 목표를 달성해 나가게 된다.

3. 집단대상 사회복지실천의 유형

집단의 유형으로는 상호작용과 정서적 결속 정도에 따라서 매우 친밀하고 자주 긴밀하게 개인적으로 접촉하면서 관계를 맺는 가족, 친구, 소규모 집단 등을 말하는 1차 집단과, 목적을 달성하기 위해 인위적으로 계약에 의해 형성된 집단인 2차 집단으로 분류할 수 있다.

구성동기에 따라서는 자연발생집단과 인위적 형성집단으로 분류되며, 가입과 탈퇴의 자율성에 따라서 개방집단, 폐쇄집단으로 분류할 수 있다.

목적에 따라서 집단을 분류할 경우 많은 유형이 존재하게 되는데, 사회복지사가 관여하는 집단으로 치료집단과 과업집단의 두 범주가 있다.

치료집단은 목적에 따라 지지집단, 교육집단, 성장집단, 치유집단, 사회화집단으로 구분되며, 다소 심한 정서적 · 개인적 문제를 가진 성원들의 문제를 깊이 있게 탐색하고 사회정서적 욕구를 충족시키려는 목적을 가진다.

지지집단은 일상에서 발생하는 문제에 효과적으로 대처하고 적응해 나가도록 원조하고 대처기술을 학습할 수 있도록 도움을 주는 집단이다. 교육집단은 정보나 지식기술을 얻기 위한 집단이며, 성장집단은 능력과 자의식을 넓히고 개인적인 변화를 이끌어 낼 수 있는 기회를 성원들에게 제공하면서 자아향상을 강조하는 집단이다.

치유집단은 공통의 문제를 가진 클라이언트들이 구성원으로 참여하여 지지를 강조함과 동시에 치료와 회복에 중점을 두는 집단을 말하며, 사회화집단은 사회생활에 요구되는 기술을 익히거나 학습을 시키는 것을 목적으로 하는 집단을 말한다.

과업집단은 특정 과업을 완성하거나 의무사항을 이행하고, 조직 또는 집단의 과업 성취를 위해 구성된 집단이다. 과업집단의 목적은 조직적인 문제에 대한 해결책을 찾고 새로운 아이디어를 만들어 내며 결정을 내리는 것이다.

사회복지사는 클라이언트의 강점과 자원을 강조하면서 클라이언트의 관심사를 처리하는 협의회에 초점을 맞추면서 클라이언트에 대한 서비스의 질을 높이기 위해 행동한다.

팀, 자문위원회, 이사회, 사회행동집단, 연합체, 대표위원회, 행정집단, 협의회, 태스크포스팀(Task Force Team), 사례회의 등이 있다.

4. 집단개입모델(집단 사회복지실천모델)

페펠과 로스만(Papell & Rothman)은 집단의 목적에 따라 집단의 유형을 사회적 목표모델, 치료모델, 상호작용모델로 나누고, 집단 활동의 초점과 구성원들의 역할 등을 비교하였다. 집단의 목적에 따른 세 모델의 특징은 다음과 같다.

1) 사회적 목표모델

이 모델은 민주주의를 유지하고 발달시키려는 집단의 사회적 목표를 강조한다. 따라서 인간관계의 의식적인 훈련, 지도력의 실험, 민주적 과정의 학습, 시민참여와 같은 집단 활동을 통해 사회적 의식, 사회적 책임의 목적을 달성한다. 사회적 목표모델은 개인의 성숙과 민주시민의 역량개발에 초점을 두고 있으며, 토론, 참여, 합의, 집단과제 개발, 그리고 실행 등의 활동을 한다.

집단사회복지사의 역할은 집단의 민주적 기능을 증진시키는 상담자 또는 회의의 주최자일 수 있으며, 이 과정에서 바람직한 역할모델을 제시할 수 있다. 사회적 목표모델은 인보관의 집단사회사업에 근거를 두고 있고, 오늘날 이것은 흔히 공공주거단지에서 주민 자신들이 범죄에 대항하기 위해 조직한 집단에서 찾을 수 있다. 보이스카우트, 걸스카우트 등과 같은 집단 활동이 이에 해당한다.

2) 치료모델

집단은 개인의 치료를 위한 수단임과 동시에 상황으로서 개념화되고 있다. 사회복지사와 성원들은 개별적인 치료계약을 맺고 자신의 문제나 어려움을 해결하기 위해 치료적 집단에 참여하게 된다.

따라서 사회복지사의 전문적인 개입과 결과에 대한 상호평가를 통해 사정이 계속되며, 이를 위해 과거의 경험, 이론적 지식, 현재의 관찰 등의 방법이 동원된다. 우울증 치료를 위한 집단, 성폭력 피해자들을 위한 집단 등이 이에 해당한다.

3) 상호작용모델

이 모델은 앞의 두 가지 모델을 혼합한 것으로 집단성원이나 집단의 문제를 해결하기 위해 집단성원 간에 상호원조 체계를 구축하는 것에 초점을 둔다. 집단은 사회복지사와 집단성원을 포함한 하나의 사회적 체계로 개념화되며, 유기체로서 이해된다. 사회복지사는 집단성원과 사회의 중재자 역할을 하며, 집단의 목표는 사회복지사와 집단구성원 간의 상호관계 속에서 이루어지는 공생적 관계를 통해 설정하게 된다.

제 4 절 지역사회(체계)

1. 지역사회대상 사회복지실천

지역사회복지실천은 지역사회를 대상으로 하는 사회복지실천을 포괄적으로 일컫는 개념으로, 실천방법의 특성이 강조되는 개념인 지역사회조직을 기초로 실천된다. 지역사회를 살펴보면 지역 주민의 공동체 사회로 상호 관계를 맺고 서로 영향을 주고받으며 성장·발전한다. 지역사회란 일정한 지역에서 그 주민들 간에 사회적 상호작용이 이루어지고 공통된 문화를 가지며, 그 공동체에 대한 일체감을 갖게 하는 삶의 터전이다. 따라서 지역사회대상 사회복지실천은 지역사회조직과 지역사회 주민들의 복지와 관련된 교육, 주거, 교통, 보건, 그리고 사회계획과의 조정을 통하여 이러한 요인들이 통합적으로 지역사회조직 사업을 통해 이루어질 수 있게 하는 사회서비스의 실천영역을 말한다.

사회복지설천에서의 지역사회복지를 포괄적으로 정의한다면, 전문 또는 비전문 인력이 지역사회 수준에 개입하여 지역사회에 존재하는 각종 제도에 영향을 주고, 지역사회의 문제를 예방하고 해결하고자 하는 일체의 사회적 노력을 의미한다.

그러므로 바람직한 지역사회대상 사회복지실천을 위하여 지역사회를 우선 살펴보고자 한다.

2. 지역사회의 변화와 목표

1) 지역사회의 변화

사회변동이란 사회구조, 제도, 습관, 사회의 지적 능력 등이 먼저 존재했던 상태로부터 달라지는 과정이다. 이러한 변화는 행동을 통제하려는 입법과 같이 명백한 수단에 의하여, 혹은 특수한 하부구조 또는 사회의 주된 부분에 변화가 생기기 때문에 나타나기도 하고, 자연적·사회적 환경의 변화, 또는 사회적 기대와 필요를 충족시키기 위한 사회적 행동의 반복적인 결과 때문에 나타나기도 한다. 또한 사회변동은 이러한 변화가 나타나는 과정을 의미하기도 한다.

사회변동은 외부문명과의 접촉빈도, 사회구조의 복잡성, 현재의 문화적 수준, 사회구성원의 태도, 그리고 가치관에 따라서 영향을 받으며, 사회변동이 심하면 문화적 지체, 사회적 해체와 같은 현상이 나타나기 쉽기 때문에 이를 극복하기 위해서 교육의 목적, 내용, 방법 등에 적절한 변화가 요청된다.

2) 지역사회 목표

최근 우리나라에서도 지역사회와 지역복지에 대한 관심이 계속 높아지고 있다. 무엇보다 지역사회는 우리 삶의 기본터전이라는 점에서 지역사회를 기초로 하는 지방자치제도가 사회복지와의 상관성을 가지고 학계에서는 계속 연구 중에 있다. 그것은 지역사회의 복지증진이 사회적으로 삶의 질을 높이는 단추가 되기 때문이다.

지역사회복지의 실천을 위해서는 사회적으로 취약한 위치에 있는 계층이나 사람들에게 관심을 갖고 사회정의의 실현을 추구해야 한다. 이러한 의미에서 거시적 실천이 필요하며, 지역사회복지의 이념을 실현하기 위해 첫째, 지역사회의 능력 향상과 사회통합, 둘째, 지역사회문제의 해결, 셋째, 서비스와 프로그램의 제공을 통한 지역사회주민의 욕구 충족 등의 목표 아래 활동해야 한다.

3. 지역사회의 구분

1) 로스(Ross)의 지리적 · 기능적 지역사회

지리적 의미의 지역사회는 공간 중심의 지역사회로 지리적 공간을 공유하며, 밀접한 상호작용을 하는 사람들의 집단을 말한다. 지역사회는 주민들 간의 공동체 의식을 형성할 수 있는 지리적 공간의 영역을 공유한다.

기능적 의미의 지역사회는 지역적 경계를 넘어 공통의 관심과 기능을 함께 하는 집단으로서 비슷한 생활양식과 문화, 가치관이 강조되는 개념이다. 지역주민들은 공통의 욕구와 주제를 가지고 공동생활에 참여하게 되며, 이러한 공동의 노력에 따라 지역사회를 형성하고 유지하게 된다.

2) 퇴니스(Tonnies)의 공동사회 · 이익사회

독일의 사회학자 퇴니스(Tonnies)는 결합 의지를 기준으로 하여 사회 집단을 공동 사회와 이익 사회로 분류하였다. 내가 속해 있는 집단이 내 의지나 선택에 의한 것이 아니라, 선천적이고 자연 발생적으로 결성된 집단을 공동 사회라고 한다.

공동 사회는 결합 자체가 목적이며, 상호 이해와 공통의 신념 및 관습이 집단 구성의 바탕을 이루게 된다. 예를 들면, 가족, 민족, 농촌사회 등이 이에 속하며, 인간관계가 매우 친밀하고 포괄적 · 영구적인 관계를 유지한다. 따라서 가입과 탈퇴가 자유롭지 못하다.

이와는 대조적으로 내 스스로의 의지나 선택에 의해서 후천적 · 의도적으로 결성된 집단을 이익 사회라 한다. 이익 사회는 결합의 목적이 특정한 목적을 달성하기 위한 하나의 수단이 되고, 구성원의 이해관계에 따라 계약과 일정한 절차에 의해 마련된 규칙이 집단 구성의 바탕을 이루게 된다. 예를 들면, 회사, 정당의 조합 등이 이에 속하며, 인간관계가 이해 타산적・형식적이며 자유의사에 따라 가입과 탈퇴를 할 수 있다.

4. 지역사회의 기능(길버트와 스펙트, Gilbert & Specht)

지역사회복지는 지역사회 수준에서 지역사회가 갖는 복지 관련 문제들을 해결하고, 그 구성원들의 복지와 안녕을 위해 전개되는 사회복지 서비스 등을 포괄하는 일련의 개입 활동이라고 정의한다. 이상적인 지역사회는 지역주민의 공동체 사회로 상호 관계를 맺고, 서로 영향을 주고받으며 성장・발전한다.

워렌(Warren), 판토자와 페리(Pantoja & Parry)는 지역사회의 기능을 다음과 같이 설명하였다.

1) 생산, 분배, 소비의 기능

지역사회에서 기본적으로 필요한 물품을 생산하고 분배하고 소비한다. 즉 지역주민들이 필요로 하는 재화와 서비스를 만들어 내고, 주민들에게 적절히 나누어 주며, 주민들이 욕구충족을 위해서 재화와 서비스를 활용하는 과정이다. 이 과정에서 지역사회 주민들은 의식주, 보건, 교통, 여가생활 등의 다양한 영역에서 필요로 하는 기본적인 욕구를 충족시키기 위해 서로 상호 의존하는 관계를 맺는다.

주로 기업을 통해 이루어지고 있으나, 정부, 전문기관, 종교단체, 교육기관 등에서도 일부 담당하고 있다.

2) 사회화 기능

지역사회에 거주하는 개인이나 가족에게 사회의 가치, 지식, 기술, 바람직한 행동 등을 전달하는 기능이다. 즉 사람이 사회 속에서 성장하면서 자신이 속한 사회의 행동방식과 사고방식을 학습하는 과정과 관련된 기능이다.

어린 시절의 사회화가 중요하지만 일반적으로 사회화는 일생을 통해 계속되는 것이 보통이다.

3) 사회통제 기능

지역사회가 주민들에게 사회규범에 순응하도록 행동을 규제하는 기능이다. 즉 사회는 구성원이 지켜야 할 법과 도덕을 가지고 있는데, 이를 지키도록 정부가 일차적으로 강제력을 가지는 것이다. 모든 지역사회는 지역주민들이 지켜야 할 법, 도덕, 규칙 등의 규범을 가지게 된다.

그러나 이러한 규범을 준수하도록 하는 강제력이 결여된다면, 지역사회의 질서가 붕괴되어 사회해체 현상이 나타나게 된다. 사회통제를 담당하는 일차적인 기관은 정부로, 사법권과 경찰력을 통해 보편적으로 적용할 수 있는 법을 집행한다.

또한 사회조직인 가정, 학교, 교회, 사회기관 등도 부분적으로 이러한 기능을 담당한다.

4) 사회참여(통합)의 기능

지역사회가 제공하는 제반 활동에 지역 주민들이 자발적으로 참여하도록 한다. 워렌(Warren)은 사회통합이라는 용어 대신 사회참여(social participation)라는 용어를 사용하였는데, 이는 지역사회가 제공하는 제반 활동에 그 구성원들이 자발적으로 참여하게 하는 것으로, 이러한 기능을 수행하는 가장 대표적인 제도로 종교제도를 들었다.

사회통합은 사회구성원 간 혹은 지역사회 내 여러 단체 및 집단이 서로 결속력을 갖도록 하는 것과 관련된 기능이며, 사람들이 스스로 규범을 준수하고 바람직한 행동을 하도록 하는 것이다.

5) 상부상조의 기능

지역 주민이 질병, 실업, 사고, 사망 등으로 어려움에 처했을 때 자립할 수 있도록 도움을 제공하는 것이다. 즉, 사회제도에 의해서 욕구를 충족할 수 없는 경우에 필요하게 되는 사회적 기능을 말한다.

과거의 전통적인 사회에서 상부상조의 기능은 가족과 친척, 이웃, 자선단체 등과 같은 일차적인 집단에 의해서 수행되었으나, 현대사회에서는 이러한 기능이 정부, 민간 사회복지단체, 종교단체 등으로 옮겨지고 있다. 상부상조 기능은 서로 돕고 보완하며 살아가자는 공동체적 삶의 기반을 제공한다.

5. 지역사회 자원

지역사회의 목표는 이상적인 지역사회를 만드는 것이다. 이 과업을 수행하기 위하여 다양한 유형과 수준의 인적·물적 자원을 필요로 한다.

자원은 크게 자연자원과 인문자원으로 나눌 수 있으며, 자연자원은 다시 생물자원과 무생물자원으로, 그리고 인문자원은 노동력·기술 등 인적 자원과 제도·조직·자본 등 문화적 자원으로 나눌 수 있다.

따라서 지역사회 자원은 사회복지실천의 목적을 달성하기 위해 필요한 시설, 설비, 자금, 인력, 프로그램 등을 지역사회 내에서 발굴하여 유용하게 만드는 것이며, 지역기반 복지공급은 지역사회 내 복지자원 동원, 조직하는 내재적 역량을 결합하여 복지를 제공하는 것이다.

6. 지역사회 문제

이상적인 지역사회는 지역 주민의 공동체 사회로 상호 관계를 맺고 서로 영향을 주고받으며 성장·발전한다. 그러나 현대사회는 이러한 지역사회의 기본적 기능이 제대로 작동하지 않아 지역사회가 그 역할을 다하지 못하는 한계가 있다. 지역 주민의 지역사회에 대한 무관심 문제 또한 크다. 이로 인해 빈곤, 비행, 실직, 가정 붕괴, 가치와 규범의 붕괴 등 다양한 문제가 발생하고 있다.

지역사회 복지는 이러한 지역사회의 부정적 기능을 약화시키거나 제거하고, 지역사회의 순기능을 강화해 부정적 기능을 순기능으로 변환하는 노력이다. 이상적 지역사회 또는 지역사회 본연의 기능이 제대로 작동하는 사회로 만들기 위해 지역사회관계 형성이 필요하다.

기업과 기관의 홍보 대상은 통상 지역사회를 기반으로 선정된다. 기업은 환경문제, 직원모집, 지역사회 후원 등 일련의 기업 활동을 통해 지역사회와 관계 형성을 도모한다.

사회복지관은 시설의 설립, 직원모집, 지역사회 후원, 자원봉사자 모집, 후원자 개발 등의 활동으로 지역사회와의 관계 형성을 전개한다.

기관홍보담당자는 장애인 인식 개선, 노인 체험, 자원봉사자 모집, 한부모가정 돕기, 독거노인 도시락 배달 등 지역사회 관계 형성을 위한 후원 및 참여 프로그램을 전개한다. 지역사회 커뮤니티가 전개하는 주민 참여 프로그램도 이와 유사하다.

7. 지역사회에서 사회복지사의 역할

지역사회실천에 있어 사회복지사의 역할은 지역사회수준에 개입하여 지역사회에 존재하는 각종 제도에 영향을 주고 지역사회의 문제를 예방하고 해결하고자 하는 일체의 사회적 노력을 한다.

이러한 사회복지사에게 요구되는 중요한 역할은 지역주민 스스로가 상호 협동노력에 의해 지역사회문제를 해결할 수 있도록 돕는 것이다.

지역사회를 대상으로 한 사회복지실천은 지역에 속한 주민들이 자신들의 사회적 기능 향상을 위해 필요한 의식개혁, 환경개선, 지역사회 조직화 등을 자발적·주체적·협력적으로 해 나갈 수 있도록 사회복지사가 안내자, 조력자, 조정자, 운동가, 전문가 등의 역할을 수행하는 것이다.

예를 들면, 주민조직 강화 및 교육, 복지 네트워크 구축, 주민복지증진사업, 자원봉사관리사업, 사회조사 및 직원 교육 등이 있다.

이러한 활동을 수행하기 위해서는 사회복지사는 지역사회 주민들의 성향을 파악하고, 지역사회의 문제·욕구를 파악하여 지역사회 주민들의 욕구 충족에 필요한 자원들을 확인하고 발굴하여야 한다.

지역사회에서 사회복지사의 역할을 구체적으로 살펴보면, 지역 주민들이 자신의 목소리를 내고 지역사회 개발에 적극적으로 참여할 수 있도록 돕는 역할을 하며, 이러한 주민들의 참여는 프로젝트 성공 여부를 결정짓는 중요한 요소가 된다.

또한 지역사회개발을 위해서는 다양한 자원이 필요하다. 사회복지사는 지역 내·외의 자원을 발굴하고, 이를 효과적으로 연계하여 활용할 수 있도록 돕는다.

주민들이 자립할 수 있도록 돕는 것도 사회복지사의 중요한 역할 중 하나이다. 다양한 교육 프로그램을 제공하여 주민들의 역량을 강화하고, 이를 통해 지역사회의 지속 가능한 발전을 도모할 수 있다.

사회복지사는 지역사회의 다양한 이해 관계자들과의 네트워크를 구축하고, 이를 통해 협력과 소통의 장을 마련하기도 한다. 주민들뿐만 아니라 지역 내의 학교, 병원, 기업, 공공기관 등과의 긴밀한 협력이 중요하며, 이를 통해 지역사회 문제를 효과적으로 해결하고 공동의 목표를 달성할 수 있다.

이처럼 사회복지사는 지역사회 개발에 있어 매우 중요한 역할을 담당하고 있다. 주민들의 참여를 유도하고 자원을 효과적으로 활용하며, 다양한 교육 프로그램을 통해 주민들의 역량을 강화하는 등 여러 가지 방법으로 지역사회의 발전을 도모한다.

KEY POINT

사회복지실천의 개념

사회복지사의 전문적인 방법을 통해 문제해결능력 향상을 도움

개별사회사업의 등장배경

① 우애방문원들이 개인, 가족, 집단, 지역사회 대상으로 원조서비스 제공
② 구체적 실천기술보다 단순 상식적인 수준에서 개별 상황에 따라 활동
③ 메리 리치몬드가 개별사회사업 조직화
④ 반복 훈련과 가르침으로 개별사회사업 혹은 개인을 대상으로 한 실천

펄만(Perlman)의 개별사회사업(case work)의 구성요소 : 4(P)+2(P)

① 사람(Person) : 클라이언트 등 개인
② 문제(Problem) : 문제
③ 장소(Place) : 사회시설이나 사회복지기관 등 도움을 주는 장소
④ 과정(Process) : 문제해결의 과정
⑤ 전문가(Professional) : 클라이언트와 함께하는 과정을 진행
⑥ 제공(Provision) : 물질적 재화, 기회, 관계, 사회적 지지를 지칭

개인대상 사회복지실천의 특징

① 개인을 일대일 방식 도움으로 개인문제와 사회문제를 해결하는 것을 목표
② 예방보다는 치료적 입장에서 문제해결 중시
③ 개인이 환경에 적응하도록 도움
④ 사회경제적 압박을 변화시키도록 도움
⑤ 클라이언트 문제에 초점
⑥ 개별화된 원조 과정
⑦ 사회복지사와 전문적 관계

가족체계의 특징

① 가족 내 상호의존 상태로 역할변화는 다른 가족에게 영향
② 가족의 외부체계는 엄격성과 침투성의 정도에 따라 다양
③ 가족은 각 부분의 합 이상(비 총합성)
④ 가족은 변화와 안정성의 균형을 맞추기 위해 움직임
⑤ 가족 행동은 순환적 인과관계로 이루어짐
⑥ 가족 안에는 하위체계와 규칙이 있음
⑦ 가족은 반복되는 상호작용 패턴을 통하여 적응과 균형을 추구

가족문제의 역기능과 관련된 주요 개념

① 역기능적 가족 : 밀착된 가족, 유리된 가족, 폐쇄형 가족, 방임형 가족
② 삼각관계 : 제3자를 두 사람의 체계로 끌어들여 형성되는 관계
③ 희생양 : 가족 중 환자 혹은 클라이언트로 지목된 사람
④ 부모화 : 부모나 배우자의 역할을 대신 수행

의사소통과 관련된 개념

① 이중구속 메시지 : 동시에 다른 수준의 메시지와 혼란스러운 상황
② 너 전달법 : 너 중심 전달로서 명령, 비난, 지시함

집단의 특성

① 최소 2인 이상 상호작용해야 한다.
② 공통된 목적이나 관심사가 있다.
③ 유대감이 있으며 정체성을 갖는다.
④ 집단의 규범과 소속감을 가지고 있다.

집단의 유형

① 상호작용과 정서적 결속 정도에 따라 분류 : 일차집단과 이차집단
② 구성 동기에 따른 분류 : 인위적 형성 집단, 자연발생적 집단
③ 집단의 목적에 따른 분류 : 치료집단, 과업집단

집단의 기능에 따른 3가지 모델

① 사회적 목표 모델 : 환경감시단, 적십자단
② 상호작용 모델 : 지지집단, 한부모가족집단 등
③ 치료 모델 : 정신치료, 알코올중독자회복모임

지역사회의 개념

① 지리적 의미의 지역사회 : 특정한 공간 중심
② 기능적 의미의 지역사회 : 사회적, 문화적 동질성을 가진 공동체나 이익집단

지역사회의 실천 개입 기술

① 지역사회 내 기관과의 협력
② 클라이언트집단 옹호
③ 사회적 지지체계의 개발
④ 서비스 조정

가족센터(전국 시 · 군 · 구에 설치)

① 다문화가족 포함 모든 가족 지원 서비스
② 결혼이민자 교육상담 및 취업알선 지원
③ 가족생활 관련 정부 정책 및 정보 제공
④ 지역사회 유관기관과의 연계 · 협력 지원
⑤ 외국인 근로자 취업알선 및 권익보호

지역사회보장협의체의 기능

① 협의적 의사결정을 통한 정책심의 기능
② 민·관 협력 조직화 기능
③ 부문 간 연계협력 강화 기능
④ 통합서비스 지원 기능
⑤ 지역사회자원의 개발과 발굴 기능

CHAPTER

06

사회복지실천의 통합적 접근

제1절 통합적 접근의 개념 및 등장배경

제2절 통합적 접근의 주요 관점 및 이론

제3절 통합적 접근의 실천모델

CHAPTER

06 사회복지실천의 통합적 접근

제 1 절 통합적 접근의 개념 및 등장배경

1. 통합적 접근의 등장배경 및 개념

1) 통합적 접근의 등장배경

우리 사회에서 역사적으로 볼 때 사회복지실천은 다양한 접근방법을 통해 사회문제를 해결하고 도움을 제공하기 위해 노력해 왔다.

하지만 사회복지방법에 있어서 일원적인 통일된 체계로 발전하지 못하고 각각의 이론적인 기틀을 마련하여 발전해 왔다. 전통적인 실천방법은 사회복지 전문직을 정립하는 계기가 되었지만, 포괄적인 접근보다는 개인의 심리문제에 초점을 두면서 과도하게 세분화된 전문화를 야기하였다.

또한 전통적인 방법론은 특정 문제를 중심으로 개입하기 때문에 다양하고 복잡한 문제에 효과적으로 대처할 수 없다는 비판이 제기되었다.

전통적 방법이 가진 여러 가지 문제들을 해결하기 위하여 분화·전문화되어 있는 사회복지실천 방법을 통합하려는 시도가 나타났는데, 이것이 미국사회복지사협회(NASW)의 「사회복지실천의 작업 정의」라는 보고서이다.

또한 고든(Gordon) 등은 전통적인 방법론은 특정 문제를 중심으로 개입하기 때문에 다양하고 복잡한 문제에 효과적으로 대처할 수 없다는 비판을 제기하였고, 이로 인해 실천대상이나 문제별로 분화·전문화되어 있는 사회복지실천

방법을 통합하려는 시도들이 있었다.

한편 바틀렛(Bartlett)은 『사회복지실천의 공통기반』이라는 책에서 공통된 사회복지실천 방법이 다양한 지식과 가치의 방법을 규정하고 있음을 강조하면서 사회복지방법의 공통적인 기초를 정리하였다.

그리고 핀커스와 미나한(Pincus & Minahan)은 전통적 사회복지실천은 개인, 환경, 임상적 실천, 사회행동, 미시체계, 거시체계와 같이 이분법적으로 구분하여 마치 별개의 것으로 다루어 왔던 잘못에 대해 이들 간의 상호 관련성을 인식하는 데서 통합적 접근을 등장시켰다.

그 후 사회복지 전문가들의 노력과 함께 사회복지 외부의 환경에서도 체계이론, 일반체계이론, 생태체계이론 등의 다양한 이론이 사회복지의 주요 이론으로 활용되면서 복잡한 문제에 대해 접근할 수 있는 기틀을 마련하였고, 현재에도 더 정밀한 방법의 체계화와 기술화를 위해 노력하고 있다.

2) 통합적 접근의 개념

사회복지실천에서 통합적 접근은 전통적 사회복지실천의 3대 방법론(개별사회사업, 집단사회사업, 지역사회조직사업)에서 벗어나 개인과 집단, 그리고 지역사회를 구분하지 않고 이들 방법을 총괄하여 개입할 수 있는 방법론이라고 할 수 있다.

즉, 사회복지사가 개인, 가족, 집단, 지역사회 등에서 제기되는 사회문제에 활용할 수 있는 공통된 원리나 개념을 제공하는 것으로, 클라이언트 원조에 있어 접근방법을 통합하는 것을 말한다.

개인의 문제도 개인이 가족을 포함한 집단, 지역사회와의 상호작용 과정에서 나타난 결과이기 때문에 개인의 사회적 기능 향상뿐 아니라 집단과 지역사회의 기능 향상을 도모해야 한다는 것이다.

이는 특별히 개별사회사업, 집단사회사업, 지역사회조직사업으로 구분해서 접근할 것이 아니라 세 가지 방법론을 함께 활용해야 한다는 것을 의미한다.

따라서 개인과 환경을 함께 고려하고 개인과 환경에 대한 동시적인 접근은 물론이고, 개인과 환경의 상호작용이 원만하게 이루어져야 함을 강조하기에 이르렀다.

이러한 통합적 관점을 통해 사회복지사는 전문직으로서 정체성을 확보하게 되었고, 개인을 환경 속에서 바라보는 고유한 관점을 확립하게 되었다.

또한 통합적 접근의 중요성을 강조하면서 체계이론, 일반체계이론, 생태체계이론 등의 다양한 이론이 사회복지의 주요 이론으로 활용되면서 복합적인 문제에 접근할 수 있는 기틀을 마련하게 되었고, 개별사회사업의 의존에서 벗어나 개인, 가족, 집단, 지역사회 등 다양한 환경에 대한 개입이 이루어지고 사회복지현장에서 공통적으로 활용할 수 있는 지식, 기술, 가치 등에 대한 중요성이 강조되었다.

2. 통합적 접근의 특징

통합적 접근방법의 특징과 이에 따른 사회복지사의 역할은 다음과 같다.

① **공통된 기반 강조** : 사회복지실천에 본질적인 개념, 활동, 기술, 과업 등에 공통적으로 적용할 수 있는 원리나 개념 등이 있다고 전제한다.

② **인간과 환경 두 체계 간의 공유영역에 개입한다** : 과거의 전통적 사회복지실천 방법론은 인간이나 환경 둘 중 어느 하나에 초점을 두었으나, 통합적 접근 방법론은 인간과 환경의 상호작용에 초점을 두어 두 체계 간의 공유영역에 개입한다. 개인의 문제는 개인이나 가족 차원에 한정된 것이 아니다. 개인은 사회적 환경과 밀접하게 연관되어 있고 상호작용하기 때문이다. 따라서 사회복지실천에서는 개인뿐만 아니라, 개인을 둘러싼 사회적 상황에 대해 고려한다.

③ **이론과 개입을 개방적으로 선택한다** : 통합적 접근은 특정 이론에 국한하

지 않고 정신분석이론과 같이 전통적 접근에서 활용되었던 이론부터 환경과 체계를 강조하는 이론 등 다양한 이론과 개념을 사용하여 문제에 따라 다른 접근을 한다.

④ **클라이언트에 대해 강점관점, 미래지향적 관점을 취한다** : 클라이언트의 잠재성을 인정하고 계속적 성장을 통해 클라이언트의 성장과 잠재성에 대해 미래지향적인 관점을 가진다.

⑤ **클라이언트의 존엄성을 인정한다** : 클라이언트의 존엄성을 인정한다는 것은 클라이언트의 참여와 자기결정, 개별화를 강조한다는 것이다.

⑥ **생태체계관점을 취한다** : 생태체계관점은 어떤 유기체와 그를 둘러싼 환경요소들이 서로 영향을 주고받으며 성장하는 과정을 설명하는 개념적 틀이다. 이 관점에서는 개인의 대처능력을 강화시키고 개인에게 영향을 주는 환경을 강조한다.

⑦ **광범위하고 포괄적인 문제를 규정한다** : 개입의 초점인 문제를 광범위하고 포괄적으로 규정한다. 문제란 병리적이거나 부정적인 상황이 아니라 전체 문제해결 과정 중 일차적인 초점을 의미하며 쟁점, 욕구, 현안, 어려움 등에 해당하는 광범위하고 포괄적인 개념이다.

⑧ **문제해결 과정** : 사회복지실천과정은 문제해결을 위한 목표달성을 향해 나아가는 점진적 단계이다.

⑨ **다양한 수준, 다중체계에 개입한다** : 통합적 접근은 다양한 체계에 접근한다. 즉, 개인, 가족, 집단, 지역사회 등 규모가 다른 체계에 접근한다.

⑩ **순환적 인과성** : 통합적 모델은 생태체계관점을 취하므로 순환적 인과성을 적용한다. 원인과 결과가 정해진 것이 아니라 어떤 결과는 다른 것의 원인이 되고 이는 다시 결과에 영향을 주며, 이 결과는 다음에 원인으로 작용한다고 보는 것, 즉 서로 영향을 미친다는 것이다.

⑪ **일반주의 실천** : 일반주의 실천은 다양성과 관련된 지식기반과 함께 광범위한 기술을 숙달하고 이러한 기술을 자유자재로 사용하는 실천이다.

제 2 절 통합적 접근의 주요 관점 및 이론

1. '환경 속의 인간'과 '환경 속의 인간 관점'

'환경 속의 인간'이란 인간은 심리적인 특성 외에도 그가 살고 있는 환경 혹은 상황의 영향을 받는 존재라는 의미이다.

인간은 다양한 환경체계들과 교류하고 상호 영향을 주고받으며 균형, 안정, 항상성을 유지하기 때문이다. 따라서 인간을 '환경과 상호작용하여 서로 영향을 주고받는 존재'로 이해하는 것이 '환경 속의 인간'으로 이해하는 것이다.

'환경 속의 인간'에서는 개인이 경험하는 문제의 일차적인 책임이 개인과 환경 공동에 있다고 본다. 인간이 경험하는 각종 원인을 개인 요소와 환경적 요소가 어우러져 나타난 결과로 보는 것이다.

'환경 속의 인간 관점'이란 인간을 이해하기 위해서는 인간의 심리 내적인 특성만을 고려할 것이 아니라 이와 함께 환경 혹은 상황까지 모두 고려해야 한다는 관점이다. 인간과 환경을 분리된 것이 아니라 하나의 통합된 총체로 이해하는 것이다.

즉, 인간과 환경 사이에 일어나는 상호작용에 초점을 두고 양자 간의 상호교환을 통해 어떤 일이 진행되고 있는가에 초점을 두는 것이다.

사회복지분야의 경우 인간이 경험하는 각종 사회복지적 문제의 원인을 개인 또는 환경 중 어느 한쪽의 결함으로 보기보다는 개인적 요소와 환경적 요소가 서로 어우러져 나타난 결과로 보는 관점이다.

따라서 사회복지사는 문제의 원인을 조사하고 문제해결을 시도할 때 문제해결방안을 개인의 변화에서만 찾으려 하지 말고 그 개인의 문제 또는 역기능에 영향을 미치는 주변 사회환경의 변화 또는 개선에서도 찾아야 한다. '환경 속의 인간'이 제시하는 개념적 틀을 실천적 의미로 구체화한 것이 생태체계관점이다.

2. 체계이론

체계이론은 1947년 생물학자 버틀란피(Bertalanffy)가 일반체계이론을 제창하면서 알려진 개념으로, 사이버네틱스(cybernetics), 파슨스(Parsons)의 행위이론, 루만(Luhmann)의 체계이론과 같은 분야로 확산되었다.

체계라는 용어는 자정체계(self-regulating systems)라 할 수 있는데, 이는 자연계, 인간 신체 내 물리적 체계, 환경, 인간의 학습과정 등에서 볼 수 있는 피드백을 통한 자기수정(self-correcting) 작업을 일컫는다. 버틀란피가 제시한 이래, 체계이론이라는 용어는 다양한 분야에서 널리 쓰이고 있다.

1) 일반체계이론

일반체계이론은 체계에 대한 정의와 체계들이 어떻게 구조를 이루고 있으며, 어떻게 변화하는가에 대한 과정, 그리고 결과를 말해주는 것이다.

버틀란피가 주장한 이론으로, 그는 생물학적 유기체에 적용되는 법칙이 인간의 마음으로부터 전 지구의 생태계에 이르는 다른 영역에서도 적용될 수 있을 것이라고 가정하였다.

즉, 체계의 구성요소들은 서로 상호작용을 하는 밀접한 관계를 맺고 있기 때문에 체계의 어느 한 부분에 변화가 일어나면 다른 부분도 연쇄적으로 변화가 일어나고, 그러한 변화는 다시 처음의 변화에 영향을 미친다는 것이다.

따라서 체계 안의 다양한 구성요소들에 대해 개별적으로 관찰하고 이해하기보다는, 체계의 전체적인 맥락과 기능의 측면에서 보아야 제대로 된 이해가 가능하다는 것이다.

사회복지실천에 관여되는 모든 실체는 일반적으로 모두 체계라고 볼 수 있으며, 사회복지실천의 목표는 클라이언트와 체계의 상호작용을 향상시키는 것이다. 주요 개념은 다음과 같다.

(1) 경계(boundary)

경계는 체계와 그 외부 환경을 구분하는 선을 의미한다. 경계는 체계 내부의 요소들이 서로 어떻게 상호작용하고, 체계가 외부 환경과 어떻게 상호작용하는지를 결정한다. 경계는 물리적인 선이거나 더 추상적인 형태(예 규칙, 정책, 가치관 등)로 나타날 수 있다. 또한 경계는 체계가 개방형인지 폐쇄형인지를 결정하는 데 중요한 역할을 한다.

(2) 개방체계(open system)

개방체계는 주변 환경과 지속적으로 상호작용하는 체계를 말한다. 이러한 체계는 환경으로부터 자원을 받아들이고 결과물을 환경에 반환한다. 이 과정에서 체계는 변화와 적응을 경험하게 된다.

예를 들면, 사회나 조직은 개방체계로 볼 수 있다. 이들은 외부 환경에서 인력, 정보, 자본 등의 자원을 받아들이고 제품, 서비스, 폐기물 등을 환경에 반환한다. 이러한 상호작용을 통해 사회나 조직은 지속적으로 변화하고 적응하게 된다.

(3) 폐쇄체계(closed system)

폐쇄체계는 다른 체계와 상호작용하지 않는 체계로서 불투과성의 경계를 가진다. 다른 체계와 서로 에너지나 정보를 주고받는 일이 없다. 시간이 지남에 따라 에너지의 유입이 없어지면서 체계들의 분화가 적어지고 조직과 기능이 상실되거나 해체되는 경향인 엔트로피(entropy)가 아주 높다.

(4) 홀론(holon)

특정 체계는 그 체계를 구성하는 작은 체계보다 큰 상위체계이고, 그 체계를 둘러싼 더 큰 체계보다는 하위체계가 되는 현상을 말한다. 홀론(holon)은 작은 체계들 속에서 그들을 둘러싼 큰 체계의 특성이 발견되기도 하고 작은 체계들이 큰 체계에 동화되기도 하는 현상을 의미하기도 한다.

(5) 항상성(homeostasis)

체계가 안정된 상태로 되돌아가려고 하는 경향을 의미한다. 이는 체계가 비교적 안정된 구조를 유지하려는 속성으로, 생존을 위해 환경과 성공적으로 타협하는 능력이다. 항상성으로 인해 체계는 행동방식의 규칙성을 갖게 되고, 항상성 상태에서는 구조가 크게 달라지지 않는다. 이는 체계의 내부 조건이 일정한 범위 내에서 유지되도록 조절하는 메커니즘을 포함한다.

(6) 안정상태(steady state)

부분들의 관계를 유지시키고 체계가 쇠퇴해서 붕괴되지 않도록 지속적으로 에너지를 사용하는 상태이다. 이는 체계가 지속적으로 변화하고 있지만, 그 변화가 일정한 패턴을 따르는 상태를 의미한다. 즉, 체계는 변화하지만, 그 변화는 일정한 규칙에 따라 일어나므로 체계의 전반적인 상태는 안정적이다.

(7) 균형(equilibrium)

외부 환경의 에너지를 새로 가져오는 일 없이 현상을 유지하려는 속성이다. 이는 체계가 동적인 균형 상태를 유지하려는 경향을 의미한다. 체계 내의 요소들이 변화하거나 외부 환경이 변화하더라도, 체계는 이러한 변화를 조절하고 균형 상태를 유지하려 한다. 폐쇄체계에 존재한다.

(8) 공유영역(shared area)

두 개 이상의 체계가 서로 상호작용하는 영역을 말한다. 공유영역에서는 두

개의 체계가 서로 자원을 교류하고 상호작용하며, 이를 통해 서로의 성장과 발전에 기여한다.

(9) 투입, 전환, 산출, 환류

투입은 체계가 환경으로부터 에너지, 사물, 정보 등을 받아들이는 과정이다. 전환은 체계가 자신에게 적절하게 투입된 에너지를 변형시키고 재조직하는 과정이다. 산출은 체계 내에서 변형된 에너지를 환경 밖으로 방출하는 과정이다. 환류는 정보의 투입에 대한 반응으로 행동하며, 연속적인 행동을 수정하도록 그 행동의 결과를 새로운 정보로 포함시키는 것이다.

(10) 동귀결성(equifinality)과 다중귀결성(multifinality)

동귀결성은 출발은 다양하지만 결과는 동일하다는 것으로서 출발조건이 다르고 방법이 다르더라도 동일한 목표를 달성할 수 있음을 의미한다.

다중귀결성은 출발은 똑같지만 결과는 다양하다. 또는 처음의 조건과 수단이 비슷하다고 할지라도 다른 결과가 나타난다는 것을 의미한다.

2) 사회체계이론

사회체계는 우리가 살고 있는 사회환경 내에 존재하는 다양한 형태의 인간 공동체에 적용할 수 있는 가족, 집단, 조직, 지역사회 등 사회조직이라고 할 수 있다. 즉, 인간과 환경 간의 상호작용을 강조하는 환경 속의 인간(person-in environment)의 관점으로 볼 수 있다.

다시 말하면, 사회체계이론은 모든 조직수준과 인간결사체 등 사회체계에 체계론적 관점을 적용한 이론으로서 인간행동에 영향을 미치는 다양한 체계수준, 즉 개인, 가족과 조직을 포함하는 소집단, 지역사회와 같은 좀 더 복잡하고 넓은 사회체계를 설명하는 이론들이다.

3) 생태체계이론

생태체계이론은 인간과 환경 사이의 상호작용을 연구하는 이론으로, 인간과 환경이 서로 영향을 주고받고 있다는 것을 강조한다. 이 이론은 인간과 환경을 하나의 시스템으로 간주하며, 그 안에서의 상호작용을 이해하고 분석하는 데 초점을 둔다. 생태체계이론은 사회복지실천 분야에서 중요한 개념으로 사용되며, 개인과 가족, 지역사회 등 다양한 수준에서의 문제해결에 도움을 줄 수 있다.

생태체계이론은 일반체계이론에 생태학적 관점을 결합한 이론으로, 인간행동의 과정을 파악하고 심리를 분석하는 데에 매우 유용하다.

제 3 절 통합적 접근의 실천모델

1. 통합적 접근의 실천모델 개발 및 적용

1950년대부터 1970년대 사이에는 사회복지실천의 통합적 모델이 많이 개발되었다. 물론 그 전후로도 통합적 접근이 시도되어 발달되기도 했지만, 이 시기에 중점적으로 이루어졌다. 대표적으로는 문제해결모델, 4체계 모델, 5체계 모델/6체계 모델, 생활모델, 단일화모델이 통합적 방법론 또는 통합적 접근모델에 해당된다.

사회복지실천에서 통합적 방법이란 사회복지사가 개인, 집단, 지역사회에서 제기되는 사회문제에 활용할 수 있는 공통된 하나의 원리나 개념을 제공하는 방법의 통합화를 의미한다. 즉, 통합적 방법이란 전통적 방법의 전부 또는 일부를 조합해서 교육함으로써 한 명의 사회복지사가 복수의 방법을 통합적으로 사용하여 클라이언트에게 삶의 질의 향상을 돕고자 하는 사회복지실천의 기본틀이라고 할 수 있다.

2. 통합적 실천모델

1) 문제해결모델

펄만(Perlman)의 문제해결모델은 절충주의적 접근으로서 1920년대 진단주의 학파의 입장에서 1930년대 기능주의 학파의 견해를 받아들인 통합모델이다.

인간의 삶 자체가 지속적인 문제해결의 과정이라는 전제하에 문제를 사회복지실천의 변화 표적으로 제시하였다.

즉, 클라이언트의 어려움은 문제에 있는 것이 아니라 문제를 해결하는 태도에 있다고 본 것이다. 따라서 문제해결능력과 대처능력을 향상시키는 것을 목적으로 하는 사회복지실천 방법이다.

문제해결모델에서는 모든 인간의 삶은 문제해결 과정이며, 인간은 문제를 해결하기 위한 능력이나 강점을 본능적으로 가지고 있는 존재라는 기본 가정으로부터 출발한다. 클라이언트의 문제는 그들 자신이 적절한 방법으로 그의 문제를 해결하거나 경감시키려는 동기, 능력 또는 기회가 부족하기 때문이라고 보고 있다.

따라서 인간이 현재 직면하고 있는 개별적이고 다양한 문제를 효과적으로 처리하거나 해결하기 위해서 기관으로부터 도움을 구하는데, 이는 현재의 구체적인 문제의 사정을 통한 명확하고 세밀한 계획과 확실한 해결책을 강조하고 있다.

펄만은 클라이언트의 문제해결 과정을 4P로 설명하였다. “문제(Problem)가 있는 사람(Person)이 도움을 받기 위해 서비스를 제공하는 어떤 장소(Place)로 찾아오면 클라이언트의 문제해결을 위해 필요한 자원을 지원하고 보완하는 과정(Process)에 의해 도움을 받는다”고 설명하였다.

펄만은 이후에 전문가(Professional)의 개념과 물질적 재화, 기회, 관계, 사회적 지지를 지칭하는 제공/자원(Provision)의 개념을 추가하여 6P의 개념으로 확장시켰다.

(1) 사람(person)

문제로 인해서 도움을 요청하는 사람으로서 생활상 정서적 · 사회적인 어떤 면에 도움을 받을 필요가 있다고 스스로 인정하거나 전문가에 의해 판단된 어떤 사람을 말한다.

(2) 문제(problem)

클라이언트가 대응하기 힘들거나 도움을 필요로 하는 상황이나 어려움을 의미한다.

클라이언트에게 나타나는 어려움은 개인과 환경 간의 상호작용에서 나타나는 충족되지 않은 욕구, 대인관계상의 문제, 사회적 기능상의 문제 등이 있다.

(3) 장소(place)

도움을 필요로 하는 클라이언트에게 서비스를 제공하는 공간을 말한다. 일반적으로 사회복지시설 및 기관을 말하는데, 사회복지실천과 기술적인 발전으로 인해서 클라이언트의 가정, 지역사회, 온라인을 통한 가상의 공간까지도 장소로 이해할 수 있다.

(4) 과정(process)

클라이언트가 호소하는 문제를 해결하기 위한 일련의 체계적인 절차를 의미한다. 이 과정은 클라이언트의 문제를 체계적으로 접근하고 해결하기 위한 일련의 단계로 구성된다.

문제해결 과정은 학자마다 다른 견해를 가지고 있지만 일반적인 사회복지실천과정으로 사정, 계획, 개입, 평가의 단계로 이루어진다.

(5) 전문가(professional)

클라이언트의 문제해결에 관여하고 문제해결을 위해 필요한 자원을 지원하고 보완하는 사회복지사를 의미한다.

(6) 제공물(provision)

클라이언트의 문제 해결 및 욕구 충족을 위해 제공하는 필요한 모든 서비스 활동을 의미한다.

2) 핀커스와 미나한(Pincus & Minahan)의 4체계 모델

핀커스와 미나한(Pincus & Minahan)은 일반체계이론을 사회복지실천에 응용한 4체계 모델을 소개하였다.

1970년대 개발된 4체계 모델은 사회복지실천에 있는 개념, 기술, 과업의 공통된 핵심 요인을 서로 연결시켜 사회복지실천 전문직의 정체성에 기초를 제공하였다. 포괄적인 관점에서 변화매개체계, 클라이언트체계, 표적체계, 행동체계로 나누어 4체계가 어떻게 상호작용하는지에 관심을 두는 모델이다. 그 구성 체계는 다음과 같다.

(1) 변화매개체계

변화매개인이란 계획된 변화를 향해 체계들과 활동을 계획하는 사람으로서 주로 사회복지사들이 그 주체가 되며, 또한 그 사회복지사를 고용하고 있는 기관이나 조직도 변화매개체계가 될 수 있다. 또한 클라이언트의 변화에 영향을 줄 수 있는 기타의 이윤추구 기관들도 변화매개체계라 볼 수 있다. 변화매개체계는 클라이언트에 대한 계획적 변화를 목적으로 특수하게 고용된 '돕는 사람'과의 체계이다.

(2) 클라이언트체계

클라이언트체계는 서비스를 받기로 동의하는 사람들 혹은 도움을 요청하여 변화매개인인 사회복지사의 서비스를 제공받는 개인, 가족, 집단, 기관이나 지역사회이다. 사회복지사와 계약이 이루어졌을 때 클라이언트가 된다.

(3) 표적체계

표적체계는 변화매개체계가 그들의 목표를 달성하기 위해 영향을 미치거나 변화시킬 대상을 의미한다. 클라이언트체계와 중복될 수도 있으며 그렇지 않을 수도 있다. 표적체계는 대부분이 비자발적인 경우이므로 변화를 도모하기 위해서는 협력을 기반으로 목표를 설정하고 달성하기 위해 노력하여야 한다.

(4) 행동체계

행동체계는 변화매개인이 변화노력을 달성하기 위해 상호작용하는 사람들, 혹은 변화매개인이 문제해결 노력에 참여시키는 사람들로 이웃, 가족, 전문가가 해당된다. 변화매개인은 변화노력 과정에서 단계에 따라 다른 유형의 행동체계와 작업하기도 한다.

3) 콤튼과 갤러웨이(Compton & Galaway)의 6체계 모델

콤튼과 갤러웨이(Compton & Galaway)는 핀커스와 미나한이 제시한 4체계에 전문가체계와 의뢰-응답체계를 추가하여 6체계 모델을 제시하였다. 그러나 1999년 이후 의뢰-응답체계를 제외하여 5체계 모델로 수정하였다. 법원이나 경찰이 강제로 사회복지기관에 의뢰한 경우 의뢰-응답체계로 보았으나 이는 결과적으로 서비스를 요청한 체계이기 때문에 클라이언트체계로 보아도 된다고 하여 의뢰-응답체계를 제외한 것이다.

(1) 전문가체계

전문가체계는 사회복지협의회나 사회복지기관, 그리고 시설협회 등이 포함된다. 전문가 단체, 전문가를 육성하는 교육체계, 전문적 실천의 가치 등도 포함되며, 전문가 체계의 가치와 문화는 변화매개체계인 사회복지사의 행동에 영향을 미치게 되며, 사회복지사는 기관 변화, 사회 변화의 대변가로서 전문체계를 이용한다.

(2) 의뢰 – 응답체계

의뢰 – 응답체계는 잠재적 클라이언트를 사회복지사의 관심 영역으로 끌어들이기 위해 행동하는 체계이다. 클라이언트가 다른 사람의 요청이나 법원, 경찰 등에 의해 강제로 사회복지기관에 오게 된 경우 자발적으로 오게 된 클라이언트 체계와 구별하기 위해 사용된다.

4) 생활모델

생활모델은 저메인과 기터맨(Germain & Gitterman)에 의해 생태체계관점을 사회복지실천 분야에 도입하여 개발되었다.

생활모델이란 사회사업에서 클라이언트와 그를 둘러싼 생활환경의 관계에 중점을 두는 통합적인 접근 방법이다. 생활모델에서는 문제를 생활주기의 변화 또는 환경의 압력 등 스트레스를 유발하는 생활상의 문제로 보고 있다. 생활상의 문제로 파악하기 때문에 개인과 환경 사이의 문제에 실용적으로 접근하는 방법을 사용한다.

생활모델에서의 실천은 다양한 기술과 방법을 활용하는데, 개인과 주변 환경, 그 사이의 적응수준을 향상하는 것을 목적으로 하며, 개인, 가족, 환경 수준 모두 개입의 단위로 여긴다.

또한 클라이언트의 다양성을 있는 그대로 수용하고 존중해야 한다. 사회복지사는 클라이언트를 동등한 위치에서 교류하는 존재로 보고, 클라이언트와 동반자적 관계로서 반드시 감정이입에 기반을 두어야 한다.

생활모델 실천에서 사회복지사는 완벽한 모델로서가 아닌 상황에 맞는 창의적인 대처가 요구된다. 클라이언트의 강점을 주시하고 개발하며, 자연스럽게 클라이언트 개인의 강점을 형성하고, 환경적 장벽을 경감하고자 노력해야 한다.

5) 단일화모델

단일화모델은 골드스타인(Goldstein)이 사회체계모델, 사회학습모델, 문제해결모델, 과정모델을 기초로 하여 체계화한 모델이다. 과정모델의 조사, 평가, 의뢰, 중재, 평가 전략의 측면을 강조하여 사회복지실천과정의 단계에 연계시켰다. 단일화모델에서는 사회복지실천과정을 역할 유도단계, 핵심단계, 종결단계로 구분하였고, 개인, 가족, 지역사회 등의 표적 형태로 구분해 단계와 연결하였다.

단일화모델은 유기체로서의 개인, 역동적인 사회관계, 그리고 양자 상호관계에 초점을 두고, 사회복지사가 자원을 확보·활용하는 능력으로 사회가 변할 수 있음을 강조한다. 또한 사회학습의 촉진, 그리고 강화, 사회의 변화를 목적으로 하는 모델이다.

6) 역량강화모델(임파워먼트모델, 권한부여모델)

역량강화모델은 클라이언트의 문제에 대한 관심보다는 해결점을 발견하고 강점을 강화시키는 데 초점을 두며, 클라이언트를 독특한 존재로서 그 다양성을 존중하여 클라이언트의 역량을 실현해 나가도록 돕는 것이다.

역량이란 인간체계의 구성원을 돌보는 기능을 수행할 수 있으며, 다른 체계와 효율적으로 상호작용하고 사회적·물리적 환경의 자원체계에 기여할 수 있는 능력이다.

강점관점은 문제로부터 도전으로, 병리로부터 강점으로, 과거로부터 미래를 지향하는 것으로 변화한다. 강점관점이 병리적 관점과 다른 가장 분명한 점은 개인을 문제를 가진 존재로 보기보다는 강점과 자원을 가지고 있는 존재로 보는 것이다.

역량강화모델은 개인의 안녕감이 지역사회의 자원과 비공식적 지지에 의해 대부분 결정된다고 가정한다. 더 나아가 이 모델은 삶의 질 향상을 위해 클라이언트가 원하는 자원에 대한 권리를 가질 수 있도록 옹호한다. 이러한 이유에서 비공식적 체계와 지역사회는 클라이언트를 도울 수 있는 풍부한 잠재적 자원을 가지고 있는 것이다.

웨이크(Weick)는 모든 사람에게는 자연적인 힘이 있어서 사회복지사가 이 잠재력을 지지하면 긍정적인 성장을 위한 가능성이 강화된다고 보았고, 말루치오(Maluccio)는 인간을 잠재력과 자기실현을 지향하는 존재로 보았다.

이러한 인본주의적 관점은 사회복지사가 인간의 잠재적 자원, 강점, 창조성 같은 다중잠재력을 인정하는 기반을 형성하는 것이다. 강점관점은 인간의 존엄성과 사회 정의를 실천하고자 하는 사회복지실천의 기본적인 가치와 맥을 같이한다.

역량강화모델은 개인 및 커뮤니티의 역량과 자기결정권을 강화하는 데 중요한 역할을 한다. 이 모델은 사회복지, 교육, 정신건강, 여성의 권리 등 다양한 분야에서 적용되며, 이러한 다양한 개념 정의에서 나타나는 공통점은 개인의 변화를 집단이나 사회적 차원으로 연계시키는 과정을 강조하고, 환경의 변화를 강조하고 있다. 학자들에 의하면 역량강화의 개념은 개인적 변화수준, 지역사회 변화수준, 그리고 조직적 변화수준 등으로 다양하게 설명되고 있다.

따라서 역량강화는 다른 사람들에 대한 통제력, 권위, 영향력의 소유일 뿐만 아니라 스스로의 삶에 대한 통제력을 얻는 것이라고 볼 수 있다.

KEY POINT

사회복지실천의 3대 방법론(전통적 방법론)

① 개별사회사업(case work)
② 집단사회사업(group work)
③ 지역사회조직사업(community organization)

통합적 접근의 등장배경

① 전통적 방법론의 한계(주로 특정 문제를 중심으로 개입)
② 지나친 분화와 전문화로 서비스의 파편화 초래
③ 공통기반이 없는 분화와 전문화로 영역 사이에 의사소통 혼란 초래

통합적 접근의 정의

개인과 집단, 지역사회를 구분하지 않고 방법을 총괄하여 개입하는 실천방법

통합적 접근의 특징

① 방법론 간 공통된 기반 강조
② 인간과 환경 두 체계의 공유영역에 개입
③ 이론과 개입에 개방적 선택
④ 클라이언트에 대한 강점관점
⑤ 미래지향적 관점 취함
⑥ 클라이언트의 존엄성 인정
⑦ 생태체계적 관점 취함 등

환경 속의 인간 관점

인간행동을 이해할 때 인간의 심리 내적인 특성+환경과 상황까지 모두 고려함

환경 속의 인간 관점을 반영한 사회복지실천 내용

① 개인이 경험하는 문제는 개인의 요소와 환경적 요소의 결합으로 봄
② 문제해결 방안을 개인의 변화와 함께 주변 환경의 변화에서도 찾음
③ 문제해결 방안을 주변 사회환경의 변화 및 개선에서도 찾아야 함

일반체계이론의 주요 내용

① 유기체와 환경 간의 상호작용이다.
② 체계 간 상호 작용을 관찰함으로써 경계의 성격을 알 수 있다.
③ 외부의 에너지가 투입되지 않으면 엔트로피 상태가 된다.
④ 환류는 체계의 변화방향을 설정하고 조정하는 핵심 과정이다.
⑤ 새로운 행위를 받아들여 일탈 확장의 역할을 하는 것은 정적 환류이다.
⑥ 폐쇄체계는 투과성이 낮은 경계가 된다.

일반체계이론의 주요 개념

체계, 경계, 개방 · 폐쇄체계, 홀론, 항상성, 안정상태, 균형, 동 · 다중귀결성

브론펜브레너(Bronfenbrenner)의 생태체계이론

① 미시체계 : 개인의 일상생활에 존재하는 실제적인 환경
② 중간체계 : 미시체계 간의 상호작용이 이루어지는 영역
③ 외부체계 : 개인이 간접적인 영향을 미치고 있는 환경
④ 거시체계 : 개인이 속한 문화적 특유의 이념과 제도의 형태
⑤ 시간체계 : 전 생애에 걸쳐 일어나는 변화와 사회 역사적 환경

브론펜브레너(Bronfenbrenner) 5체계 그림

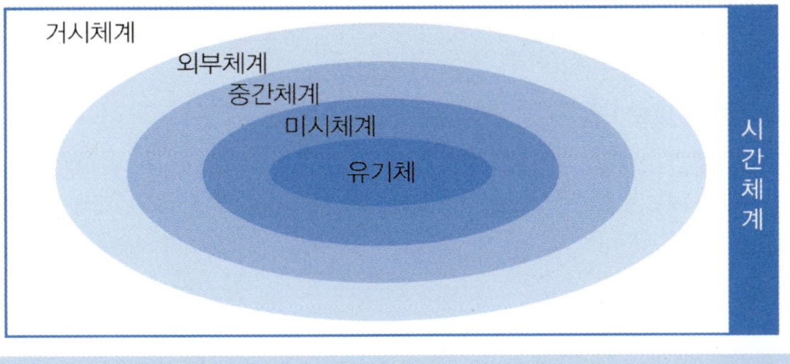

생태체계관점에 관한 기본 내용

① 유기체와 환경 요소들이 영향을 주고받으며 성장하는 과정을 설명
② 생태학과 일반체계론이 결합된 관점
③ 상호관련성을 전체성, 상호성, 개방성의 개념으로 설명하는 이론
④ 개인, 가족, 집단을 체계로 봄
⑤ 체계의 속성과 체계 내부에서 이루어지는 상호작용 특성을 파악

생태체계관점을 이해하는 주요 개념

적응, 적응 적합성, 스트레스, 대처, 생활영역, 거주환경

핀커스와 미나한의 사회복지실천 체계

변화매개체계, 클라이언트체계, 표적체계, 행동체계

콤튼과 갤러웨이의 사회복지실천 체계

핀커스와 미나한의 4체계+전문가체계(5체계)+의뢰-응답체계(6체계)

강점관점

① 모든 인간은 자신의 삶의 질을 향상시키는 데 필요한 강점을 이미 소유
② 문제를 해결할 수 있는 능력과 힘을 갖고 있음

권한부여(=역량강화, 임파워먼트)

자신이 처한 상황을 개선하기 위한 행동을 취할 수 있도록 개인적, 대인관계적, 정치적으로 힘을 키우는 과정

역량강화모델의 3단계

① 대화단계(알아가기)
② 발견단계(파악하고 계획 세우기)
③ 발전단계(계획을 실행하고 성공을 만들어 내기)

CHAPTER

07

사회복지실천과 관계

제1절 사회복지실천과 관계형성

제2절 관계형성의 구성요소

제3절 관계형성의 방해요인

CHAPTER

07 사회복지실천과 관계

제 1 절 사회복지실천과 관계형성

사회복지실천에서의 관계란 사회복지사와 클라이언트 사이에 보다 나은 적응을 위해 협력, 협상하는 것뿐만 아니라 개인, 가족, 집단, 지역사회의 자원을 적절히 동원하고 활용할 수 있도록 돕는 활동의 총체로 볼 수 있다.

따라서 사회복지실천에서 관계는 사회복지사와 클라이언트 두 사람 간의 태도와 감정의 상호작용으로 생기는 산물로 라포(rapport)라고 표현한다. 사회복지실천에서 라포형성은 중요한 개념이다. 라포가 형성되어 편안하고 따뜻한 분위기에서 클라이언트는 마음을 쉽게 열고 이를 통해 사회복지사와 클라이언트는 목적을 향해 협동적인 노력을 한다.

사회복지실천에서 관계형성은 사회복지사에게 요구되는 가장 기본적이고 중요한 자질이며, 클라이언트를 원조하는 최종 결과를 결정짓는 중요한 요소이다. 사회복지실천 관계는 전문성, 시간 제한성, 의도적인 목적성, 권위성 등의 특징을 가진다.

1. 관계형성에 대한 이해

인간이 다른 사람들과 좋은 관계를 형성하고 이를 즐기는 것은 타고난 성품이나 성향이 아니라, 습득할 수 있는 기술을 소유했을 때 가능하다고 본다.

관계는 인간의 삶 속에서 기쁨과 슬픔을 느끼도록 하는 중요한 요소 중의 하나지만, 어느 누구도 특정 관계가 행복을 줄지, 혹은 고통을 줄지는 장담할 수 없는 문제이다.

이러한 불확실한 인간관계에서 관계형성은 자기 자신과 다른 사람들의 만족도를 극대화하고, 그 속에서의 불행과 고통을 줄이기 위한 기술을 습득·유지하도록 해준다. 대부분의 사람들은 특정 상황에서 어떻게 반응할지에 대한 일정한 반응양식을 가지고 있다.

그 기술은 생각, 느낌, 행동 등 모든 부분을 포함하고 있고, 자기 자신에 대한 확신을 강화하고, 다른 사람들과의 관계 속에서 보다 강한 신뢰성을 얻을 수 있도록 해준다.

클라이언트가 관계 기술을 습득할 수 있도록 구조적으로 훈련시키기 위해서는 먼저 클라이언트의 관계형성이 어떤 수준에 있는지 명확하게 파악한 다음, 이를 개선하기 위해 어떤 기술이 필요한지 제시하는 단계가 우선되어야 한다.

넬슨 존스(Nelson Jones)는 클라이언트가 잘못된 관계형성을 하고 있는 것에 대해, 침묵하는 것이 더 좋지 않은 상황으로 내모는 일이라고 경고하면서, 이러한 부정적인 관계형성을 파악하고 개선을 위한 책망과 꾸짖음이 뒤따라야 한다고 주장하였다.

2. 사회복지실천에서 관계형성의 중요성

사회복지실천에서의 관계는 사회복지사와 클라이언트의 전문적 관계를 주로 다룬다. 관계란 공통의 이해관계를 지닌 두 사람 간에 정기적 또는 일시적으로 감정의 상호작용이 일어나는 조건이다.

이는 지적이라기보다는 정서적인 유대관계를 갖는 측면이 강하다. 사회복지실천에서의 관계는 클라이언트와 사회복지사의 태도, 감정 등의 역동적 상호작용을 말하며, 사회복지사와 클라이언트 간에 한정하여 클라이언트가 도움을 요청하고 사회복지사가 도움을 제공하는 통제적 관계이다.

3. 관계 이론가들의 정의

사회복지실천가들은 관계를 개념화하고, 바람직한 관계를 제시하고자 노력해 왔다. 관계의 개념을 학자들은 다음과 같이 정의하고 있다.

① **펄만**(Perlman)

관계를 타인에 대한 개인의 감정적, 혹은 정서적 결속이라고 하였으며, 구체적인 목적을 위하여 형성되고, 시간 제한적이며, 통제적인 속성을 지니고 있다.

② **비에스텍**(Biestek)

클라이언트와 사회복지사 간에, 혹은 사회자원들과의 교류를 가능하게 하는 연결통로로서, 클라이언트와 그를 둘러싸고 있는 환경 간의 보다 나은 적응을 가져오도록, 개인의 능력과 지역사회 자원을 적절히 동원하고 활용할 수 있도록 돕는 목적을 가지고 있다.

③ **핀커스와 미나한**(Pincus & Minahan)

사회복지사와 그가 관계하는 다른 체계들 간의 정서적인 유대로 볼 수 있으며, 이들 관계에는 협력, 협상, 또는 갈등의 분위기가 포함될 수 있다.

④ **노던**(Northern)

인간의 행동이 각기 다른 정서적인 반응을 불러일으키는 것처럼 관계란 일차적으로 한 사람으로부터 다른 사람에게로 흘러가는 감정적인 반응으로 구성되어 있다.

학자들의 정의와 같이 사회복지실천에서의 관계는 사회복지사와 클라이언트 간의 상호작용의 산물이며, 좋은 관계로 발전시켜 이것을 적극 활용하는 과정이다.

또한 생태체계관점이 사회복지실천에 도입됨에 따라 관계는 보다 포괄적인 개념으로 받아들여지게 되었으며, 체계들 간에 발생하는 상호작용과 교류가 강조되었다.

4. 사회복지실천에서 관계의 목적

목표지향적인 사람은 서로 합의된 명확한 목적이 있는데, 여기서 목적이란 클라이언트의 보다 나은 적응, 그리고 문제해결을 위한 원조를 의미한다. 시간제한적으로 클라이언트와 구체적으로 한정된 기간을 갖고 관계를 맺는데, 목적이 달성되었거나 달성될 수 없다고 생각될 때 관계는 종결된다.

관계의 목적은 클라이언트가 환경에 좀 더 잘 적응할 수 있도록 돕는 것이다. 또한 사회복지사와 클라이언트의 관계는 특별히 자발적인 클라이언트를 돕는 과정을 촉진하는 매개물이다.

관계의 질은 사회복지사의 영향, 개입에 대한 클라이언트의 수용 정도, 클라이언트를 돕는 과정의 최종 결과를 결정한다. 즉, 사회복지사와 맺은 원조관계는 많은 클라이언트에게 긍정적인 변화의 원인이 된다.

5. 사회복지실천에서 전문적 관계의 특성

전문적 관계는 클라이언트의 문제 해결, 그리고 적응이라는 분명한 목적을 가지고 제한된 시간 동안 이루어지는 특수한 관계이다. 클라이언트와의 상호작용에 의해 형성되고 유지될 수 있으나, 일반적인 인간관계와는 달리 클라이언트는 도움을 요청하고 사회복지사는 전문가로서 도움을 주는 관계이다.

전문가인 사회복지사는 관계의 전반적인 과정에 대한 전문적인 책임을 가지게 된다.

1) 의도적인 목적을 가진다 : 의도적 목적성

클라이언트와 사회복지사는 서로 합의한 목적을 바탕으로 사회복지실천 안에서 관계를 형성한다. 합의된 목적은 좀 더 나은 적응 및 문제해결을 위한 원조이다.

2) 전문적인 관계는 시간 제한적 활동이다 : 시간제한성

사회복지사는 클라이언트와 제한된 시간을 가지고 관계를 맺는다. 목표가 달성되면 특별한 관계는 종결된다. 전문적 원조관계에 시간제한을 두어야 하는 이유는 시간제한을 두면 역량이 최대한 효율적으로 발휘되기 때문이다.

3) 전문적 관계는 클라이언트를 위한 것이다 : 클라이언트에 대한 사회복지사의 헌신

클라이언트의 욕구를 중심으로 관계를 맺는다. 사회복지사는 자신의 이익보다 클라이언트의 이익을 위해 헌신해야 한다. 따라서 사회복지사는 타인의 욕구에 민감할 수 있도록 객관성과 자기인식에 기초한 관계를 형성할 필요가 있다.

4) 전문적 관계는 통제된 관계이다 : 통제된 관계

사회복지사가 자신과 원조방식을 통제함을 의미하는 것으로 효과적이고 효율적으로 원조하기 위해 원조자 자신과 원조의 내용 및 방법을 통제하는 것이다. 사회복지사는 클라이언트의 문제를 해결함에 있어 객관성을 유지하고, 자기 자신의 감정, 믿음, 충동을 자각하고, 그 책임을 진다는 의미에서 통제적 관계라 할 수 있다.

5) 전문적 관계는 권위를 지닌다 : 권위성

사회복지사는 특화된 지식과 기술 그리고 전문직 윤리강령에서 비롯되는 권위를 지닌다는 의미이다. 전문가의 권위에는 지식과 전문성, 그리고 그에 수반되는 책임까지도 포함된다.

제 2 절 관계형성의 구성요소

사회복지실천에서 사회복지사와 클라이언트 간에는 합의된 목적이 있고 시간적 제한이 있다. 사회복지사와 클라이언트 관계에서는 서로 간의 노력이 필요하며, 클라이언트는 자신의 욕구 충족, 상황에 대한 이해, 성장과 변화를 위한 능력을 발휘하도록 노력해야 한다.

사회복지사는 실천과정에서 전문적인 지식과 기술, 그리고 가치를 클라이언트의 상호작용에 적용시킬 수 있어야 한다.

또한 클라이언트의 상황을 이해하고 강점에 초점을 맞추며, 성장과 변화를 촉진하는 기술을 동원할 수 있어야 한다. 사회복지사는 전문적인 관계와 클라이언트의 이익을 위해 헌신하고, 전문적 지식과 기술에서 나온 권위를 지니며, 전문직의 가치와 윤리강령을 이해해야 한다.

1. 전문적 관계형성의 기본적 요소

사회복지사와 클라이언트의 관계는 목적을 가지고 관계가 이루어지는 전문적 관계이다. 사회복지사는 전문적 지식을 기반으로 클라이언트의 문제해결, 그리고 적응을 도와야 하며, 클라이언트의 관점에서 출발해야 한다.

전문적 관계형성의 기본적 요소로는 타인에 관한 관심과 원조의지, 헌신과 의무, 권위와 권한, 진실성과 일치성, 수용성, 정서적 관계, 감정이입, 구체성, 직접성, 자기노출, 자아인식, 전문가로서의 사회복지사의 자질 등으로 구분되는데, 그 내용은 다음과 같다.

1) 타인에 관한 관심과 원조의지

이는 클라이언트에게 일어난 일에 대해 진실한 관심을 가지고 클라이언트가 느끼는 감정에 대해 교류할 수 있어야 함을 의미한다. 클라이언트에 대한 관심이란 책임감, 그리고 타인에 대한 이해 등을 포함하며, 클라이언트의 삶과 욕구에 대한 조건 없는 긍정적 인정을 의미한다.

클라이언트를 도우려는 원조의지는 원조관계에서 필수적인 자질인데, 클라이언트가 자신의 삶을 스스로 선택하고 통제할 수 있는 능력을 향상시킬 수 있도록 원조하는 자세나 태도이다.

2) 헌신과 의무

전문적인 관계에서 헌신과 의무란 원조과정에서의 책임감을 의미하는 것이다. 이는 일관성을 포함하는 개념으로, 사회복지사뿐만 아니라 클라이언트도 관계에 대한 헌신과 의무를 가져야 한다.

사회복지사와 클라이언트가 함께 관계의 목적과 조건을 위해, 그리고 상호의 존적인 교류관계를 위해 헌신을 다할 때, 클라이언트는 안전하다는 느낌을 가진다. 사회복지사의 헌신과 의무는 관계를 맺을 때 필수적인 절차상의 조건들을 유지시키는 것이다. 예를 들면, 시간약속을 지키는 것, 클라이언트의 문제에 대한 초점을 유지하는 것, 성장과 변화를 가져오는 관계를 유지하는 것 등이다.

클라이언트의 헌신과 의무는 자신의 문제에 대해 정직하고, 개방적으로 제시하고, 전문적 관계에서 요구되는 시간 약속을 지키는 것이다.

3) 권위와 권한

권위는 사회복지사가 전문적 지식과 경험을 갖추고 지위를 얻음으로써 클라이언트에게 영향력을 행사하는 것이다. 또한 클라이언트와 기관에 의해 사회복지사에게 위임된 권한을 말하는 것이다.

사회복지사는 전문적 지식과 경험을 보유하고 일정한 지위에 있음으로써, 영향을 미칠 수 있는 권한을 가지게 된다.

제도적 측면의 권위는 사회복지기관 내에서 사회복지사의 위치와 기능으로부터 비롯된 권위이다.

심리적 측면에서의 권위는 전문가인 사회복지사에게 정보와 조언을 구함으로써 클라이언트가 사회복지사에게 부여하는 권위이다.

4) 진실성과 일치성

전문적 관계에서 진실성이란 클라이언트와의 관계 속에서 실제적이고 순수해질 수 있는 능력을 의미하는 것으로, 사실적으로 가슴으로부터 말하는 것이다.

전문적 관계에서 일치성은 사회복지사가 클라이언트와 관계형성 시 일관성 있고 정직한 개방성을 유지하며, 대화의 내용과 행동이 항상 일치하면서도 전문가로서의 자아와 가치체계에 부합하여야 함을 의미한다.

사회복지사는 자신에 대한 정직한 지식, 기관의 절차와 정책, 그리고 전문직의 역할에 관한 명확한 지식, 그리고 케이스워크 관계에 요구되는 제반 요소의 내면화 등이 필요하다.

5) 수용성

관계의 기초가 가치에 대한 개인의 권리를 수용하는 것이며, 이런 개인의 가치에 대한 권리를 받아들이는 것을 의미한다. 수용의 대상은 잘하거나 잘못한 것이 아니라, 바로 사실 그 자체를 있는 그대로의 개인으로 받아들이는 것이다.

수용은 클라이언트가 사회복지사와 나누고 싶어 하는 느낌, 자세, 혹은 행동에 대한 중립적인 책임을 내포한다. 수용이 클라이언트의 잘못된 행동에 동의하거나, 너그러이 봐주거나, 그 책임을 면제시켜 주는 것 등을 포함하는 것은 아니다.

6) 정서적 관계

관계형성 초기에는 언어보다는 비언어적, 그리고 정서적 상호작용이 가장 빈번하게 일어나기 때문에 정서적 관계가 특히 중요하다. 정서적 관계는 클라이언트가 자신의 문제에 대해 공감을 얻고자 하는 욕구에 기초한다.

클라이언트의 감정에 대한 사회복지사의 민감성과 그 감정들이 의미하는 것에 대한 이해, 그리고 클라이언트의 감정에 대한 의도적이고 적절한 반응으로 대하는 것이 중요하다.

7) 감정이입(공감)

전문적 관계에서 감정이입이란 다른 대상이 가진 어떤 측면을 받아들이는 능력이고, 다른 사람의 감정을 깊이 느낄 수 있는 능력이며, 동시에 그 감정에서 분리되어 객관적 지식을 활용할 수 있는 능력이다.

또한 적극적으로 경청하고 지속적으로 주의를 기울이며, 비언어적 표현에 대한 민감성이 필요하다. 감정이입은 클라이언트의 관점에서 그의 경험을 나누며 감정을 파악하는 것이다.

공감의 능력은 클라이언트의 감정, 포부, 가치, 신념, 지각을 정확하고 민감하게 감지하는 능력, 그리고 이러한 워커의 이해를 클라이언트에게 충분히 의사소통을 통해 전달할 수 있는 능력의 표현을 의미한다.

8) 구체성

클라이언트가 자신의 행동이나 감정 등을 자신의 방법으로 표현할 수 있도록 돕는 능력이다. 구체성이란 클라이언트로 하여금 그의 행동, 사고, 감정을 그 자신의 독자적인 방법으로 정확하게 묘사 내지 표현할 수 있게 도와줄 수 있는 능력이다.

9) 직접성

사회복지사와 클라이언트가 서로 간의 상호작용에 대한 감정이나 경험의 차이를 이해하고, 표현하고, 피드백하는 능력이다.

직접성은 사회복지사와 클라이언트가 현재 일어나고 있는 상호작용 속에서 당면하고 경험하는 행동, 감정, 사고에 있어서 현실을 정확히 묘사하고, 명확히 하며, 또한 진지하게 토의하면서 바로 그 장면에서 그러한 현실을 직접 수정할 수 있는 능력이다.

10) 자기노출

사회복지사가 클라이언트의 문제와 관련하여 자신의 경험을 이야기하는 것을 말한다. 즉, 자기노출은 사회복지사가 도움의 상황에서 적절하다고 생각되는 자신의 경험을 클라이언트와 함께 나눌 수 있는 능력이다.

공감을 형성하거나 롤 모델과 같은 기능을 할 수도 있지만, 사회복지사로서의 전문성을 지킬 수 있는 선에서 자기노출이 이루어져야 한다.

자기노출에는 두 가지 형태가 있다. 첫째는 감정을 표현하는 것이고, 둘째는 자신의 경험을 이야기하는 것이다. 사회복지사의 자기노출은 양자 효과에 의해 클라이언트의 자기노출을 유도할 수 있다.

11) 자아인식

전문가로서 자아인식이란 자신과 자신의 목표에 관하여 깊이 숙고하고, 자기 자신을 믿고 존중하며, 그러면서도 한발 물러서서 자신의 복잡한 원조 활동의 중요한 한 부분으로 관찰할 수 있는 능력을 말한다.

자아인식을 얻기 위해서는 자아성장의 투철한 동기를 가지고 목적적인 인간관계의 경험들을 통해서 첫째, 자기 자신과 자신의 욕구에 대한 인식, 둘째, 자기 자신 내의 여러 성격 유형들을 처리할 수 있는 능력, 셋째, 사실을 정확히 인식하고 솔직한 관계를 형성하기 위하여 자신의 능력의 한계성으로부터 탈피할 수 있는 능력을 길러야 한다.

사회복지사는 클라이언트와의 좋은 관계형성과 발전적 변화를 이루기 위해 자아의 활용에 의존하므로 자신의 자아인식이 기본 전제조건이 된다.

12) 전문가로서 사회복지사의 자질

사회복지사는 성숙함과 창조성을 가지고 자기 스스로 관찰능력을 갖추어 용기를 가지고 민감하게 클라이언트의 마음을 읽을 수 있는 능력을 갖추어야 한다.

첫째, 성숙함은 변화와 성장에 대해 두려움 없이 수용하고, 그 과정에서 자신을 성장하며 발전하는 인간으로 키워가는 것이다.

둘째, 창조성은 클라이언트의 문제 상황에 대한 해결책에 대해 개방성을 유지하며, 최선의 해결책을 찾기 위해 자신을 개방하는 것이다.

셋째, 자기를 관찰하는 능력으로 자신의 목표에 관해 신중히 생각하고, 자신을 신뢰하며, 자신을 복잡한 개입활동의 한 부분으로 관찰할 수 있는 능력이다.

넷째, 용기로 실패나 어려운 상황에 휘말리는 일, 통제할 수 없는 상황에 감정적으로 비난 또는 학대받는 일, 예측할 수 없는 상황에 계속적으로 연관되는 일, 신체적으로 위협받는 일 등을 받아들일 힘을 말한다.

다섯째, 민감성으로 특정한 단서 없이도 클라이언트의 내면세계를 느끼고 감지할 수 있는 능력으로 사회복지사가 새로운 상황에 대한 개방성과 변화에 대한 준비 자세를 갖추고 있는지와 밀접하게 관련되어 있다.

2. 관계형성의 기본 원칙(7대 원칙)

비에스텍(Biestek)은 사회복지실천에서 관계를 사회복지사와 클라이언트 간의 감정과 태도의 역동적인 상호작용이라고 하였다. 또한 그는 관계의 목적을 심리사회적인 욕구와 문제를 가진 클라이언트를 원조하는 것에 있다고 하였다.

이러한 기본적 감정이나 태도에 대한 비에스텍의 관계론은 개별화, 의도적 감정표현, 통제된 정서적 관여, 수용, 비심판적 태도, 클라이언트의 자기결정, 비밀보장 등의 7대 원칙이 있다.

1) 개별화(Individualization)

개별화는 클라이언트 개개인의 독특한 특성을 알고 이해하는 일이며, 보다 나은 적응을 위한 원조에 상이한 원리나 방법을 활용하는 것이다. 클라이언트를 대하는 사회복지사는 인간에 대한 편견이나 선입관에서 탈피하고, 인간행동, 그리고 발달에 대한 지식을 가지고 활용할 수 있어야 한다.

클라이언트의 말과 행동에 대해서 자세하게 듣고 관찰할 수 있는 능력이 있어야 하며, 클라이언트의 미묘한 감정을 통찰할 뿐만 아니라, 클라이언트의 개성과 상황에 따라 원칙을 융통성 있게 적용할 수 있어야 한다.

개별화를 위해 클라이언트의 성별이나 직업, 나이에 따라 면접시간을 조정하며, 약속시간을 준수해야 한다. 또한 면접을 위한 사전준비를 철저히 하여 클라이언트를 위한 개별 환경 등 비밀이 존중된다는 안도감과 신뢰감을 줄 수 있어야 한다.

2) 의도적 감정표현(Purposeful Expression of Feelings)

감정을 표현하고 싶은 클라이언트의 욕구를 인식하여 그 감정을 자유롭게 표현하도록 도와주는 것이다. 이는 클라이언트가 자신이 비난받게 될지도 모른다는 감정을 자유롭게 표현하도록 돕는 것이다.

이 원칙과 관련된 욕구는 클라이언트 자신의 감정, 특히 부정적인 감정을 자유롭게 표현하고자 하는 욕구와 연계된다. 이를 위해 클라이언트를 격려·촉진시키고, 그 결과 클라이언트는 스트레스나 긴장이 완화되어 문제를 분명하고 객관적으로 보게 된다.

따라서 사회복지사는 클라이언트로 하여금 자유롭게 자신의 의사와 감정을 표현할 수 있도록, 안정적이고 따뜻한 분위기를 만들어야 한다.

특히 클라이언트의 감정표현을 비난하거나 평가해서는 안 되며, 인내심을 가지고 경청해야 한다. 의도적 감정표현에서 사회복지사의 역할은 클라이언트가 편안함을 느끼게 해주는 것이다.

3) 통제된 정서적 관여(Controlled Emotion Response)

클라이언트의 감정에 민감성을 가지며, 그 의미에 대해 이해하고 클라이언트 감정에 대한 의도적이고 적절한 반응을 하는 것이다. 관여는 클라이언트의 감정에 대한 사회복지사의 민감성, 이에 대한 감정이입적 이해, 그리고 적절한 반응으로 이루어지며, 원조 목적에 맞게 통제되고 조정되어야 한다.

통제된 정서적 관여는 클라이언트의 감정에 대한 것으로 우선 클라이언트가 갖는 감정의 의미를 이해해야 한다. 또한 클라이언트의 감정에 대한 의도적이고 적절한 반응(개별화)이 필요하다.

4) 수용(Acceptance)

수용은 클라이언트를 있는 그대로 인식하고 대하는 것이다. 수용의 대상은 좋은 것이 아니라 있는 그대로의 것이다. 수용은 클라이언트가 가치 있는 인간으로 인정받고 싶어 한다는 욕구에 반응하는 것이다.

수용의 목적은 클라이언트를 돕는 것이다. 클라이언트는 수용된다는 경험을 통하여 있는 그대로의 자신을 표현하고 안정감을 느끼게 된다.

클라이언트가 스스로 방어하지 않고 자신을 드러냄으로써, 자신의 문제를 더욱 현실적으로 다룰 수 있도록 돕는 것이다.

수용은 행동으로 표출한 감정을 허용하는 것이지 그 행동을 인정하는 것은 아니다. 사회복지사는 윤리와 법, 그리고 전문적 가치에 의해 바람직한 것과 수용할 수 있는 것에 대한 기준을 가져야 한다.

또한 사회복지사가 수용 원칙을 적용할 때 인간행동 양식에 대한 지식의 부족, 감정 조절의 문제, 편견과 선입견, 수용과 허용의 혼동, 클라이언트에 대한 존경심 결여 등은 심각한 장애요인이 될 수 있다.

5) 비심판적 태도(Nonjudgemental Attitude)

비심판적 태도란 문제의 원인이 클라이언트의 잘못인지 아닌지, 혹은 클라이언트에게 책임이 있는지 등을 심판하지 않고, 클라이언트의 특성, 그리고 가치관을 비난하지 않는다는 원칙이다.

비심판적 태도의 원칙은 심판받지 않으려는 인간의 욕구를 기반으로 한다. 클라이언트는 대체로 사회복지사의 심판적 판단을 두려워한다. 특히 죄책감, 열등감, 고독감이 있는 경우 극도로 민감하다. 클라이언트에 대해 비심판적 태도를 견지하면 관계형성에 도움이 된다.

비심판적 태도는 클라이언트의 억압된 감정을 풀어주어 클라이언트는 자신에게 충실해지며, 분열된 자아를 재통합하려는 건설적인 힘이 강화된다. 비심판적 태도는 클라이언트를 판단하기 위한 것이 아니라 이해하기 위한 것이다.

비심판적 태도의 장애요인은 편견이나 선입견, 성급한 확신, 다른 사람과의 비교, 유형화하려는 태도 등이다.

6) 클라이언트의 자기결정(Self-determination)

사회복지실천과정에서 스스로 선택하고 결정할 자유에 대한 클라이언트의 권리와 욕구를 인정하여, 모든 의사결정 과정에 스스로 참여해 선택하고 결정하는 자유를 누리게 하는 것이다. 인간은 자신의 삶에 대해 스스로 선택하고 결정하고 싶어 한다.

따라서 클라이언트가 나아갈 방향을 결정하려는 것을 존중하고, 그 욕구를 결정하는 잠재적 힘(강점)을 자극하면, 클라이언트는 자신에 내재한 자원을 발견하고 활용할 수 있다는 원리이다.

클라이언트의 자기결정 원칙의 적용 시 유의사항은 다음과 같다.

① 사회복지사는 문제해결의 주도권이 클라이언트에게 있음을 강조하고 경청하고 수용하는 태도를 보인다.

② 클라이언트의 사회적·정서적 생활에 지나치게 관여하지 않는다.

③ 클라이언트를 조종하거나 강제로 설득하지 않는다.

④ 법률에 따라 제한되는 경우를 제외하고, 최대한 존중되어야 한다.

⑤ 클라이언트에게 결정의 모든 것을 맡기는 것이 아니라, 문제를 해결할 수 있는 다양한 방법을 제시하고, 함께 대안을 모색하며, 클라이언트가 선택할 수 있도록 돕는다.

7) 비밀보장(Confidentiality)

사회복지사가 클라이언트와의 전문적 관계에서 신뢰를 바탕으로 얻은 정보를 클라이언트의 동의 없이 제3자에게 누설하지 않는다는 원칙이다. 비밀보장의 원칙은 사회복지실천에서 가장 기본적인 원칙이자 사회복지사의 윤리적 의무이다.

클라이언트는 자신과 관련한 비밀을 보장받고 싶어 한다. 비밀보장의 원칙이 적용되면 클라이언트는 원조관계, 그리고 원조과정에 신뢰감을 갖게 되어 적극적으로 참여하게 된다. 또한 클라이언트가 자기방어기제를 사용하여 자신을 왜곡하는 현상을 줄일 수 있어 사회복지사와 클라이언트 간에 의사소통이 활발해진다.

비밀보장 원칙의 한계는 다음과 같다.

첫째, 클라이언트의 여러 가지 문제에 대한 적절한 서비스를 전달하기 위해 기관 내·외의 다른 전문가와 필요한 정보를 공유하기 쉽지 않다.

둘째, 학생이나 초심자의 경우 지도감독을 위해 슈퍼바이저에게 적절히 보고하지 못하는 경우가 있다.

셋째, 기관에 보관하는 기록이나 동료들과의 사례회의에서도 비밀보장의 원칙은 지켜지기 어렵다.

넷째, 타인이나 클라이언트 자신의 생명을 위협하는 경우 생명의 보호가 우선되므로 비밀보장의 원칙은 유보될 수밖에 없다.

제 3 절 관계형성의 방해요인

사회복지사와 클라이언트의 관계는 변화의 중요한 도구이다. 따라서 이 양자 간 관계에서의 문제점은 변화를 방해할 뿐 아니라 관계를 단절하여 도중에 사회복지개입을 중단시키기도 한다. 일반적으로 변화를 방해하는 관계와 이때 다루어지는 기술은 다음과 같다.

1. 클라이언트의 불신

클라이언트의 불신은 대부분 사회복지사와의 관계 이전의 중요한 다른 관계로부터 유래된다.

살아온 과정에서 격려와 인정을 받아보지 못한 사람은 사회복지사를 신뢰하고 그에게 의지하는 것이 쉽기 때문에 비난, 거부, 상처를 미리 예상하여 방어적 태도를 보이게 된다. 이런 상황에서는 자기노출은 어려워지고 더 이상의 변화는 기대할 수 없다.

2. 클라이언트의 전이

클라이언트의 반응이 현실 반응과 동떨어져 있는 경우로 클라이언트의 전이 행동이나 표현이 비현실적임을 알려주고, 현실적인 관점을 가질 수 있도록 돕는 것이다.

또한 사회복지사에 대한 감정을 과거에 다른 사람에게도 느낀 적이 있는지 알아보고 그 유래에 대해 클라이언트가 깨닫도록 도와준다.

3. 사회복지사의 역전이

사회복지사 자신이 감정의 기원에 관심을 갖고, 클라이언트와 현실적인 관계를 갖도록 노력해야 한다.

그러나 역전이로 인해 클라이언트에게 부정적인 영향을 계속 미쳐 관계를 지속할 수 없을 경우에는, 클라이언트에게 사회복지사 자신의 문제로 인해 관계를 지속할 수 없음을 알리고 다른 사회복지사를 연결해 주어야 한다.

4. 긍정적 재해석

재명명기법과 유사한 것으로 클라이언트의 부정적이고 바람직하지 못한 감정들에 대해서 사회복지사가 긍정적인 의미를 부여하는 것이다. 이 기법의 목적은 클라이언트의 자기방어를 줄이고 손상되기 쉬운 자존심을 보호하고자 하는 것이다.

5. 문제를 성장의 기회로 재규정

문제를 성장의 기회로 재규정하는 것은 분명 변화되어야 하는 것임은 틀림이 없지만 지나치게 부정적으로만 볼 것이 아니라 이것을 성장과 도전의 기회로 인식하게 하는 것이다.

이 기법은 두려워하고 불안해하는 클라이언트에게 문제에 대한 낙관적인 관점을 제공해 주며, 아무리 어려운 상황도 생각하기 나름이라는 좀 더 확대된 시각을 제공해 준다.

6. 직면하기

클라이언트와의 충분한 신뢰관계가 형성된 후 진행하는 것이다. 클라이언트의 변화를 직접적으로 방해하는 부정적인 감정, 생각, 행동 등을 인식하도록 돕는 것으로 매우 직접적인 방법이다.

클라이언트가 자신의 모순을 발견하지 못할 때 직면은 효과적이나, 클라이언트가 받아들일 준비가 되어 있지 않은 상태에서 하게 되면 오히려 역효과가 나타나기 쉽다. 따라서 사회복지사는 모순된 양상에 대해 클라이언트가 스스로 생각해 보도록 돕는 것이 필요하다. 사회복지사가 직면을 사용할 때는 조심스럽고, 부드럽고, 무례하지 않게, 진실하게 사용해야 한다.

KEY POINT

관계형성의 목적

① 상호 간의 정서적 교환 및 태도, 전문적인 만남으로 클라이언트의 문제해결
② 클라이언트가 가족 및 환경에 좀 더 잘 적응할 수 있도록 돕기 위한 것

라포(rapport)

① 사회복지사와 클라이언트 간에 형성되는 상호 긍정적 친화적 신뢰 관계
② 라포형성을 통해 클라이언트는 자신의 문제를 솔직하게 표현 가능

권위과 권한 차이

① 권위 : 클라이언트와 기관에 의해 사회복지사에게 위임된 권한
② 권한 : 전문사회복지사가 지위를 얻어 클라이언트에게 영향력을 행사하는 것

전문적 관계형성의 기본적 요소

① 타인에 대한 관심
② 헌신과 의무
③ 권위와 권한
④ 진실성과 일치성
⑤ 수용
⑥ 감정이입
⑦ 공감
⑧ 사회복지사의 자기노출
⑨ 사회복지사의 자아인식
⑩ 무조건 긍정적 존중 등

공감의 두 가지 요소

① 이해 : 공감적 인식
② 의사소통 : 클라이언트의 감정을 잘 이해했음을 전달

사회복지사와 클라이언트 간에 이루어지는 상호작용의 세 가지 방향

① 클라이언트 → 사회복지사
클라이언트의 두려움, 불확실성의 감정을 사회복지사가 느낌

② 사회복지사 → 클라이언트
클라이언트의 두려움, 불확실성의 감정을 공감적 반응으로 응답

③ 클라이언트 → 사회복지사
언어표현 없이, 자신의 감정표현을 사회복지사가 받아들여줌을 전달

관계형성의 7대 원칙(비에스텍, Biestek)

① 개별화
② 의도적인 감정표현
③ 통제된 정서적 관여
④ 수용
⑤ 비심판적 태도
⑥ 클라이언트의 자기결정
⑦ 비밀보장

클라이언트 자신에게 위해적인 일은 클라이언트의 자기결정을 존중할 수 없음
(자살방조자는 형사범이 될 수 있음)

클라이언의 감정표현을 방해하는 요인

① 비현실적인 보장을 하는 것
② 초기에 성급하게 해석하는 것
③ 너무 많은 해석을 하는 것
④ 클라이언트의 감정표현을 비난하는 것
⑤ 성급한 충고나 조언을 하는 것

클라이언트를 개별화하기 위한 사회복지사의 역량

① 언어적 표현에 대한 경청능력
② 비언어적 표현에 대한 관찰능력
③ 편견과 선입견에 대한 자기인식능력
④ 감정을 민감하게 포착할 수 있는 능력

비밀보장의 한계

① 비밀유지가 클라이언트의 권익이 아닌 경우
② 제3자의 보호 및 안전이 위협받을 경우
③ 사례회의나 그 밖에 전문가 등에 의뢰 시
④ 슈퍼비전 등에서의 정보 교환 및 공유의 경우

관계형성의 장애요인

① 전이 : 클라이언트가 사회복지사에게 보이는 것
② 역전이 : 사회복지사가 클라이언트에게 보이는 것
③ 클라이언트의 비자발성
④ 클라이언트의 불신 및 저항

사회복지사의 자아인식

① 자신의 신념, 태도, 행동 습관을 알고 있음
② 사회복지실천에 어떤 영향을 미칠지 정확하게 인식

아웃리치(Outreach)

대상자를 기다리지 않고 기관이나 시설 밖에 현장으로 찾아가 그들의 욕구를 파악하고 해결하는 활동

인테이크(Intake)

사회복지사가 욕구를 가진 사람의 문제와 욕구를 확인하여 해당기관의 서비스에 부합 여부를 판단하는 과정

직권주의 · 신청주의

① 직권주의 : 예산의 범위에서 공무원이 직권으로 찾아서 지원
② 신청주의 : 도움이 필요한 국민이 신청하여야 심사 후 지원

CHAPTER 08

사회복지실천과 면접

제1절 사회복지실천에서 면접의 개념
제2절 면접의 유형과 기술
제3절 사회복지실천의 면접기록

CHAPTER

08 사회복지실천과 면접

제 1 절 사회복지실천에서 면접의 개념

사회복지실천에서 면접은 사회복지사와 클라이언트 사이의 일련의 의사소통으로 사회복지실천현장에서 사용하는 개입의 주요한 도구이다.

면접은 사회복지사와 클라이언트의 전문적 관계에서 일어나는 상호작용을 의미하며, 면접기술을 통해 정보수집에서 클라이언트의 변화 단계까지 여러 수준에서 요구되는 사회복지실천 기술이다. 이 점에서 면접은 질적 연구에서 중요한 도구가 된다.

사회복지실천에서 많은 전략이 면접에 의존하고 있기 때문에 면접은 매우 중요한 기능을 하고 있으며, 사회복지사는 클라이언트와의 대면관계 대부분의 시간을 면접으로 보낸다고 할 수 있어 그 자체가 치료적 효과를 갖기도 한다.

또한 면접은 목적이 있고 목표지향적인 특성을 지닌 전문적 대화 혹은 의사소통 과정이라고 정의할 수 있다. 면접은 전문적 기술이지만 사회복지사의 창의적 방법이 통합되는 예술이라고 말할 수 있다.

면접을 통한 의사소통이 원활하게 이루어질 때 사회복지사는 클라이언트의 욕구를 이해하고, 개입방법을 논의하고, 실행과정을 모니터하며, 기술을 전달할 수 있다.

효과적이고 숙달된 면접 기술은 사회복지사의 중요한 자산이며, 클라이언트와 우호적인 관계를 수립하므로 의사소통에 대한 지식과 다양한 기술을 익혀야 할 필요가 있다.

1. 면접의 목적

사회복지실천에서 면접은 클라이언트의 삶의 질적인 향상과 성장을 목적으로 문제를 해결하고, 이에 필요한 전략이나 행동을 모색하기 위한 정보를 주고받는 것이다. 사회복지실천에서 면접의 목적은 클라이언트에 대한 자료수집, 원조관계의 협조 확립 및 유지, 클라이언트에게 정보 제공, 원조과정에 대한 장애요소 파악, 목표성취 지향 활동 규명 및 수행, 원조과정의 촉진 등이다.

한 사례에 대해 여러 차례 면접이 이루어질 경우에는 매번 하게 되는 면접마다 그 목적이 달라질 수 있다. 조사 및 사정 단계의 면접은 더 많은 유용한 정보 수집이 목적이며, 개입 실행 단계의 면접은 면접을 통해 문제 해결과 억눌린 감정의 환기를 통한 치료적 목적이다.

면접에 임하는 사회복지사는 매 세션마다 세부적인 면접 목표를 설정하고, 면접 진행 과정에서 이를 주지하고 있어야 한다.

면접의 목적을 달성하기 위해서는 문제 상황에 대한 충분한 이해를 위해 클라이언트 개인과 주변 환경에 대한 정보를 수집하고, 사회복지사가 속한 기관의 기능에 따라 가능한 기능, 그리고 활동 범위를 명확히 인식해야 하며, 클라이언트의 욕구가 소속기관의 서비스 범위를 넘어설 때에는 다른 기관에 의뢰하는 것이 효과적이다.

2. 면접의 특성

사회복지실천에서의 면접은 사회복지사와 클라이언트 간에 특정 목적을 가지고 계약에 의해 진행되는 의사소통이다. 콤튼과 갤러웨이(Compton & Galaway)는 사회복지실천 면접의 특성을 다음과 같이 제시하고 있다.

① 맥락과 장이 있다

클라이언트에게 서비스를 제공하는 특정한 기관과 면접을 시행하는 특정 상황이 존재하며, 관련되지 않은 요인들은 제거된다.

② 목적과 방향이 있다

우연히 정보를 교환하는 것이 아니라, 구체적인 목적을 달성하기 위해 수행되는 과정이다.

③ 계약에 의한다

클라이언트와 사회복지사의 상호 합의하에 목적 달성을 위해 진행되는 과정이다.

④ 역할 관계가 규정된다

사회복지사와 클라이언트 간에 정해진 역할에 따라 상호작용한다.

3. 면접의 요건

1) 물리적 환경

물리적 환경은 면접 시 물리적 환경이나 조건 등이며, 사회복지사와 클라이언트의 태도, 감정, 반응 등에 중요한 영향을 미친다.

또한 물리적 환경은 면접의 전체적인 잠재력을 결정하는 중요한 요소이다. 생산적 면접의 물리적 조건은 어느 정도의 프라이버시가 보장되고 편안하고 긴장완화적인 분위기가 매우 중요하다.

① 적절한 채광과 조명, 안락한 온도 등

② 적절히 넓은 공간(답답하거나 갇힌 느낌이 들지 않을 정도의 공간)

③ 어울리는 가구와 실내 장식

④ 등을 편하게 받쳐주는 의자

⑤ 방해를 받지 않는 분위기

⑥ 참여자들 사이의 개방적 공간
⑦ 비밀을 이야기할 수 있을 정도의 독립적 공간

2) 면접 시간

면접 시간의 약속은 사회복지사가 자신의 일정표에 따라 클라이언트와 결정할 수도 있으나, 이보다는 클라이언트가 이용하기에 편리한 시간을 선택할 수 있게 해주는 것이 더 중요하다.

면접 시간의 길이는 면접의 목적에 따라 다르기 때문에 클라이언트와 면접 약속을 할 때 어느 정도 시간이 소요될 것이라는 것을 미리 알리고, 그 시간을 이용할 책임이 클라이언트에게 달려있다고 알리는 것도 중요하다.

가장 적당한 면접시간은 약 50분 전후(45~75분)인데, 이보다 더 길어지면 지루해하고 집중력이 떨어져 효과가 낮아진다. 그러나 클라이언트의 주의집중능력, 의사소통능력, 상황에 따라 조금씩 조정된다.

제 2 절 면접의 유형과 기술

1. 면접의 유형

사회복지실천에서 면접 유형은 구조화된 면접, 반구조화된 면접, 비구조화된 면접이 있으며, 목적에 따른 면접 유형으로는 정보수집 면접, 사정 면접, 치료적 면접이 있다.

이는 면접의 목적이나 상황에 따라 선택적으로, 혹은 상호 보완적으로 사용된다. 또한 선택하는 방법에 따라 정보의 양과 질에 차이를 가져올 수 있다.

1) 구조화 정도에 따른 면접 유형

(1) 구조화된 면접

질문 내용과 방법을 미리 정해 놓고 진행하는 면접 방법이다. 예를 들면, '과거의 경험 중 어떤 도전적인 상황을 경험한 적이 있으며, 그 상황에서 어떻게 해결했는지 알려주세요'와 같은 질문이 구조화된 면접이다.

이러한 면접은 주로 실제 경험을 바탕으로 클라이언트의 문제해결능력과 의사결정력을 평가하기 위해 사용된다. 표준화된 형식을 사용하는 구조화 면접의 신뢰성과 타당성, 그리고 객관성은 비구조화 면접보다 높다.

(2) 반구조화된 면접

반구조화 면접은 구조화 면접과 비구조화 면접의 중간 형태로, 면접 질문은 일부 구조화되어 있지만 일부는 비구조화된 방식으로 진행된다. 면접 질문 중 일부는 미리 정해져 있고 일부는 실시간으로 만들어진다.

이 방식은 클라이언트의 창의성, 문제해결능력, 의사소통능력을 평가하기 위해 사용된다. 반구조화 면접은 몇 가지 기준을 주고, 그에 따라 대답하도록 유도하여 면접 질문에 대한 자유로운 대화를 할 수 있도록 한다.

(3) 비구조화된 면접

비구조화 면접은 면접 질문이 미리 정해져 있지 않고, 자유로운 대화 형식으로 진행되는 방식이다. 면접자의 방향성에 따라 질문을 하거나 상황에 따라 실시간으로 질문을 만들어 나간다. 이러한 면접은 클라이언트의 의사소통능력과 문제해결능력, 적응력을 평가하기 위해 사용된다.

비구조화 면접은 미리 준비된 답변이 없으므로 실제 경험을 바탕으로 유연하게 대응할 수 있는 능력이 요구된다. 구조화된 면접에 비해 클라이언트에 대한 광범위한 정보를 수집할 수 있고, 클라이언트에게 의사표현의 자유가 많이 허용된다는 특징이 있다. 그러나 구조화된 면접에 비해 신뢰도와 타당도가 떨어지는 것으로 평가된다.

2) 목적에 따른 면접 유형

(1) 정보수집 면접

정보수집을 목적으로 하는 면접을 일반적으로 사회조사(social study)라 하기도 한다. 따라서 정보수집 면접은 사회조사를 목적으로 하는 면접으로 클라이언트의 개인, 그리고 사회적 문제와 관련된 정보를 수집하는 과정을 나타낸다.

이는 클라이언트의 배경을 파악하여 문제를 더 잘 이해하고, 해당 문제에 맞는 정보를 수집하기 위한 중요한 단계이다.

각 분야별로 필요한 정보가 다르며, 아동보호나 장애인복지, 의료기관 등에서는 각자의 중점 정보를 수집하여 활용한다. 예를 들면, 다음과 같다.

① 클라이언트의 개인적·사회적 문제와 관련된 인구사회학적 배경과 개인 성장 발달사 관련 정보를 수집하기 위한 면접이다(예 교육 정도, 결혼 여부, 직업, 수입, 사회보장 유형, 영유아기, 아동기, 청소년기, 성인기 등).

② 클라이언트의 문제를 제대로 이해하기 위해서는 클라이언트의 유형에 따라, 문제 영역에 따라, 기관의 성격에 따라 초점을 두는 정보가 다를 수 있다(예 아동보호기관은 부모의 학대 및 방임의 형태, 아동의 신체 손상, 정신적 충격 등에 초점을 둔다. 장애인복지관은 장애아동의 지능 및 사회성 등에 초점을 둔다. 의료기관은 환자의 질병 유형, 예후, 질병에 대한 환자 및 가족의 태도, 경제력 등에 초점을 둔다).

(2) 사정 면접

구체적인 서비스에 대한 의사결정으로 정보수집을 위한 면접보다 훨씬 더 목적지향적이다. 사정은 문제가 무엇인지, 어떤 원인 때문인지, 그 문제를 해결하거나 줄이기 위해 무엇이 변화되어야 하는지에 대해 답하는 사회복지실천 과정의 핵심적 단계이다.

클라이언트의 현재의 문제 상황, 그 문제 해결의 목표, 목표 달성을 위한 개입방법의 결정 등이 사정 면접을 통해 이루어지게 된다(예 정신장애인의 경우 사정면접을 통해 장애의 심각도, 정신장애의 유형과 진단, 약물치료의 효과와 재활치료의 효과, 정신장애인과 가족, 지역사회의 기존 자원과 능력 등을 평가하고 어떤 치료방법을 사용할지를 결정하게 된다).

(3) 치료적 면접

치료적 면접의 목적은 면접을 통해 클라이언트의 변화를 돕기 위한 것과 클라이언트의 더 나은 사회 적응을 위해 환경을 변화시키는 것이다.

① 클라이언트의 변화를 위한 치료적 면접
클라이언트의 자신감과 자기 효율성 강화, 필요한 기술 훈련, 문제해결 능력 증가 등을 목적으로 한다.

② 환경의 변화를 위한 치료적 면접
클라이언트와 관련된 중요한 사람들과 이루어지며, 클라이언트의 권리와 이익을 옹호 및 대변을 위해 사회복지기관, 지역사회, 관련 공무원들과 이루어지기도 한다.

2. 면접의 기술

1) 관 찰

관찰 기술은 클라이언트가 말하고 행동하는 것에 주의를 기울여 클라이언트를 이해하는 것이다. 관찰은 초기면접 이전에 클라이언트가 대기실에서 기다리고 있는 상황에서부터 시작된다.

면접 중에는 클라이언트의 언어적 표현뿐만 아니라 비언어적 표현에도 민감해야 한다. 여기에는 표정, 손놀림, 눈 맞춤, 얼굴 붉힘 등이 포함된다. 이러한 비언어적 표현이 언어적 표현과 일치하는가 하는 것은 클라이언트의 감정과 표현의 차이를 밝히는 데 매우 중요하다.

2) 경 청

경청 기술은 면담에서 가장 중요한 기술이다. 클라이언트가 무엇을 말하는지, 면담자의 질문에 어떻게 반응하는지를 듣는 것이다. 경청 기술은 그냥 클라이언트의 말을 듣는 것이 아니라 그가 지금 무엇을 표현하고 있는지, 그의 감정과 사고는 어떤 것인지 이해하고 파악해 가면서 듣는 것이다.

3) 해 석

해석은 클라이언트의 표현과 행동, 상황, 저변의 단서를 발견하고, 그 결정적인 요인들을 이해하며, 그것을 클라이언트가 깨달을 수 있도록 도와주는 방법이다.

일반적으로 해석은 사회복지사와 클라이언트 간의 신뢰관계가 잘 형성되었을 때 진행해야 하며, 클라이언트가 자기 탐색 준비가 되고 사회복지사가 정보를 충분히 확보한 다음에 해야 한다.

그리고 어디까지나 해석은 사회복지사의 추론에 의한 것이므로 틀릴 수 있음을 염두에 두어야 한다. 또한 연속적 해석은 오히려 클라이언트를 혼란스럽게 할 수 있으므로 해석 후 충분히 생각할 시간을 주는 것이 필요하다.

4) 질 문

질문 기술은 클라이언트로부터 필요한 정보를 이끌어 내기 위해 가장 많이 사용하는 기술이다. 질문에는 개방형 질문과 폐쇄형 질문이 있다.

개방형 질문은 클라이언트가 자신의 생각대로 질문에 대답하도록 하는 것이고, 폐쇄형 질문은 예/아니요 등의 구체적인 대답을 구하는 것이다.

개방형 질문은 클라이언트가 자신의 문제에 대해 설명할 수 있을 정도로 지적·정서적으로 준비가 되어 있을 때 사용하는 기술이고, 폐쇄형 질문은 클라이언트가 자신의 문제에 대해 조리 있게 설명할 수 없어서 대화의 초점이 필요할 때 사용하는 기술이다.

개방형 질문에는 구조화 질문과 비구조화 질문이 있는데, 구조화 질문은 주제를 제한하되 클라이언트가 원하는 대로 대답하게 하는 것, 비구조화 질문은 주제의 선택도 클라이언트에게 맡기는 것이다.

5) 직 면

해석과 마찬가지로 직면도 클라이언트의 자기인식을 증진시키고 변화를 촉진시키기 위한 기술이다. 직면은 문제를 지속시키는 클라이언트의 감정, 행동, 사고를 직접 지적하여 주는 것으로 해석과 마찬가지로 조심스럽게 사용되어야 한다.

직면에 앞서 깊은 이해를 바탕으로 하는 공감적 대화가 전제되어야 한다.

6) 요 약

요약은 재진술과 본질은 유사하지만 구분되는 개념이다. 재진술이 전형적으로 한두 문장 정도로 클라이언트의 말을 그대로 반복하는 것이라면, 요약은 하나의 문단에 더 가깝다.

상담에서 요약은 마치 작성된 하나의 문서를 정리하는 것과 비슷하다. 클라이언트의 포괄적인 진술 내용을 증류하여 핵심적인 정보로 만들어 내는 것이다. 즉, 클라이언트의 여러 가지 생각과 감정을 간략하게 묶어 정리하는 것이다.

브램머(Brammer)는 적절한 요약을 통해 얻을 수 있는 몇 가지 효과를 제시하였다. 첫째, 이것은 요약을 통해 클라이언트가 상담에 적극 참여하도록 워

밍업시키고, 둘째, 산발적으로 드러낸 생각과 감정에 초점을 맞추게 하고, 셋째, 특정 주제를 종결짓게 하고, 넷째, 특정 주제를 보다 심층적으로 탐색하도록 조력할 수 있다.

따라서 요약은 새로운 상담을 시작하는 도입 부분, 상담이 막다른 골목에 도달했을 경우, 그리고 클라이언트가 어떤 말을 해야 할지 잘 모르는 경우에 적절하게 활용될 수 있다. 요약은 한마디로 클라이언트가 말하는 내용의 초점을 압축해서 명확하게 하는 것이다.

7) 반 영

클라이언트의 이야기를 반영한다는 것은, 클라이언트의 이야기에 관한 자신의 의견이나 분석을 말하는 것이 아니라, 클라이언트의 이야기를 자신이 어떻게 이해했는지에 대하여 말하는 것이다.

클라이언트의 이야기를 똑같이 듣는다고 해도 사회복지사는 개인적인 담화, 경험, 지식, 사회·문화적인 배경 등에 영향을 받아 이해하고 받아들이는 방식이 다양할 수 있다.

사회복지실천에서 반영이란 클라이언트에 의해서 표현된 기본적인 태도, 주요 감정 등을 새로운 용어로 정리하는 것이다. 클라이언트의 말을 그대로 되풀이하거나 그 내용을 반영하는 것이 아니라, 그 밑바탕에 흐르고 있는 감정을 파악하는 것이다.

또한 사회복지사가 클라이언트의 세계를 지각하려고 애쓰는 것을 클라이언트에게 말하려는 것이다.

8) 초점화

초점을 제공하고 유지하는 기술은 제한된 시간에 최대의 효과를 이끌어 내야 하는 전문적 관계에서 불필요한 방황과 시간 낭비를 막아주는 효과적인 기법이다. 초점 제공 기술을 통해 사회복지사로서 돕는 전 과정 동안 초점을 유지할 수 있기 때문이다.

클라이언트의 산만한 사고와 감정을 정리하여 중심이 되는 문제를 좀 더 깊이 탐색하고, 원하는 변화를 이끌어 낼 수 있다.

9) 명료화

클라이언트는 자신의 감정이나 문제를 말하고 싶어도 적절하게 표현하지 못하고 장황하게 이야기하거나, 여러 가지 말로 표현하거나, 또 꺼낸 말을 다시 삼키고 침묵해 버리는 경우도 있다.

명료화는 클라이언트가 생각과 감정이 잘 정리되지 않은 상태일 때, 클라이언트 자신의 문제나 진술한 말에 함축되어 있는 의미를 잘 이해할 수 있도록 도와주는 것이다.

10) 재명명

인간의 행동이나 감정, 느낌, 상태 등에 다른 명칭이나 평가를 부여함으로써 새로운 인식을 유도하는 기법이다. 재명명은 클라이언트의 문제를 치료할 때, 그 증상을 정의해 좀 더 개선·치료 가능한 것으로 만들기 위해 주로 구조적 가족치료와 여성주의 상담에서 사용하는 기법이다.

재명명 기법은 사실의 변화 없이 일어나는 일에 대한 의미를 변화시킨다. 가족 혹은 부부에게 가족관계에서의 긍정적인 요소를 강조함으로써 치료에 대한 이해를 돕고 새 희망과 목적을 주게 된다.

주로 약점에서 강점으로, 부정적인 것에서 긍정적인 방향으로 이루어지는데, 이를 통해 클라이언트의 문제나 그에 따른 평가와 인식을 변화시키는 효과가 있다. 또한 이렇게 획득된 대상에 대한 새로운 평가와 인식에 따라 클라이언트의 문제를 변화시킬 가능성을 찾을 수 있다.

11) 재보증

클라이언트의 능력에 대해 사회복지사가 신뢰를 표현함으로써 클라이언트에게 불안과 불확실성을 제거하고 위안을 주는 기술이다. 지지과정에서의 다음 단계는 클라이언트의 죄책감과 불안감에 관하여 실체적인 재보증을 하는 것이다.

이것은 지지 중에서 가장 자주 사용되는 방법 중의 하나로 클라이언트를 안심시키는 기술이다.

이 기술은 클라이언트가 자신의 삶에서 경험하는 사건이나 문제들로 인해 자신의 문제를 객관적으로 바라보지 못하거나, 판단이 흐려질 때 매우 유용하게 활용될 수 있다.

사회복지사는 클라이언트의 판단이나 문제 상황이 잘못된 것이 아니라, 제대로 잘 진행되고 있다는 것을 확인해 줌으로써 클라이언트가 판단이나 문제 상황에 대한 자신의 결정을 유지할 수 있도록 돕는다.

12) 표현촉진기술

표현촉진기술은 클라이언트의 정보를 끌어내기 위한 기법으로 끄덕임, 맞장구, 적절한 질문 등을 의미한다. 촉진기술은 클라이언트로 하여금 자신의 말을 진지하게 잘 들어주고 있다는 기분을 갖게 하여 자유롭게 이야기할 수 있도록 하며, 다음과 같은 경우에 사용한다.

첫째, 사회복지사가 클라이언트의 정보 노출을 촉진시키기 위해 계속 말을 하도록 반응을 보이는 것이다.

둘째, 클라이언트가 말한 것을 간단하게 반복해 주거나, 또는 새로운 단어로 바꾸어 재진술하는 것이다.

셋째, 클라이언트의 표현을 촉진할 때는 오해나 실수를 최소화하기 위해 가급적이면 구체적으로 표현하도록 요구해야 한다.

3. 면접에서의 의사소통기술

커스트-애쉬먼과 헐(Kirst-Ashman & Hull)에 따르면 면접은 사회적 상호작용인 의사소통 과정이며, 인지, 정서, 행동상의 변화를 목적으로 한 언어적 행동으로서 문제해결을 위한 개입이라고 하였다.

의사소통은 한 사람이 다른 사람에게 자신의 정보를 전달하는 과정이다. 의사소통에는 태도, 정서, 역할, 비언어적 태도, 피드백 등 여러 가지 조건이 관여하며, 똑같은 메시지라도 조건에 따라 다르게 전달될 수 있다.

의사소통의 목적은 자신의 생각과 감정을 타인에게 정확히 전달하고, 타인이 표현하는 생각과 감정을 정확히 받아들이는 것이다.

1) 언어적 의사소통 기술

언어적 표현은 클라이언트의 사고과정, 생각, 감정, 인지능력을 나타내는 중요한 수단이다. 언어를 통한 의사소통은 교환되는 내용의 명확성을 높여준다. 언어적 표현은 언어를 사용하는 사람들의 개인적 차이로 인해 편차도 큰 편이다.

같은 단어를 조금씩 다른 의미로 사용하기도 하고, 특별히 감정이나 뉘앙스를 표현하는 방식이 서로 다를 수 있으며, 어휘의 풍부함과 제한으로 인한 차이가 있기도 하다. 클라이언트 중에는 자신의 감정이나 생각을 말로 표현하는 데 익숙하지 않은 경우가 많다.

2) 비언어적 의사소통 기술

비언어적 의사소통은 특히 클라이언트가 언어적 표현이 제한되어 있을 때 매우 중요한 의사소통의 수단이 되며, 인지적인 면보다는 주로 감정적인 면이 더욱 많이 표현된다.

신체언어인 자세, 얼굴 표정, 눈 맞춤, 걸음걸이를 비롯한 신체의 포지션은 강력한 의사소통의 형태들로서, 사회복지실천에서 신체언어는 사회복지사의 말로 하는 언어와 일치해야 한다.

비언어적 의사소통에는 음성의 고저, 얼굴 표정, 침묵, 신체 자세 및 움직임, 외모와 청결 정도, 신체에서 나는 소리, 신체적 접촉, 물리적 환경 등이 포함된다. 비언어적 의사소통은 언어적 의사소통의 내용과 상반된 메시지를 전달하거나, 더 사실에 가까운 정보를 주는 기능을 가지므로 면접에서 매우 중요한 정보의 근원이 된다.

제 3 절 사회복지실천의 면접기록

1. 기록의 개념

기록은 사회복지실천현장에서 필요한 중요한 기술 가운데 하나로 그 쓰임새가 다양할 뿐 아니라 매우 중요한 위치를 차지한다.

특히 기록은 기록자의 편견을 배제하고 일정한 틀에 따라 활동 내용을 문서로 남김으로써 사회복지기관의 사료로뿐만 아니라 지도감독자에게는 지도할 수 있는 근거 자료로, 동료나 후배에게는 참고할 수 있는 자료 등 여러 용도로 활용되기 때문에 소중한 가치를 지닌다.

이런 면에서 사회복지실천 기록은 일정한 틀에 의해 이루어져야 하고, 그래서 사회복지사는 자신의 사회복지실천 내용을 기록하기 위해 특별한 기술을 익혀야 한다.

기록은 면담의 부수적 요소다. 따라서 기록이 면담의 흐름에 장애가 되지 않도록 기록하는 것에 대해 사회복지사 자신이 편안해야 한다. 특히 면담 시 기록을 하는 동안 눈맞춤이 이루어지지 않는 등 주의집중에 장애가 되지 않도록 주의한다.

카두신(Kadushin)은 효율적 기록을 위해서 면담을 할 때마다 점검과 평가를 하는 것이 유용하다고 제안한다.

만약 클라이언트가 면담 중 기록에 대해 신경을 쓰거나 주저함을 보이면 사회복지사는 반드시 클라이언트와 의사소통을 해야 하고 면담에 장애가 된다고 판단되면 기록을 중단해야 한다.

기록은 사회복지실천과 서비스 전달에 중요한 역할을 해왔다. 사회복지사들은 클라이언트에 대해 기록을 해야 하고 서비스의 목적, 과정, 영향에 대해서도 기록을 해야 한다. 무엇보다도 기록의 주요 목표는 책임성이다.

사회복지실천가들은 자신의 서비스를 기록하고 설명하고 평가함으로써 클라이언트, 기관, 지역사회에 대한 법적·윤리적 책임을 져야 한다.

2. 사회복지실천 기록

사회복지실천 기록은 사회복지사가 개입한 사례를 계획에서부터 종결, 그리고 사후지도까지의 전 과정을 합당한 형식을 갖춘 틀에 따라 객관적으로 서술하는 것을 의미한다.

이러한 기록은 서비스의 책임성을 높여주는 동시에 사회복지사의 기술을 증가시켜 서비스의 질을 향상시키는 데 매우 유용하기 때문에, 사회복지사나 클라이언트 모두에게 성장의 수단을 제공한다.

사회복지실천에서의 기록은 클라이언트의 욕구를 파악하고 개입을 위한 기초 자료를 얻는 데 유용하며, 클라이언트와 그와 관련된 서비스 정보를 보존함으로써 필요시 활용할 수 있고, 사례의 지속성을 보장한다.

또한 사회복지사가 교체되는 경우 현재까지의 진행과정을 알 수 있고, 사회복지사는 기록을 통해 모든 상황을 좀 더 발전적 차원에서 재점검해 볼 수 있다.

사회복지실천 기록은 슈퍼비전, 자문 등 검토를 위한 근거를 제공하며, 연구조사의 자료, 교육의 자료로도 활용된다.

3. 기록의 목적과 활용

기록의 1차적인 목적은 책무성에 있고 이는 사회복지실천이 갖는 공공성과 형평성의 성격에 기인하는데, 주로 사회복지의 재원이 공적 자원이기 때문이다.

사회복지사는 자신의 실천에 대해 기관, 클라이언트, 지역사회에 대한 윤리적·법적 책무성을 인식하고 자신이 전달하는 서비스에 대해 충실히 기록하고 평가해야 한다. 또한 요구가 있을 시 자신의 실천에 대해 설명할 수 있어야 한다.

기록에는 개입이나 서비스 과정을 점검하고 평가하려는 목적이 있다. 클라이언트의 욕구를 파악하고 개입을 위한 기초 자료를 얻으며, 서비스 수급 자격을 입증할 문서로 사용된다.

기록은 클라이언트와 서비스에 관한 정보가 필요할 때 이용할 수 있도록 보관하며, 사회복지사 교체 시 사례관리의 지속성을 보장하기도 한다.

또한 기록은 정보를 공유하여 의사소통을 촉진시키며, 슈퍼비전, 자문동료 검토를 위한 근거를 제공하며, 교육훈련, 그리고 연구조사의 자료로 활용한다.

또한 서비스의 효율성·효과성 질을 평가하는 목적으로 사용하는데, 행정절차상의 규정이나 기준을 준수하고 있는지를 보여준다. 기록의 중요성을 요약하면 다음과 같다.

① 사회복지실천 활동의 문서화

사회복지실천 개시부터 종결단계까지 클라이언트에게 제공한 서비스 내용과 과정, 목표달성 여부와 성과 등을 기록으로 남겨 문서화한다.

② 효과적인 서비스를 위한 모니터링

실천과정을 기록하면서 사회복지사는 자신의 활동을 객관적으로 조직할 수 있고, 체계적으로 기록하는 것은 제공한 서비스를 검토·평가·수정하는 데 중요한 역할을 한다.

③ 사례의 지속성 유지

서비스 중복을 막고 시간을 절약할 수 있다.

④ 전문가 간 의사소통의 활성화

기록은 전문가 간에 협조체계를 활성화하는 도구이다.

⑤ 슈퍼비전의 활성화

기록은 사회복지실천과정을 가르치는 유용한 교육도구이다.

⑥ 클라이언트와 정보 공유

기록은 클라이언트와 정보를 공유하고, 의사소통하며, 때로는 치료방법으로 활용할 수 있는 도구이다.

⑦ 행정적 자료 및 조사연구 자료로 활용

행정적인 문제를 결정하는 데 중요한 자료가 되고, 연구를 할 때에도 기록은 풍부한 정보를 제공하는 주요한 자료이다.

4. 기록의 기본 원칙

사회복지실천 기록은 클라이언트 욕구를 파악하고 개입에 필요한 기초 자료를 얻는데 활용된다. 사회복지기관을 찾아온 클라이언트의 욕구를 확인하기 위해 접수 면접지를 작성하는 것, 클라이언트와 환경체계 간 관계 파악을 위해 생태도를 작성하는 것은 이러한 용도에 해당된다. 따라서 사회복지실천 기록은 면접 내용과 진단을 정확히 남겨 치료 및 평가에 활용되며, 역할 평가와 프로그램 효율성에 필수적인 자료이다. 또한 사회복지사 교체나 수혜자격 입증을 위한 주요 목적으로 활용되며, 업무 설명과 평가를 통해 책임과 법적·윤리적 의무를 강조한다.

평가체계 강화로 중요성이 더해져 사회복지사는 지속적으로 기록에 관심을 가져야 하며, 사회복지실천에서 수용된 이론에 기초하여 구조화·문서화되기 위해서는 다음과 같은 몇 가지의 기본 원칙을 준수해야 한다.

① 사실대로 작성

기록은 클라이언트의 상황과 서비스 제공 등에 관한 정확한 사실과 객관적인 사실을 토대로 해야 하며, 클라이언트의 생각이나 의견 등의 주관적인 내용은 피해야 한다.

② 구체적, 객관적, 논리적, 긍정적으로 작성

사회복지사의 개입내용이 과장되거나 축소되어 기록될 수 없으며, 기록의 객관성을 유지해야 한다. 또한 기록은 논리적이어야 하고, 프로그램은 활동 목표에 맞아야 한다. 이는 결국 사회복지사의 개입이 계획적으로 이루어져야 함을 의미한다.

③ 서비스의 과정과 결과를 정확하게 기록

사회복지사의 개입 내용, 클라이언트의 반응, 그리고 과정과 결과 등을 정확하게 기록한다.

④ 정확한 용어를 사용

기록의 기본 목적은 의사전달이기 때문에 상대방이 쉽게 이해할 수 있도록 보편적인 단어를 사용해야 한다. 또한 여러 가지 의미가 내포되어 있어 읽는 사람에 따라 다르게 해석될 소지가 있는 단어는 피해야 한다.

⑤ 글씨는 깨끗하고 단정하게 작성

글씨는 휘갈겨 쓰거나 날려 쓰지 않고 정자로 또박또박 써야 하고, 오자나 탈자가 없도록 주의한다.

⑥ 띄어쓰기 등 맞춤법에 유의하여 작성

내용이 아무리 좋은 기록이라도 문장이 장황하면 읽기에 지루하고 이해하기도 어렵다. 문장은 끊을 수 있는 부분은 끊어서 짧고 간결하게 작성하는 것이 좋다.

⑦ 요약 정리하는 습관

읽는 사람이 짧은 시간 안에 클라이언트에 대해 정확히 알 수 있도록 내용을 간추려서 분명하게 써야 한다.

5. 기록의 유형

1) 과정기록

과정기록은 사회복지사와 클라이언트의 상호작용을 세밀하게 기록하는 것으로 구체적이고 아주 상세하게 기록한다. 사회복지사와 클라이언트가 면접하면서 이야기한 내용, 클라이언트의 행동, 사회복지사가 관찰한 내용과 판단 등을 기록한다.

또한 의사소통의 내용이나 비언어적 표현까지도 기록한다(예 클라이언트의 표정, 몸짓, 사회복지사의 느낌이나 사고, 분석내용 등). 최근에는 많이 사용하지 않으며, 교육적 목적 등을 위해 부분적으로 활용한다.

대화체를 그대로 기록하는 직접인용 과정기록과 대화를 풀어서 이야기체로 기록하는 간접인용 과정기록이 있다.

과정기록의 장점은 슈퍼비전이나 교육용 도구로 매우 유용하다. 또한 실무교습과 학습의 수단으로 사회복지교육에서 널리 활용된다.

초보 사회복지사나 실습생 등이 자신의 활동에 대한 점검과 슈퍼비전, 또는 자문을 받을 때 유용하다. 클라이언트와 교류를 준비하고 상기하며 기록하고 분석함으로써, 또한 과정기록에 대한 지도감독자의 비평에 반응함으로써, 클라이언트와의 상호작용에 대한 이해를 높일 수 있다.

또한 어려운 사례를 다루거나 새로운 기술 등을 개발할 때 유용하다.

과정기록의 단점은 서비스의 상호교류에서 실제로 일어났던 일에 대해 완벽하게 기록하는 것은 불가능하므로 정보가 불완전하며 왜곡될 수 있다. 이를 보완하기 위해서 녹음이나 녹화 등을 하기도 한다.

작성하는 데 시간과 비용이 많이 들어 비효율적이므로 일반적으로 많이 사용되지 않으며, 기록의 목적이나 사례 등에 따라 선택적으로 사용된다.

면접이나 서비스 제공 등에 대해 사회복지사가 기억하는 능력에 따라 기록의 유용성이 좌우되기도 한다.

2) 요약기록

요약기록은 사회복지기관에서 흔히 사용되는 기록의 형태이다. 기록의 내용은 기관에 따라 다르지만, 일반적으로 클라이언트의 상황과 서비스 사례의 진행 사항을 이야기하듯이 요약한 보고 형태의 기록으로, 주제와 시간에 따라서 조직되고 재구성된 총괄적 기록이다. 사회력이나 사정과 같은 특정 내용을 문서화하기에 유용하여 사회복지기관에서 많이 활용되고 있으며, 기록에 포함해야 할 중요 내용을 선택하여 조직적이고 논리적으로 요약할 수 있는 능력이 있어야 한다.

요약기록의 장점은 사례가 장시간 지속될 경우 유용하며, 매일매일 면접 내용을 기록하는 사례노트를 활용하여 시간에 따른 변화나 과정을 기록해 두면 좋다. 전체 서비스 과정을 고려하면서 쉽고 짧게 사용할 수 있다.

면접의 모든 과정을 기록하는 것이 아니라, 중요하다고 생각되는 것은 포괄적으로 기록할 수 있는 융통성을 가진다. 클라이언트, 그리고 그 상황과 서비스 교류의 특수한 본질을 개별적으로 반영할 수 있기 때문에 문서화하는 데 적합하다.

요약기록의 단점은 클라이언트의 언어적 표현이나 비언어적 표현 등이 사실적으로 전달되지 않거나, 사회복지사나 클라이언트의 생각이나 느낌이 잘 드러나지 않을 수 있다.

선택적으로 기록하기 때문에 면접 내용이 지나치게 단순화되어 초점이 분명하지 않을 수 있다.

3) 이야기체 기록

이야기체 기록은 과정기록이나 요약기록처럼 독립적인 기록형태라기보다는 기록을 할 때 사용하는 문체, 즉 서술방식에 관한 것이다.

직접인용 과정기록은 면접에서 오고 가는 내용들을 직접화법을 이용해서 있는 그대로 작성한다. 직접인용 과정기록은 대화체이다.

간접인용의 과정기록이나 요약기록에서는 직접화법을 쓰지 않고 이야기하듯이 풀어서 서술하는데, 이러한 방법을 이야기체 기록이라고 한다.

4) 문제중심기록

현재 제시되고 있는 문제를 중심으로 문제를 규명하거나 시정하고, 각 문제에 대해 무엇을 할 것인지에 대한 계획을 기록하는 것이다. 문제중심기록은 문제영역의 규정, 문제에 대한 사정, 각 문제해결을 위한 계획에 대한 서술로 구성된다.

문제중심기록은 문제를 목록화한다. 문제목록은 사례의 진행과정 초기에 확인된 문제를 나열하고, 사례를 진행하면서 다른 문제들이 표면화될 때마다 새로운 문제가 추가된다.

각 문제에 체계적인 번호를 매겨 클라이언트의 문제유형을 쉽게 파악할 수 있도록 한다. 문제목록은 사례계획과 개입의 초점을 제공하는 역할을 하며, 개입의 책무성을 나타내는 문서의 기능을 한다. 개입의 초점을 명확히 하며 효율성을 향상시킨다. 문제중심기록은 서비스 진행과 변화 내용에 대해 SOAP 형식으로 기록하는 것이다.

SOAP의 네 가지 요소를 매번 다 기록할 필요는 없으며, 추가되거나 수정될 내용이 있는 요소들만 기록하면 된다.

① S(Subjective information) : 주관적 정보
즉, 문제에 대한 클라이언트, 또는 주요 타자의 진술과 같은 주관적인 자료
② O(Objective information) : 객관적 정보
즉, 사회복지사의 관찰과 같은 사실적이고 객관적인 자료
③ A(Assessment) : 사정
④ P(Plan) : 계획

문제중심기록의 장점은 다양한 분야의 전문가들이 함께 일하는 현장에서 의

사소통을 수월하게 하며, 여러 분야 간의 공조를 원활하게 한다. 전문직 간 책무성이 증가된다.

문제중심기록의 단점은 클라이언트의 욕구, 자원, 강점보다는 문제를 강조함으로써 사회복지실천의 관심의 폭을 지나치게 한정시킬 수 있다. 개인과 환경의 상호작용보다는 개인을 강조함으로써 관련 현상의 복잡성을 단순화시킬 우려가 있다.

부분화를 강조함으로써 통합적이며 체계적인 쟁점들을 왜곡시킬 우려가 있다. 심리사회적 관심보다는 생의학적 관심에 초점을 맞춘다.

5) 기록과 클라이언트의 사적 관리(녹화 · 녹음)

음성녹음과 화면녹화를 이용하여 면접과정을 관찰하고 재조사하며 분석하는 것이다. 면접이나 개입 장면의 전체를 기록하는 것이므로 직접 필기하는 것보다 효과적이다. 기록보관의 보충적인 역할로 사용된다.

녹음 · 녹화 기록의 장점으로는 교육용으로 유용하다. 가족치료 및 실천에 대한 과정지향적인 접근법을 지도 · 감독할 때 유용하다.

단점으로는 클라이언트가 녹음이나 녹화를 지나치게 의식하여 집중력이 떨어지거나, 평소처럼 자연스럽지 않고 어색할 수 있다.

녹음이나 녹화 시 클라이언트에게 사전에 알리고 반드시 동의를 구해야 한다.

6) 컴퓨터와 표준화된 기록

문서를 하나의 독립된 것만이 아니라 타 문서 간의 연결을 통해 새로운 문서를 만들고, 그 변경사항을 추적하여 유기적으로 수정하도록 만드는 것이 사회복지 정보화 자료의 관리이다.

엑셀을 이용한 통합문서는 사회복지현장에서 다음과 같이 활용할 수 있다. 첫째, 예 · 결산서 만들기, 둘째, 협업을 통한 실적서 만들기, 셋째, 협업을 통해 이용자 명부 관리하기, 또한 문서정보를 바탕으로 내부문서 데이터베이스(문서자료를 구조화하기, 이미지파일 관리하기 등) 만들기 등이다.

이렇게 구조화한 내부 데이터베이스는 문서의 색인 및 검색에 유용하다. 또한 시설 종사자가 생산하는 모든 문서의 구조를 일괄적으로 통일한다면, 문서의 통합과 관리(검색하기, Windows 색인 만들기 등) 또한 매우 용이하게 할 수 있다.

또한 전산망을 이용하여 문서의 검토, 승인, 반려 등을 처리하는 시스템(전자결재)으로 결재에 필요한 시간을 최소화하고, 정보관리의 효율성을 증대할 수 있다.

공통 관리를 통한 고유정보 입력 · 수정(시설의 기본 정보에 대해 입력 · 수정 · 관리), 고객 관리를 통한 정보 반영, 인사 관리를 통한 종사자 관리, 회계 관리를 통한 회계 처리, 문서 표준화 등 조직에서 생산, 접수, 관리하는 모든 기록과 문서에 대해 파일화한다는 것은 매우 중요한 의미를 가진다.

공통 시설 정보를 다시 정보체계 유형별로 분류해 보면 다음과 같다.

(1) 조직 정보 체계

사회복지시설의 행정적 기능을 보조하는 역할을 하는 정보 체계로 구체적인 서비스의 대상과 지역, 프로그램과 하위 프로그램의 유형, 서비스 자격 기준이 이에 해당한다.

(2) 성과 정보 체계(수행 정보 체계)

프로그램 또는 서비스 개입에 따른 효과성의 다양한 측면을 평가하기 위해 요구되는 정보를 다루는 체계이다.

(3) 클라이언트 정보 체계

클라이언트에게 제공되는 서비스에 초점을 두는 정보 체계로 개개인에게 제공된 서비스와 달성된 결과에 관한 정보를 다룬다.

KEY POINT

면접의 개요

① 전문적 관계에 바탕
② 정보수집, 과업 수행
③ 클라이언트의 문제나 욕구 해결
④ 시간 제한적인 의사소통

정보수집을 위한 면접

클라이언트 개인, 가족, 사회적 환경 등에 관한 정보를 수집하는 면접

치료를 위한 면접

클라이언트의 변화를 돕기 위한 면접

사정을 위한 면접

① 문제상황에 대한 이해
② 클라이언트의 강점 파악
③ 문제해결 과정의 장애물 탐색
④ 클라이언트의 욕구 우선순위 설정

면접의 구조적 조건

① 클라이언트의 특성을 고려한 유동적 면접 장소
② 편안한 의자 제공
③ 집중력, 의사소통 능력에 따라 시간 조절, 약 50분 전후(45~75분)

구조화 정도에 따른 면접 유형

① 구조화된 면접
② 반구조화된 면접
③ 비구조화된 면접

면접기술

경청하기, 질문하기, 관찰하기, 명료화, 직면, 요약, 초점제공, 재보증 등

사회복지 면접의 특징

① 면접을 하기 위한 세팅과 맥락이 있다.
② 면접은 목적과 방향이 있다.
③ 면접은 계약에 의해 수행된다.
④ 면접은 특정한 역할관계가 있다.
⑤ 면접은 공식적인 활동이다.
⑥ 면접의 목적은 단계마다 달라진다.

사적인 질문에 답하기

가능한 한 간결하게 답하고 초점을 클라이언트로 향함

질문하기

① 개방형 질문
생각과 감정 탐색으로 세부적인 정보와 상황 파악을 정확히 할 수 있음
② 폐쇄형 질문
명백한 사실을 간단히 확인할 때 적절, 클라이언트 이해의 폭 한계 있음

주의해야 할 질문 형태

① 과다하게 '왜'로 묻는 질문
② 중첩 질문, 이중 질문
③ 유도하는 질문

기록

① 과정기록 : 있는 그대로 기록
② 요약기록 : 중요한 정보의 요약
③ 문제중심기록 : 현재 문제중심 구성
④ 녹음 및 녹화기록

녹음 및 녹화기록

① 기록보관의 보충적인 역할
② 교육용으로 유용
③ 클라이언트의 사전 동의 필요

국민연금 수령 연령 기준

① 1952년생까지 : 60세부터
② 1953년~1956년생 : 61세부터
③ 1957년~1960년생 : 62세부터
④ 1961년~1964년생 : 63세부터
⑤ 1965년~ 1968년생 : 64세부터
⑥ 1969년생 이후 : 65세부터 지급개시 연령 도달 시 다음 달부터 지급

기준중위소득이란

① 중앙생활보장위원회의 심의·의결 거쳐 고시, 국민 가구소득의 중위값
② 정부의 모든 지원금 제도 기본지표
③ 부처 사업의 선정기준으로 활용

도덕적 해이

수급권자가 일하지 않고 국가에만 의존하려는 현상을 방지하기 위하여 열등처우원칙이 있다.

열등처우원칙 · 균등처우원칙

① 열등처우원칙
수급자는 비수급자(자력생활자)보다 낮은 생계비로 급부하는 원칙
② 균등처우원칙
수급자의 급여 수준은 전국 어디에서나 균등하게 급부하는 원칙

CHAPTER 09

사회복지실천과정 : 초기단계

제1절 접수 및 자료수집

제2절 사정의 개요

제3절 사정도구

CHAPTER

09 사회복지실천과정 : 초기단계

제 1 절 접수 및 자료수집

1. 사회복지실천과정

사회복지실천과정은 사회복지사가 클라이언트와 클라이언트를 둘러싼 다양한 환경 내의 체계들을 변화시키기 위해 그의 전문적 가치와 지식에 기초하여 개입하는 과정이다.

따라서 사회복지실천과정은 사회복지사가 클라이언트와 그의 환경에 개입하여 변화를 일으키는 과정이다. 즉, 도움이 필요한 클라이언트와 그 가족, 그리고 집단에 대해 사회복지사가 계획된 원조를 단계적으로 제공하여 문제해결을 돕는 일련의 과정이다. 사회복지실천과정에 대한 학자들의 개념은 다음과 같다.

① 셰퍼(Sheafor)

원조과정을 접수와 관계형성, 자료수집과 사정, 계획과 계약, 개입과 모니터링, 그리고 평가와 종결로 구분하였다.

② 헵워스와 라슨(Hepworth & Larsen)

원조과정을 탐색 · 사정 · 계획, 변화와 목표달성, 종결과 평가의 3단계로 구분하였다.

③ **노턴**(Northen)

원조과정을 사정, 계획, 초기단계, 핵심단계(문제해결단계), 종결, 평가의 6단계로 구분하였다.

④ **콤튼과 갤러웨이**(Compton & Galaway)

원조과정을 사정, 계약, 개입, 평가, 종결의 5단계로 구분하였다.

⑤ **커스트-애쉬먼과 헐**(Kirst-Ashman & Hull)

원조과정을 관계형성, 사정, 계획, 수행, 평가, 종결, 그리고 사후지도로 구분하였다.

이처럼 사회복지실천과정은 학자들에 따라 크게는 3단계, 5단계 혹은 6단계, 7단계로 세분화하기도 하는데, 각 과정은 서로 겹치거나 순환되기도 한다. 또한 이러한 과정은 클라이언트의 문제를 해결하고 목표를 달성하기 위해 체계적으로 이루어진다.

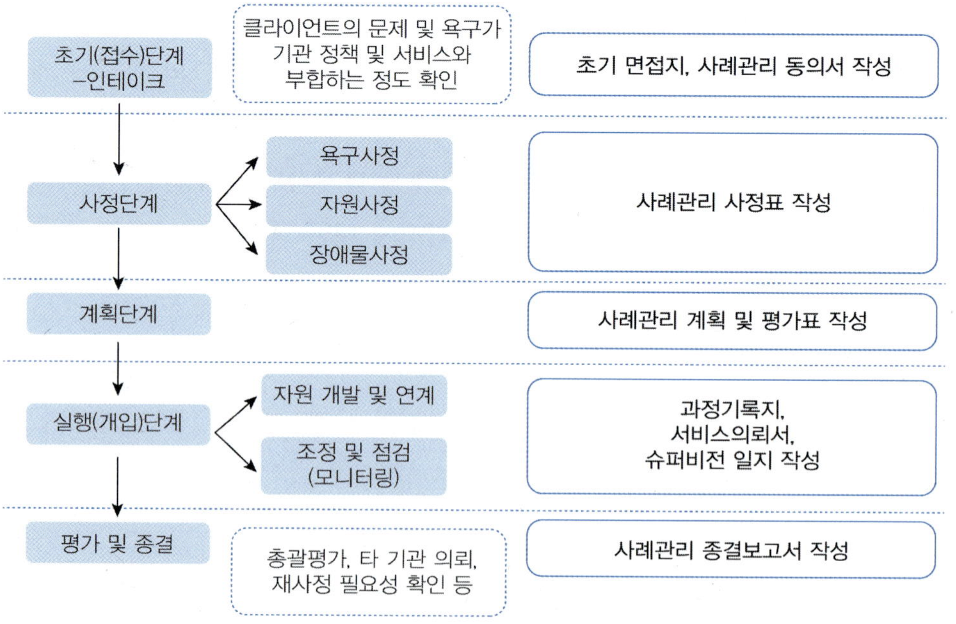

| 그림 9-1 | 사회복지실천 전 과정

2. 접수(Intake)

1) 접수의 개념

접수란 원조과정의 최초 단계로, 문제나 욕구를 가진 사람이 전문가의 도움을 찾고자 사회복지기관을 방문했을 때 사회복지사가 그의 문제와 욕구를 확인하여 그것이 기관의 정책과 서비스를 받을 자격조건을 갖추었는지 여부를 판단하는 과정을 말한다. 이 단계의 주된 목표는 잠재적 클라이언트의 욕구가 기관의 목적과 서비스 내용에 적합한지 아닌지를 판단하여 접수 여부를 결정하고, 접수된 사례의 개입과정에 클라이언트가 최대한 참여하도록 유도하는 것인데 이 두 활동은 상호 긴밀히 연관되어 있다.

기관에서 서비스를 제공할 수 있다고 판단하면 기관을 찾아온 사람은 비로소 클라이언트가 되며 적합한 서비스를 받게 된다. 접수를 인테이크(intake)라고도 한다.

2) 접수절차와 접수 시 필요한 내용

인테이크(intake) 과정에서는 초기 면접지 작성이 실행된다. 초기 면접지를 이용하여 클라이언트에 대한 기본 정보로 이름, 성별, 연령, 가족관계, 연락처, 직업, 교육 정도 등의 기본 정보를 작성한다. 클라이언트가 도움을 요청하는 문제가 무엇인지, 발생한 시기가 언제인지, 사회복지 서비스 혹은 유사한 서비스를 받은 경험은 있는지, 기관을 어떻게 알고 오게 되었는지를 작성한다. 클라이언트가 다른 기관이나 가족으로부터 의뢰된 경우 그 이유를 작성한다.

잠재적 클라이언트에게 기관의 목적과 사회복지사의 역할, 기관에서 제공 가능한 서비스의 종류와 내용에 대해 정확히 설명한다. 서비스를 기대했다가 막상 받지 못하면 실망하고 참여동기가 약화될 수 있으며 기관 및 사회복지사를 불신하기 때문이다. 클라이언트의 문제를 해당 기관에서 해결할 수 없는 경우 클라이언트의 동의를 얻어 다른 기관으로 의뢰한다.

3) 접수과정에서 사회복지사의 역할

접수과정에서 사회복지사는 클라이언트가 자발적으로 접수한 것인지 아닌지를 파악하고, 클라이언트가 전하는 말의 의미를 듣고 고통을 나눈다는 자세를 보여야 한다.

접수과정에서 사회복지사의 주요 역할은 첫째, 클라이언트와의 관계 형성, 둘째, 클라이언트의 문제 확인, 셋째, 클라이언트의 욕구와 기대 확인, 넷째, 기관의 서비스에 대한 정보 제공, 다섯째, 서비스 수혜 여부의 결정, 여섯째, 원조과정에 대한 안내, 일곱째, 관련 서식 작성 등으로 요약할 수 있다.

(1) 클라이언트의 문제 확인

접수 시 문제 확인이란, 내담자의 문제, 즉 잠재적 클라이언트의 문제와 욕구, 기관에 기대하는 바가 무엇인지 확인하는 것이다. 문제의 확인은 현재 클라이언트가 기관에 찾아와서 호소하는 문제와 이와 관련해서 클라이언트가 드러내는 감정에서부터 시작한다. 문제에 대한 심층적 분석이 아니라 표면적으로 나타나거나 호소하는 사항을 통해서 현재 드러난 문제와 욕구 파악에 초점을 둔다.

(2) 관계형성을 통한 클라이언트의 참여유도

사회복지사와 클라이언트 간에 긍정적인 친화 관계를 형성하게 될 때, 클라이언트는 자신의 문제를 솔직하게 표현하고 개입과정에 적극적으로 참여하게 된다. 관계형성은 클라이언트의 닫힌 마음을 여는 일이며, 감정의 표현이나 수용에 의해서 관계의 유대를 확립하는 일, 그리고 주관적 사고로 문제 속에

잠겨있는 클라이언트와 사회복지사의 지각을 증진시키는 일이다. 관계형성을 위해서는 사회복지사의 경청, 감정이입, 침묵의 허용, 공감, 저항 다루기 등의 기법이 필요하다. 관계형성은 개입과정 초기에 집중적으로 이루어지기는 하지만, 개입기간 내내 진행되는 지속적 과정이다.

(3) 서비스 동의 또는 의뢰

의뢰는 신청자가 원하는 서비스를 해당 기관에서 제공할 수 없을 때, 다른 기관을 소개하고 연결해 주는 일이다. 서비스 수혜 여부의 결정과 같은 의미이다.

(4) 양가감정 수용과 저항감 해소

양가감정이란 변화를 원하는 마음과 변화를 원하지 않는 마음이 동시에 공존하는 마음의 상태를 의미한다. 그리고 변화에 대한 저항감은 변화를 하지 않으려는 마음, 혹은 도움을 수용하기 꺼리는 마음을 의미한다. 사회복지사가 클라이언트의 양가감정을 수용해 주면, 클라이언트의 저항감이 해소될 수 있다.

(5) 동기화

클라이언트가 스스로 변화할 수 있다는 믿음과 용기를 가질 수 있도록 사회복지사는 적극적으로 동기를 부여해야 한다. 비자발적인 클라이언트의 경우, 동기화를 위해서 클라이언트가 가진 부정적 감정을 표현하도록 도우며, 공감하고 수용한다는 표현을 해주고 클라이언트가 기관에 참여해야 하는 이유에 대해 사실적 정보를 제공하며, 그가 자발성을 보일 때까지 인내심을 가지고 기다린다.

(6) 관련 서식 작성

서비스에 관련된 일정한 서식을 미리 작성한다. 클라이언트의 기본 정보, 주요 문제, 기관에 오게 된 경로, 의뢰된 이유, 사회서비스 혹은 유사한 서비스를 받은 경험 등을 기록한다.

〈표 9-1〉 초기 면접지(예)

초기 면접지

일시		접수번호	
피면접자	□본인 □가족 □기타	면접자	
면접경로	□본인요청 ( )	□사례관리자 발굴	
	□타 기관 의뢰 ( )	□기관 내부의뢰 ( )	
	□주민 의뢰 ( )	□기타 ( )	
상담장소	□가정 □내방 전화	□지역사회 기관( )	

수급자 성명		생년월일	
수급자 주소		장기요양인정번호	
수급자 주 질환		장기요양등급	
주 부양자 정보	성 명 :	장기요양 인정 유효기관	
	관 계 :		
	연락처 :		
재가급여 (월 한도액)	원	본인부담금(율)	재가 : %
			시설 : %

개인별 장기요양 이용 계획서	장기요양 문제	장기요양목표	장기요양필요영역	장기요양필요내용
	유의사항			
	수급자희망급여			

이용자 욕구	주된 호소내용	본인		가족 (주 부양자)	
	희망하는 서비스	서비스 이용목적		희망 서비스 내용	
	희망하는 서비스 이용계획				

개인별 장기요양이용계획서상의 이용계획 및 이용				
급여종류	횟수		장기요양급여비용	본인부담금
	주		원	원
	월		원	원
합 계			원	원
이용계획 및 비용의 변경 필요 유무			□변경 필요	□변경 불필요
복지용구				

면접자 평가		
	대상 판정	□대상(긴급/일반) □비 대상(정보제공/의뢰 :)

3. 자료수집

1) 자료수집의 개념

사회복지실천과정에서 자료수집이란 클라이언트의 문제를 이해하고 해결하는데 필요한 자료를 모으는 활동이다. 클라이언트의 문제를 면밀하게 이해하기 위해서는 좀 더 다양하고 자세한 정보가 필요하기 때문이다. 자료수집은 사회복지실천 전 과정을 통해 지속되지만 이 단계에서 더 집중적으로 진행된다. 자료수집과 사정은 거의 동시에 순환적으로 일어난다. 사회복지사는 자료수집 시 문제와 욕구를 정확히 사정하여 개입방향을 설정하고, 개입 가능성을 판단하여 필요한 자료를 마련하며, 잠재적 · 실제적 자원과 제약을 파악해야 하는 과제를 지닌다.

2) 자료수집에 포함될 요소(자료의 영역)

(1) 접수단계에서 파악한 클라이언트에 대한 기본적인 정보

접수단계의 기초적인 정보와 클라이언트가 호소하는 문제(클라이언트가 문제라고 인식하는 것)가 무엇인지 기본 정보를 수집한다.

(2) 문제에 대한 깊이 있는 정보

접수할 때에는 문제가 무엇인지 초점을 두었다면, 이때는 문제에 영향을 미친 요인과 문제를 지속시키거나 악화시키는 요인에 대한 정보를 개인적 · 환경적 측면에서 찾아본다.

① 현재상황과 클라이언트가 기관에 오기 이전까지의 노력
② 문제의 직접적인 요인과 상황을 급격히 악화시킨 요인
③ 클라이언트가 이 문제에 대해 과거에 대처한 방식

④ 문제에 관련되어 있는 중요한 타자에 대한 정보
⑤ 클라이언트가 환경 속에서 어떤 영향을 주고받았는지에 관한 정보
⑥ 사회적 · 경제적 · 심리적 요인이 클라이언트나 가족에 대하여 영향을 주는 사실

(3) 개인력

클라이언트가 살아온 역사(유아기, 학령기, 청소년기, 성인기, 노인기 등 발달주기에 따른 인간관계, 생활사건, 클라이언트의 감정 등)에 대해 정보를 수집한다.

(4) 가족력

가족의 역사, 원가족의 가족상황과 가족관계, 현재의 가족구성, 그리고 가족관계 등 가족력에 대해 파악한다.

(5) 클라이언트의 기능 수준

클라이언트의 능력(지적 · 정서적 · 행동적 · 신체적 기능 및 대인관계능력, 업무능력, 문제해결능력 정도 등 클라이언트의 전반적인 기능 수준)에 대해 정보를 수집한다.

(6) 클라이언트의 환경

생활 속에서 현재 이용하고 있는 서비스, 현재 활용 가능한 자원(친밀한 관계, 그리고 이웃과 지역사회에 대한 정보, 사회적 관계망, 주요 사회제도 및 서비스 프로그램에 대한 수혜 경험, 클라이언트가 현재 이용하고 있는 서비스, 활용 가능한 자원 등) 등에 대해 정보를 수집한다.

(7) 클라이언트의 강점, 동기, 한계 등

문제를 해결하고자 하는 클라이언트의 동기, 의지, 변화, 목표 등 그의 장점

(5) 심리검사

객관적이고 과학적인 방법으로 클라이언트에 대한 정보를 얻을 수 있다. 자료와 행동을 수량화하는 데 유용하므로 필요시 전문적 자문을 얻어 활용할 수 있다(예 우울증 척도, 성격검사, 지능검사, 사회성숙도, 결혼만족도, 가족관계 친밀도, 자아존중감 등).

제 2 절 사정의 개요

1. 사정의 개념

자료를 수집해서 분석·종합하는 과정, 혹은 사실적 자료를 해석하고 의미를 부여하여 실천적 개입을 위한 함의를 도출하는 과정이다. 문제가 무엇인지, 어떤 원인 때문인지, 그리고 그 문제를 해결하거나 줄이기 위해 무엇이 변화되어야 하는지에 대해 답하는 사회복지실천과정의 핵심적 단계이다. 사정은 환경 속의 인간의 관점, 개인, 가족, 환경에 대한 사정뿐 아니라 클라이언트가 처한 전반적인 사항에 대한 이해이다.

2. 사정의 목적

사정의 궁극적인 목적은 클라이언트가 가진 문제와 그 상황에 대하여 수집된 정보를 종합적으로 검토·해석하여 그 의미를 부여함으로써 문제를 규명하고, 사회복지실천의 방향을 결정하는 일이다. 사정의 목적은 다음과 같다.

① 클라이언트의 주요 문제, 즉 클라이언트의 신체적·심리적·경제적·문화적인 요인과의 상호작용 측면에서 다각적으로 파악하는 것이다.

② 사회복지사가 클라이언트의 문제에 개입하는 것이 적합한지를 결정하고, 그렇다면 어떤 유형의 개입이 적절하며, 구체적으로 어떤 변화가 필요한지를 결정하는 것이다.
③ 현실적인 목표에 기초한 장・단기 목표를 세우는 것이다.
④ 클라이언트가 변화를 위해 움직이게 하기 위해 채택할 수 있는 환경과 지역사회 자원뿐만 아니라 강점과 자원을 확인하는 것이다.
⑤ 개입결과를 평가하기 위한 클라이언트의 문제에 대한 기초선을 파악하는 것이다.

3. 사정의 특징

사정은 클라이언트와 사회복지사의 상호과정이며, 상황 속의 인간이라는 이중적 관점을 가진다. 수집된 정보를 바탕으로 전체적인 상황을 이해하는 사고의 전개과정이다.

① **지속성** : 사정은 개입과정 내내 계속되는 지속적 과정이다.
② **이중초점** : 사정은 '상황 속의 인간'이라는 이중초점을 가진다.
③ **상호성** : 사정은 클라이언트와 사회복지사의 상호작용 과정이다.
④ **전개과정** : 사정에는 사고의 전개 과정이 요구된다.
⑤ **수평적・수직적 탐색** : 수평적・수직적 탐색 과정을 중시한다.
⑥ **지식기반** : 사정은 지식에 근거해야 한다.
⑦ **욕구발견, 문제정의** : 클라이언트의 문제를 규명한다.
⑧ **개별성** : 클라이언트의 문제와 욕구에 따라 개별화된다.
⑨ **판단성** : 사정단계에서는 판단이 요구된다.
⑩ **한계성** : 클라이언트를 완전히 이해하는 데는 한계가 있다.
⑪ **강점 발견** : 클라이언트의 강점을 발견한다.

4. 사정단계의 과제와 내용

1) 사정의 대상과 영역

① **대상** : 클라이언트가 표명하는 문제와 그 문제에 대한 태도, 강점 및 장애물, 관련된 사람들, 그리고 그들과의 상호작용, 문제행동의 현장 · 빈도 · 지속기간 등

② **영역** : 클라이언트의 정서 · 심리상태, 역할 수행상의 문제, 생활력, 자기방어기제, 클라이언트의 강점과 대처방안, 가족구조와 가족기능, 사회적 지지와 관계망 등

2) 사정단계의 과제

(1) 문제발견

클라이언트가 제시한 문제에 초점을 두고 본질적인 문제가 무엇인지 탐색한다. 그 이유는 제시된 문제가 클라이언트가 가장 시급하게 생각하는 문제이며, 그 문제 때문에 도움을 요청했기 때문이다. 따라서 클라이언트가 제시한 문제를 좀 더 깊이 탐색하고, 표면적인 문제의 원인이 또 다른 상황에 의해 발생할 수 있다는 점에서 본질적인 원인을 찾아 접근해야 한다.

문제는 클라이언트를 둘러싼 환경 속에서 정의되므로 사회복지사는 문제 정의 시 클라이언트의 정확한 이해를 존중하고, 스스로 근원이 되는 문제를 잘 정의할 수 있도록 지지해 주어야 한다. 즉, 문제 정의는 클라이언트의 과업이다.

(2) 정보/자료수집

자료수집과 사정은 동시적이며 순환적인 과정이다. 사정단계에서도 자료,

또는 정보를 지속적으로 수집한다. 다음은 클라이언트의 문제를 사정함에 있어 정보를 수집하는 유용한 질문들이다.

① 클라이언트는 어떤 사람인가?
② 클라이언트는 자기 문제를 무엇이라고 생각하는가?
③ 문제는 얼마나 지속적으로 진행되었는가?
④ 클라이언트 스스로 생각하는 문제를 해결하기 위해 어떤 노력을 해왔는가? 효과는 있었나?
⑤ 클라이언트의 문제에 어떤 사람들이 관련되어 있으며, 어떤 집단이나 사람들이 영향을 받는가?
⑥ 클라이언트에게 영향을 줄 수 있는 주요한 사람들은 누구인가?
⑦ 클라이언트는 문제를 해결하고자 하는 의지가 있고, 동기화되어 있는가?
⑧ 클라이언트가 가지고 있는 강점과 약점은 무엇인가?
⑨ 클라이언트가 활용할 수 있는 자원은 무엇이 있는가?
⑩ 클라이언트를 둘러싼 환경 속에서 찾을 수 있는 자원에는 무엇이 있는가?

(3) 문제형성(문제규정, 문제정의)

문제는 해답을 요구하는 물음이다. 즉, 문제를 규정하여 클라이언트의 욕구와 문제를 발견하고 해결해서 궁극적으로는 클라이언트의 어려움을 해결하는 것이다.

이러한 문제정의는 어디서부터 시작되어야 하는지를 파악하고, 클라이언트의 문제를 발견하면 방향성 등을 고려하여 의사결정을 하게 된다. 그리고 클라이언트의 어려움을 알아내는 과정과 그 문제를 해결하는 과정으로 진행하게 된다. 좋은 문제 해결안을 찾기 위해서는 문제를 정확히 정의하는 것이 중요하다.

따라서 클라이언트가 호소하는 문제와 욕구, 그리고 욕구충족을 방해하는 요인들을 고려하여 문제를 형성하고, 그것을 통해 목표설정과 개입계획을 세우는 일이다. 문제형성은 수집된 정보를 분석하여 사회복지사가 전문적 소견으로 판단하는 것이다.

제 3 절 사정도구

사정(assessment)이란 수집된 자료의 해석과 분석을 통해서 문제의 성격이나 원인에 대한 최종의 문제를 규정하고, 이에 관계하는 개입계획을 개발하기 위하여 핵심적인 역할을 하는 전문적 활동을 말한다. 즉, 클라이언트의 문제와 욕구를 확인하고, 이에 도움이 되는 방법(자원)을 알아가는 과정으로 고도의 기술과 지식이 요구되는 사회복지사의 지적 활동이라고 할 수 있다.

1. 사정도구

사정도구란 클라이언트가 제시하는 정보와 타 전문가들의 평가, 기록, 광범위한 정보를 효과적으로 정리하여 클라이언트에 관한 정보를 한눈에 파악할 수 있도록 할 때 활용한다. 표준화된 사정 도구는 상담자의 선호도와 편견보다는 더 객관적인 결과를 얻을 수 있어 사회복지실천에서 개입의 역량을 발휘하려면 다양한 사정도구를 사용할 필요가 있다.

사정도구를 사용하면 이미 수집된 자료를 쉽게 분석 및 이해할 수 있고 또 다른 자료를 수집하는 것도 가능하다.

1) 가계도

보웬(Bowen)에 의해 개발된 가계도는 2~3세대에 걸친 가족구성원의 정보와 관계를 간단한 그림으로 표시한 것이다. 가족구조에 대한 체계적인 이해, 가족 내에서 클라이언트의 위치, 가족의 상호작용을 분석하여 클라이언트의 문제를 사정하는 데 유용하다. 현재 제시된 문제의 근원을 찾는 것으로 가족 내에서 반복되는 행동적・정서적 패턴을 확인하고 이해할 수 있으며, 항상 사회복지사와 클라이언트가 함께 작성해야 한다.

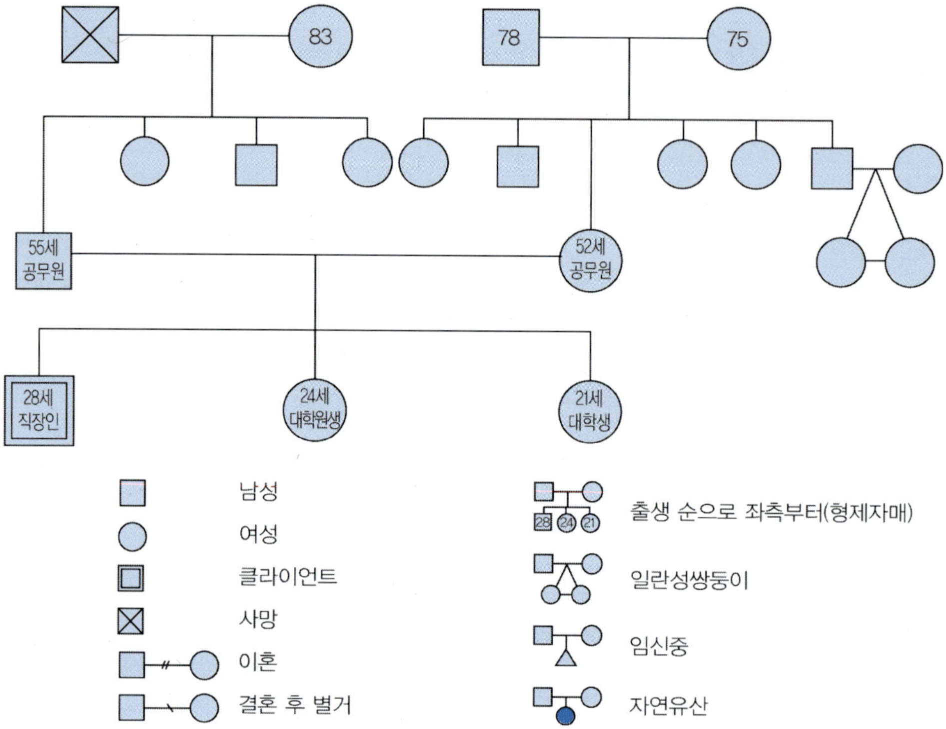

| 그림 9-2 | 가계도 예시

2) 생태도

하트만(Hartman)이 '환경 속의 인간 관점'을 도입하여 개인과 가족의 자원, 가족과 외부 환경 간의 상호작용을 묘사한 가족 사정도구로 클라이언트와 가족들이 환경과 어떠한 관계가 있는지를 그림으로 나타낸 것이다.

생태도를 통해 알 수 있는 내용은 클라이언트뿐만 아니라 그 가족이 환경과 어떠한 상호작용을 하는지, 클라이언트에게 유용한 자원이나 환경, 클라이언트에게 스트레스가 되는 체계, 클라이언트와 환경체계 간 자원 교환의 정도, 에너지 흐름의 방향, 활성화되어야 할 자원 등이 있는지 알 수 있어 문제해결을 위한 개입 계획을 설정하는 데 유용한 도구이다. 원의 크기는 자원의 양을 나타내기도 하고 자원의 양에 관계없이 동일하게 그리기도 하지만 자원이 많고 적음을 표현하기 위해 원의 크기를 이용하기도 한다.

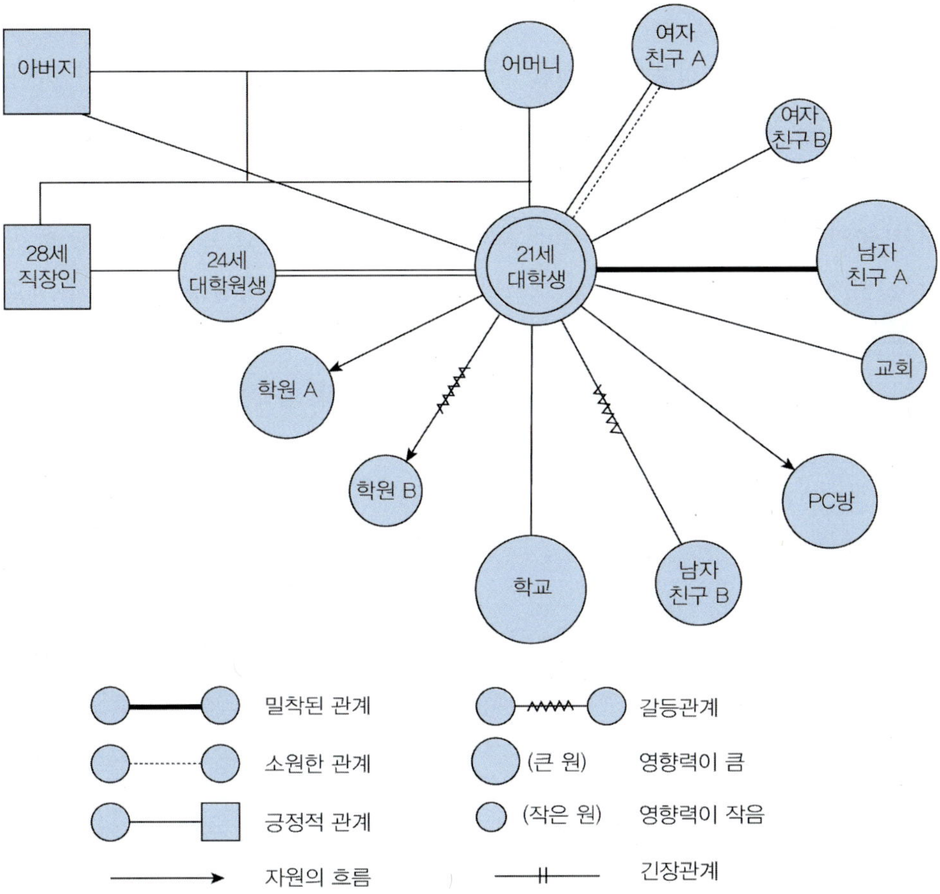

| 그림 9-3 | 생태도 예시

3) 사회도(소시오그램)

집단 내 성원들 간의 상호작용을 그림으로 표현한 것으로, 집단 내에서 지위를 나타내고 성원들 간의 관계는 호의적, 무관심, 적대적인 관계로 표현된다. 집단 내의 소외자, 하위집단, 연합, 경쟁관계, 구성원 간 결속 강도, 배척 여부 등을 파악할 수 있는 유용한 도구이다. 소시오그램은 사회적 관계를 시각화하는 도구로 개인 간의 상호작용, 관계의 정도, 그리고 특성 등을 그래픽으로 나타낸다. 이는 집단 내에서 개인의 위치와 그들 사이의 연결을 이해하는 데 도움을 준다. 주로 학교, 직장, 사회적 집단 내에서 인간관계의 복잡성을 분석할 때 사용한다. 개인들 사이의 관계를 점과 선으로 표현하여 집단 내에서의 사회적 상호작용의 패턴을 나타낸다. 이를 통해 집단 내에서의 리더, 아웃사이더, 서브그룹 등의 역할과 위치를 명확하게 파악할 수 있다.

소시오그램은 교육학, 심리학, 사회학 등 다양한 분야에서 활용된다. 특히 교육 분야에서는 학생들 사이의 친밀도, 괴롭힘 문제, 집단 내 역동성 등을 파악하는 데 유용하다. 이를 통해 교사나 교육관계자들이 학생들의 사회적 상호작용을 이해하고, 교육 환경을 개선하는 데 도움을 받을 수 있다.

이 도구는 복잡한 인간관계의 네트워크를 한눈에 파악할 수 있고, 집단 내에서의 다양한 관계 유형을 쉽게 식별할 수 있게 한다. 또한 집단 내에서 발생할 수 있는 다양한 문제들을 조기에 발견하고 대처하는 데 유용하다.

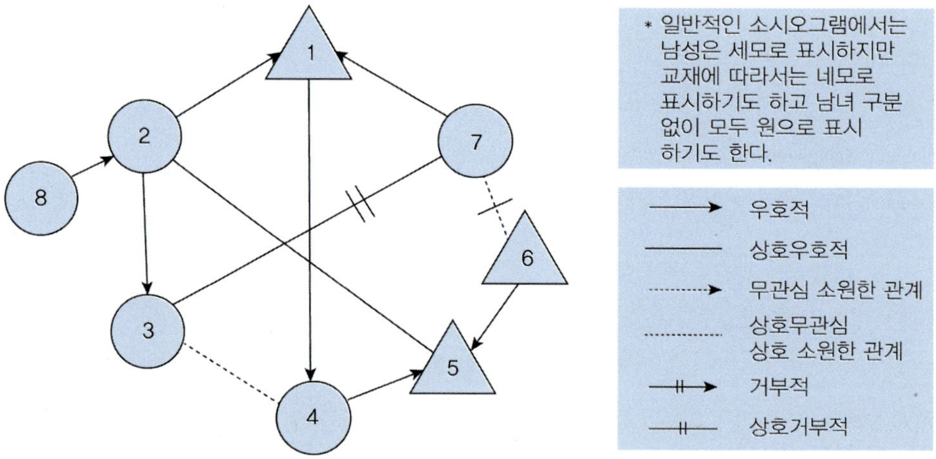

그림 9-4 **사회도 예시**

4) 사회적 관계망 도표

클라이언트의 환경 내에 영향을 미치는 중요한 사람이나 체계를 지칭하는 것으로 사회적 지지 유형과 종류, 강도, 소속감과 유대감, 자원 정보, 접촉 빈도 등에 관한 정보를 나타내는 도표이다. 클라이언트가 이웃, 지역사회, 직장 등 관계를 맺고 있는 체계들과의 상호작용을 나타내어 클라이언트에 대한 이해를 돕는다.

사회적 관계망 활용으로는 효과적인 사회적 지지를 사용하여 자신의 문제나 어려운 상황을 극복할 수 있도록 돕기 위해서 사회복지사는 클라이언트와 함께 잠재적인 사회적 관계망과 그들로부터 받는 사회적 지지를 확인해야만 하는데, 이를 확인하기 위해 사회적 관계망 도표가 활용된다. 도표를 보면, 클라이언트가 중요하다고 생각하는 사람, 즉 사회적 관계망 구성원을 선택하게 되는데, 여기에는 가족, 친척, 친구, 직장동료, 자신이 속한 단체나 동아리, 이웃, 전문가 등이 포함된다.

〈표 9-2〉 사회적 관계망 도표의 예

	생활영역	물질적 지지	정서적 지지	정보적 지지 (조언 등)	비판	원조방향	친밀감	접촉빈도	알고 지낸 기간
사회적 관계망에서 중요한 인물 (지지 제공자)	① 동거가족 ② 다른가족 ③ 직장/학교 ④ 조직 ⑤ 친구 ⑥ 이웃 ⑦ 전문가 ⑧ 기타	① 거의 없다 ② 가끔 ③ 자주	① 거의 없다 ② 가끔 ③ 자주	① 거의 없다 ② 가끔 ③ 자주	① 거의 없다 ② 가끔 ③ 자주	① 양방향 ② 그들에게만 ③ 그들이 당신에게만	① 거의 친하지 않음 ② 가까운 정도 ③ 매우 친함	① 1년에 서너 번 ② 한 달에 서너 번 ③ 매주 ④ 매일	① 1년 이하 ② 1년에서 5년 사이 ③ 5년 이상
김수진	③	②	②	③	③	③	③	③	②
이주원	⑤	②	②	②	②	②	②	②	②
임아영	⑦	②	②	②	②	②	②	②	②
할머니	①	②	②	②	②	②	②	②	②
옆집 아주머니	⑥	②	②	②	②	②	②	②	①
아버지	②	①	①	①	①	②	①	①	

5) 생활력 도표

출생부터 개입시점까지 특정 시기의 클라이언트나 가족의 경험을 시계열적으로 알 수 있도록 도표화한 것이다. 즉, 클라이언트의 삶에서 중요한 사건이나 문제를 시기별로 전개하여 표로 나타낸 사정도구이다. 이 도표는 클라이언트나 그 가족이 겪고 있는 문제의 발생시점과 촉발사건 등을 파악할 수 있고, 사건 간에 보이는 양상이나 관계 등을 파악할 수 있다. 생활력 도표의 특징으로는 생태도나 가계도처럼 원, 선, 화살표 등 기호를 사용하지 않고 표를 이용한다.

생활력 도표는 특정 발달단계의 생활경험을 이해하는 데 도움이 되는데, 아동·청소년을 대상으로 하는 사정에서 유용하게 활용되며, 클라이언트의 삶의 다양한 시기에 관련된 여러 가지 특징들을 조사해 다른 자료와 종합함으로써, 클라이언트의 현재를 이해하는 데 도움을 준다.

〈표 9-3〉 **생활력 도표의 예**

예 클라이언트 : 김박복(여, 43세)

연도	나이	장소	가족	주요 사건	문 제
2013	30	서울	첫째 자녀	출생	미숙아로 태어남
2015	32	광주	남편	실직과 잠적	빚 독촉을 심하게 받아서 남편이 잠적
2019	36	광주	남편	입원	심한 알코올중독
2026	43	김해	가족 모두	친정 근처로 이사	극심한 생활고

생활력 도표는 모든 임상실천에서 공통적으로 사용되는 실천방법으로, 특히 클라이언트의 생애 동안 발생한 사건이나 문제의 발전과정을 사정하는 데 유용하며, 생활력에는 출생부터 연도순으로 지역, 가족, 교육(학교), 건강상태, 활동, 문제(상황) 등을 기록하여 이에 대한 조사를 통해 클라이언트가 개인의 인생사에서 어떠한 변화를 겪어 왔는지를 파악할 수 있다.

KEY POINT

사회복지실천의 5단계

접수 및 자료수집 → 사정 → 계획 → 개입 → 종결 및 평가

접수단계

클라이언트 문제·욕구 확인, 서비스 제공 여부를 판단하는 과정

접수단계의 주요 과업

① 클라이언트 문제 확인
② 적격 여부 판단 및 의뢰
③ 클라이언트의 인적 사항, 방문 동기 등 초기 면접지 작성
④ 관계 형성, 동기화, 양가감정 수용 등을 통한 참여 유도
⑤ 개입 가능성 판단, 개입에 도움이 될 수 있는 자료 마련

접수양식/초기 면접지에 포함되는 내용

① 기본 정보
② 주요 문제
③ 기관에 오게 된 동기
④ 의뢰 이유
⑤ 기본적인 가족관계

자료수집 시 정보의 출처

① 클라이언트가 작성한 양식
② 클라이언트의 이야기
③ 사회복지사가 관찰한 내용 및 클라이언트와의 직접적 상호작용 경험
④ 관련이 있는 사람들로부터의 수집한 정보
⑤ 심리검사나 평가도구의 결과
⑥ 그 밖의 자료(사례와 관련된 신문 자료, 투서 또는 소문 등)

자료수집과 사정의 차이

① 자료수집은 클라이언트와 문제를 이해하는 데 도움이 되는 자료를 모으는 것
② 사정은 자료해석 + 의미부여 + 문제규정 + 개입방향을 결정해 내는 작업

자료수집

개입 가능성 판단, 개입에 도움이 될 수 있는 자료를 마련하는 것

사정 단계의 주요 과업

① 문제발견 : 클라이언트가 제시한 문제 초점, 본질적인 문제를 살펴보는 과정
② 정보/자료수집 : 자료수집과 사정은 순환적 과정, 부족한 자료 재수집 과정
③ 문제형성(문제규정) : 수집된 정보 분석, 전문적 시각에서의 문제 판단

욕구(Need)

인간이나 사회체계가 주어진 상황에서 합리적인 기대에 맞게 기능하는 데 필요

사정에 필요한 정보의 출처

① 언어적 보고와 비언어적 행동의 직접 관찰
② 상호작용 관찰 : 가족과 집단성원 사이의 행동 관찰
③ 클라이언트의 자기 모니터링 : 도표나 그래프로 시각화하여 관찰
④ 정보의 이차적인 출처

사정의 한계성

① 사정을 통해 클라이언트를 완전히 이해하는 것은 불가능
② 실천과정 내내 자료수집과 사정을 통해 새로운 부분을 알아가는 것이 필요

가계도

① 가족의 과거부터 현재까지의 정보, 사각형, 원, 선 등 상징 사용
② 2~3세대 이상 가족관계 도표화, 가족 패턴을 한눈에 볼 수 있음

생태도

① 클라이언트와 환경체계(개인, 기관) 간 관계의 정보, 사각형, 원, 선 등 사용
② 환경 속의 인간 관점 도입, 가족관계, 자원, 외부 환경 간의 상호작용 묘사

사회적 관계망 도표

① 사회적 관계의 지지 정도와 질, 지지의 방향을 파악
② 사회적 지지 유형 구분, 가족의 환경과 필요한 자원 파악에 유용

생활력 도표

① 클라이언트의 생활주기와 가족구성원의 발달단계별 과업을 표로 작성
② 상징을 사용하지 않고 표로 나타냄

가족조각

① 가족구조 및 기능을 살펴봄
② 가족구성원이 공간적으로 스스로 위치하여 가족관계를 몸으로 표현
③ 가족의 상호작용 양상을 나타내어 가족에 대한 이해를 돕는 기법
④ 치료적 기법으로도 사용

소시오그램

① 집단의 구성원이 서로 가지고 있는 감정, 태도를 바탕
② 구성원 상호 간의 선택과 거부, 무관심의 관계를 나타냄
③ 하위집단 형성 여부 등을 파악하는 데 사용

국적

① 속인주의 : 다른 나라에서 태어나도 부모의 국적 기준(한국)
② 속지주의 : 태어난 출생지(국가) 기준으로 국적 취득(미국)

CHAPTER 10

사회복지실천과정 : 중기단계

제1절 계 획

제2절 개 입

CHAPTER

10 사회복지실천과정 : 중기단계

제 1 절 계 획

계획은 앞으로 할 일을 미리 정해놓아 정리하는 행위, 또는 그러한 내용을 뜻하는 말이다. 유의어로 일정, 시간표 등이 있다. 영어로는 Plan, Program 등으로 사용된다. 어떤 일에 대한 로드맵, 미래에 실천해야 하거나 진행해야 하는 절차들을 정리하는 일, 또는 정리한 결과물이다. 계획을 세우는 데에는 최소한 두 가지 요소가 포함되는데, 첫째는 시간이고, 둘째는 해야 할 일, 혹은 달성하고자 하는 목표이다. 여기에 부가적인 요소를 얼마나 많이 기재하느냐에 따라서 계획은 점점 구체화된다. 계획은 공식적이거나 비공식적일 수 있다.

1. 사회복지실천과정에서의 계획

계획은 사회복지실천과정에서 변화에 초점을 두고 사정과 개입을 연계하는 교량 역할을 한다. 계획은 사회복지사와 클라이언트가 함께 밝혀낸 문제해결을 위한 자료들을 구조화하여 필요한 정보를 토대로 목표를 설정하고, 클라이언트와 계약을 하는 과정인 동시에 목표설정과 계약을 포괄하기도 한다.

2. 계획수립 과정

계획수립 단계는 클라이언트의 문제를 어떻게 해결할 것인지 계획을 수립하는 과정인데 크게 목표 설정하기와 계약하기라는 두 가지 활동으로 구성된다. 목표를 설정하려면 먼저 표적문제를 선정해야 하고 그 다음에 개입 목표를 설정해야 한다. 따라서 계획수립 단계에서는 첫째, 표적문제 선정하기, 둘째, 개입목표 설정하기, 셋째, 계약하기라는 세 가지 활동이 순차적으로 이루어진다고 볼 수 있다. 계획수립 단계에서는 클라이언트의 자기결정이라는 사회복지의 원칙에 따라 클라이언트는 자신의 생활에 영향을 줄 수 있는 개입을 위한 활동들에 충분한 알 권리를 가진다. 이때 사회복지사의 사회복지실천활동은 클라이언트의 권리를 존중하여 행해진다.

3. 개입목적 및 목표 설정

1) 개입목적 설정

서비스이용자의 문제와 욕구, 강점과 약점 등을 파악한 다음에는 그들에게 필요한 것들을 결정하고 목적 및 목표를 확정하며 행동계획을 전략적으로 구체화한다. 먼저 목적은 해결책을 제시하는 방향으로 서비스이용자와 사회복지사가 사회복지실천을 통해 전체적이며 최종적으로 원하는 바람직한 결과를 의미한다. 단기적인 개입목표가 달성됨으로써 결국 목적이 달성된다. 그다음으로 목적은 서비스이용자의 문제와 욕구를 정의하고 이에 영향을 미치는 요인 및 자원을 근거로 설정하게 되며, 문제나 욕구가 해결된 상태 혹은 사회복지실천을 통해 변화하기 원하는 궁극적인 변화를 의미하는 개념이다. 개입목적은 개입을 통해 궁극적으로 달성하고자 하는 포괄적이고 추상적인 지향점이다.

2) 개입목표 설정

개입의 목표는 클라이언트가 현 상황에서 벗어나기 위한 바람직한 변화의 방향이다. 목표는 문제가 해결된 상태, 또는 개입을 통해 일어나기를 바라는 변화를 의미하며, 사정단계에서 무엇이 문제인지 규명이 끝나면, 그 문제를 해결하기 위해 개입의 목표를 설정한다. 무엇을 목표로 할 것인가에 대해서 사회복지사와 클라이언트의 합의가 있어야 한다. 목표설정 단계는 개입과정에서 방향을 명확히 제시함으로써 방황하지 않고 진행할 수 있도록 해주며, 개입이 종결된 후 그 결과를 효과적으로 평가할 수 있게 해준다. 목표는 목적을 세분화한 것으로 목적보다는 단기적이며 구체적인 내용이다.

3) 개입목표 설정의 지침

목표설정이 중요한 이유는 개입의 방향을 제시하여 종결 시 결과평가의 기준이 되기 때문이다. 또한 목표설정을 위해서는 사회복지사와 클라이언트 간에 합의 과정이 필요하다.

(1) 헵워스와 라슨(Hepworth & Larsen)의 개입목표 설정의 지침

① 목표는 클라이언트가 바라는 결과와 관련이 있어야 동기부여가 가능하다.
② 목표는 측정 가능한 형태이어야 한다.
③ 현실적으로 달성 가능한 수준으로 목표를 설정하여야 한다.
④ 사회복지사의 지식과 기술에 상응하는 정도의 목표이어야 한다.
⑤ 목표는 성장지향적이며, 긍정적 표현으로 기술해야 한다.
⑥ 사회복지사는 자신의 가치나 권리에 맞지 않는 목표에 동의하지 않아야 한다.
⑦ 기관의 기능과 목표는 일치해야 한다.

(2) 에간(G. Egan)의 SMART 형식에 따라 개입목표 설정하기

① S(Specific)

구체적으로 작성한다.

② M(Measurable)

측정 가능한 형태로 작성한다.

③ A(Achievable)

실현 가능한 표현으로 작성한다.

④ R(Realistic & Result-oriented)

목표는 현실적이어야 하며, 과정보다는 결과로 기술되어야 한다.

⑤ T(Timely & Time frame)

시기에 적절해야 하고, 목표달성을 위한 기간이 명시되어야 한다.

4. 계 약

1) 계약의 개념

개입전략의 구체화 과정이다. 계약은 클라이언트에게 구조, 구체성과 참여감을 주어 문제와 과업을 수행하려는 클라이언트의 동기를 배양하고 강화시킬 수 있다. 계약은 클라이언트가 자신의 활동을 통해서 합의된 목적과 목표에 도달하는 것은 자아존중감을 향상시키고 상황에 영향을 미칠 수 있다는 자신감을 갖게 한다. 계약은 실제 개입의 결과가 얼마나 안정적으로 유지될 것인가를 결정한다.

개입계획을 수립하고 나면 계획을 실행하기 위한 공식·비공식 계약을 맺게 된다. 계약은 목표설정이 끝난 후 문제의 정의, 목표, 클라이언트와 사회복지사의 역할, 시간, 장소, 비용, 개입기법, 평가방법 등 개입계획에 대해 사회복지사와 클라이언트가 동의하는 것이다. 계약과정을 통해 사회복지사와 클라이언트는 개입단계 동안 달성해야 할 목표를 분명히 인식하게 되고, 사회복지사와 클라이언트의 역할과 과제, 개입에 대한 시간적 조건과 비용, 기타 조건에 대해 명확하게 알 수 있게 된다.

2) 계약의 요소

계약의 요소로는 개입목표 설정, 참여자의 역할 명료화, 개입기법, 시간적 조건 등이 있다.

① 개입목표 설정
사회복지사와 클라이언트가 함께 수행하는 서비스의 목표를 재확인하는 것이다.

② 클라이언트의 역할
자신의 감정이나 욕구, 그리고 자신이 바라는 바와 개입과정에 대한 기대를 사회복지사에게 분명히 표현하는 것이다.

③ 사회복지사의 역할
조력자, 중재자, 옹호자, 활동가, 협상가, 교육자, 집단촉진자, 대변자 등의 역할을 하는 것이다.

④ 개입기법
사정 시 해결되어야 할 문제와 욕구가 분명히 정의되고 그 치료적 대안들이 명백하다면, 초기 계약과정에서 개입기법을 구체적으로 제시할 수 있다.

⑤ 시간적 조건 : 개입기간
시작할 때 그 기간을 미리 정하는 형태(time-limited), 정하지 않는 형태(open-ended)가 있다. 세션의 빈도와 각 세션의 시간, 비용 등은 클라이언트의 상황과 기관의 상황을 고려하여 결정하되, 가급적 클라이언트의 상황을 많이 반영하도록 노력하는 것이 클라이언트의 자발성을 촉진시킬 수 있다.

3) 계약에 포함될 내용

계약에 포함될 내용으로는 개입의 목표, 과제, 서비스, 서비스제공 방법, 참여자 각자의 역할과 책임, 평가기준 및 방법, 종료 조건, 기간, 참여자 등이 있다.

① 클라이언트에 관한 정보

클라이언트의 이름, 사례번호, 인적사항 등

② 시간적 조건, 물리적 조건

개입기간과 세션의 빈도, 한 세션에 소요되는 시간 등 명시. 개입형태에 따라 기간을 정할 수도 정하지 않을 수도 있음. 모든 물리적 조건은 클라이언트의 상황이나 기관의 상황을 고려해서 기록

③ 문제와 목표

개입이 필요한 문제, 개입의 목표를 구체적으로 작성. 사회복지사와 클라이언트가 합의한 목표 등

④ 개입계획

클라이언트의 역할과 과제, 사회복지사의 역할과 과제

⑤ 사용되는 개입기법, 그리고 형태

목표 달성을 위해 필요한 개입기법 구체화. 개입기법을 클라이언트가 이해하도록 설명하고 논의하고 동의를 얻어야 함

⑥ 평가기준 및 방법

목표와 과정에 대한 평가기준 및 방법 구체화

⑦ 약속 취소와 변경의 조건

종료조건 등, 개입이 진행되면서 클라이언트의 상황(이사 등)이나 특정 상황에 따라 변경될 수 있는 계약의 융통성 제시

⑧ 비용

합의된 목표를 달성하기 위해 사용될 비용

⑨ 서명

사회복지사와 클라이언트가 각각 서명. 최초의 계약은 단지 예비단계일 뿐이고 사례의 변화하는 환경에 따라 변경해야 함

4) 계약의 유형

계약이란 2인 이상의 당사자가 서로 대립하는 의사표시의 합치로 성립시키는 법률행위를 말하나 법적인 효력을 가지지 않는다. 그러나 계약으로 인하여 당사자 간에 일정한 법률효과(권리와 의무의 발생·변경·소멸 등)는 발생한다. 사회복지사나 클라이언트가 계약 내용을 이행하지 않았다고 법적 처벌을 받지는 않는다. 사회복지실천에 대한 양자의 책임, 적극적 참여, 동기화 등을 고려할 때 계약을 맺는 것이 유용하다.

(1) 구두계약

구두계약은 서면계약에서 명시한 내용을 서류라는 형식을 사용하지 않고, 언어를 사용하여 계약을 맺는 것이다. 서면계약과 비교할 때 신속하게 진행되며, 서명을 거부하거나 불편해하는 클라이언트에게 적용하기 쉽다. 구두계약을 맺을 때 사회복지사는 개인적 수준에서 계약의 내용을 기록해 둘 필요가 있다(녹음이나 메모 등).

(2) 서면계약

사회복지사와 클라이언트가 개입목표 및 과정, 시간적 조건 등에 대해 합의한 내용을 문서로 작성하는 것이다. 계약서에는 클라이언트에게 제공될 서비스 결과, 결과를 달성하기 위해 취해야 할 주요 활동, 사회복지사와 클라이언트의 역할과 책임성, 관련된 시간계획 등이 명시되며, 클라이언트와 서비스 제공자는 서류에 서명하게 된다.

제 2 절 개 입

1. 개입의 개념

개입의 사전적 의미는 분석가가 환자와 의사소통하는 모든 것을 일컫는 포괄적인 용어로서 지시, 설명, 질문, 직면, 명료화, 재구성, 해석 등이 포함된다. 사회복지실천에서의 개입은 사회복지사와 클라이언트가 합의하여 결정한 문제(표적문제)를 해결하기 위한 계획(목표와 계약)을 실천하는 과정, 즉 사례관리가 본격적으로 이루어지는 과정이다. 따라서 개입은 수립된 계획에 따라 개입활동을 실시하는 과정이다. 개입은 사정단계에서 수립된 계획을 직접 실행하는 과정이며, 변화에 초점을 두는 원조관계의 핵심과정이다. 개입은 클라이언트의 인지적·행동적·정서적 변화를 초래할 수 있도록 돕는 과정이며, 클라이언트의 문제해결을 위해 긍정적인 변화를 이끌어 내는 과정이다. 이 단계에서는 다양한 개입전략과 기술을 적용하여 클라이언트의 문제를 해결하고, 목표를 달성하도록 지원한다. 개입의 목표는 다음과 같다.

첫째, 문제해결을 위한 구체적인 변화전략의 수립이다.

둘째, 개입, 원조, 교육, 동기유발, 자원연결, 행동변화 등을 통한 변화의 창출이다.

셋째, 지속적인 점검을 통한 변화 정도의 유지와 평가이다.

개입단계의 초점은 문제해결을 위한 클라이언트의 변화노력을 지원하기 위해 구체적인 변화전략을 수립하는 과정이며, 상황에 따라 상담이나 지역사회와의 자원 연계, 새로운 자원의 개발, 사회적 지지집단의 활용, 교육, 역할극 등 다양한 전략으로 접근한다. 또한 계획대로 문제해결과정이 진행되고 있는지를 끊임없이 모니터링하면서 잘 될 수 있도록 인도하고 지지와 환류를 제공한다. 개입은 문제해결을 위해 목표를 달성하려는 일련의 전문적 활동이라 할 수 있다.

2. 개입과정에서 사회복지사의 역할(Compton & Galaway)

① 중개자

클라이언트와 자원을 연결하는 역할이며, 사회복지사는 기관에서 제공하고 있는 프로그램의 이용절차뿐만 아니라 지역사회의 자원에 대하여 충분한 지식을 갖추고 있어야 한다.

② 중재자

대립하는 당사자들 사이의 논쟁을 진정시키고, 그들 사이의 의사소통이 회복될 수 있도록 도와주는 것이다.

③ 조력자

클라이언트를 지지하고 격려하며, 안내하는 역할을 한다. 이를 통해 클라이언트가 보다 쉽게 과제를 해결해 나갈 수 있도록 도움을 준다. 클라이언트를 임파워먼트 하는 것이다.

④ 교사

교육적 전략을 통해 사회복지사는 현재의 문제를 해결하고, 심지어 앞으로 발생할 수도 있는 다른 어려움을 예방하거나 사회적 기능을 향상시키는 데 필요한 정보를 제공해 줌으로써 클라이언트의 역량을 강화시킨다.

⑤ 옹호자

클라이언트의 권리를 보호하기 위해 클라이언트와 다른 체계 간의 중재자로서 행동한다. 공인된 합법적 수단을 활용하여 개인을 대신해서 그의 권리를 옹호하고 방어하는 행위이다.

⑥ 변화매개자

변화매개자의 역할은 사람들로 하여금 그들의 능력을 확장시키고, 그들의 문제 해결과 대처능력을 향상시키는 사회복지의 목적과 일치한다. 이러한 역할은 사람들 이 그들의 욕구를 확인하고, 그들의 문제를 명확히 하고, 그것을 효과적으로 다룰 수 있는 능력을 향상시키는 것을 도움으로써 수행된다.

⑦ 협상가

갈등 상황에서 상호 합의에 도달하도록 중간 지점을 찾아주는 역할을 한다. 양쪽 모두 잘 해결되기를 바란다는 부분에서는 중재자와 유사하나, 협상가는 중립을 지키기보다는 한쪽, 특히 클라이언트와 동맹을 맺는 쪽이다.

⑧ 집단촉진자

사회복지사는 집단과정을 촉진시킴으로써 집단의 기능을 격려하고, 집단 내의 지지를 자극하며, 집단의 상호작용을 관찰하고, 건설적인 피드백을 제공하며, 집단 역동성과 과정에 관한 정보를 공유한다.

3. 개입의 유형 및 개입기술

사회복지실천상의 모든 개입활동은 직접과 간접 영역 두 가지로 분류할 수 있다. 클라이언트와 합의한 개입목표를 달성하기 위해 사회복지사는 클라이언트를 변화시키기도 하고, 클라이언트를 둘러싼 환경을 변화시키기도 한다. 일반적으로 전자를 직접개입, 후자를 간접개입으로 구분한다.

1) 직접적 개입

직접적 개입은 개인이나 가족, 집단 등 미시체계 수준에서의 개입을 말한다. 직접적 개입이 필요한 문제들은 첫째, 클라이언트의 내적, 그리고 주관적 원인에서 비롯된 문제, 둘째, 대인관계의 문제, 셋째, 문제 초점이 불분명해서 문제해결이 어려울 때, 넷째, 위기상황에서 복잡한 감정과 갈등을 경험할 때, 다섯째, 클라이언트의 능력이 손상된 경우 등이다. 서비스이용자를 위한 직접개입활동에서 사용되는 개입기법은 정서・인지에 개입되는 기술, 행동을 변화시키는 기술, 문제해결기술, 사회훈련기술, 스트레스 관리기술, 상담, 가족치료, 정보제공하기, 교육하기 등이 해당한다.

(1) 의사소통 개입기술

대화기술로서 클라이언트의 정서적 안정, 인지구조 변화, 상황인식능력 향상 등이 목적이다. 대화는 말하기뿐만 아니라 경청의 기술 또한 매우 중요하다. 원활한 의사소통은 대화의 연결감이 안전하게 흘러가는 것이다.

① **정서적 안정**

심리적 부적응 상태를 건강하고 자신감 있는 상태로 회복시키고, 불합리하고 불건전한 정서적 상태를 적절하게 해소시키는 것이다.

② **인지구조의 변화**

클라이언트의 부정적이고 왜곡된 사고 구조를 변화시켜서 현실 인식을 돕는다. 초점화, 직면, 재명명 등을 적절히 활용함으로써 클라이언트의 왜곡된 인지구조를 변화시킨다.

(2) 행동변화 개입기술

새로운 행동을 학습하거나 기존 행동을 수정하도록 도울 때 사용하는 기술이다. 명확하게 규정되고 측정이 가능하도록 정의된 행동을 의미한다.

① **강화**(reinforcement)

특정 행동 이후 강화물을 제공해 그 행동을 지속하게 한다. 정적 강화는 바람직한 행동 후 강화물을 제공한다(당근을 준다). 부적 강화는 바람직한 행동 후 부적 조건을 제거함으로써 그 행동을 증가시킨다.

② **처벌**(punishment)

특정 행동 이후 고통스럽고 불쾌한 벌을 가함으로써 행동을 줄인다. 정적 처벌은 표적행동 후 처벌함으로써 행동을 감소시킨다. 부적 처벌은 표적

행동 후 생활의 유쾌한 정적 조건을 제거함으로써 그 행동을 감소시킨다.

③ **소거**(extinction)

바람직하지 않은 행동을 줄이기 위해 그 행동을 무시하는 것이다. 벌을 사용하는 대신 특정 행동을 무시함으로써 자연히 그 행동이 소멸되도록 하는 전략이다.

④ **타임 아웃**(time out)

바람직하지 못한 행동을 강화하는 환경으로부터 클라이언트를 일시적으로 격리해 문제행동을 감소시킨다.

⑤ **토큰 경제**(token economy)

교회에서 달란트 같은 것이다. 달란트를 모아서 달란트 잔치 때 상품 교환을 하는 것, 이런 원리를 토큰 경제라고 한다. 즉, 어떤 좋은 행동을 했을 때 토큰을 주고, 그것이 쌓이면 다른 원하는 보상으로 바꿀 수 있다.

⑥ **행동조성**(shaping)

기대하는 행동의 학습을 위해 그 행동을 작은 단위로 세분하여 과제를 제시하는 것이다.

⑦ **모델링**(modeling)

타인의 바람직한 행동을 모방하도록 모델을 제시해 주는 것이다. 관찰, 책, 비디오, 역할극을 통해 시행이 가능하다.

2) 간접적 개입

간접개입은 클라이언트를 둘러싼 환경을 변화시켜 클라이언트의 문제를 해결하는 개입 유형이다. 클라이언트를 둘러싼 환경에 문제가 있거나 두 체계 간 상호작용에 문제가 있으면 클라이언트가 어려움을 겪기도 하는데, 이런 경우 클라이언트의 변화만으로는 문제가 해결되지 않으며 환경의 변화 혹은 클라이언트와 환경 간 상호작용의 변화를 위하여 간접개입을 한다. 클라이언트가 관계하고 있는 환경, 즉 사회적 연계, 소집단, 조직 또는 지역사회 변화를 도모한다. 사회적 지지체계나 자원을 발굴하거나 연계하기, 서비스 조정, 새로운 프로그램 개발, 서비스이용자를 위한 옹호활동 등이 해당된다.

(1) 사회적 지지체계의 개발(대인관계로부터 제공되는 자원)

사회적 지지체계는 사회복지사가 기존의 체계들이 클라이언트의 욕구에 맞게 적절히 기능하도록 원조하는 것이다. 공식적 지지체계는 클라이언트의 욕구에 환경이 반응할 수 있도록 기존의 공식적 지지체계를 활용하는 것이다. 즉, 사회복지기관이나 프로그램, 또는 서비스를 활용하는 것이다. 사회복지사는 클라이언트의 특수한 욕구를 만족시킬 수 있는 지역사회 내 다양한 기관과 프로그램에 대한 충분한 정보를 가지고 있어야 한다.

① **비공식적 사회적 지지체계**
자연적 지지체계로서 가장 가까운 사람들(가족, 친구, 이웃 등)이 제공하는 감정적 지지, 충고와 정보 제공, 금전적 도움 등이다.

② **공식적 지지체계**
사회복지기관, 학교, 종교단체, 비영리단체, 공공기관, 정부에서 제공하는 서비스나 프로그램을 말한다.

③ **자조집단**
비슷한 어려움이나 관심사를 가진 사람들이 자발적으로 집단을 만들어 경험을 공유하는 상호원조 집단을 말한다.

④ **자원봉사자 활용 등**

(2) 자원 및 프로그램의 개발과 중개

클라이언트의 문제를 해결할 수 있는 서비스나 프로그램이 지역사회 내에 존재하지 않을 때, 사회복지사는 이를 해결할 수 있는 프로그램이나 서비스를 개발한다. 예를 들면, 빈곤가정 결식아동에게 무료급식을 제공한다거나, 희귀난치성 질환 환우를 위한 모금운동 전개 등을 예로 들 수 있다.

(3) 서비스 조정(coordination) 및 의뢰(referral)

서비스 조정은 기관의 여러 전문가들이 특정한 클라이언트에게 관심을 가지고 서로 연결하는 것이다. 의뢰는 서로 다른 기관의 전문가들이 연결되어 서비스를 제공하는 형태의 조정으로 의뢰한 서비스가 제대로 전달되고 있는지, 그 결과가 어떤지를 포함하는 것이다. 사례관리는 클라이언트의 문제와 욕구를 평가하여 클라이언트가 필요로 하는 서비스나 자원을 찾고, 이를 연결해 주고, 조정·점검·평가하는 것이다. 예를 들면, 서비스 조정은 빈곤아동에 대한 방과 후 교실, 급식비 지원 서비스를 제공하기 위해 학교사회복지사가 교사와 영양사와 함께 논의하는 것이다.

(4) 환경조정(environmental manipulation)

클라이언트의 사회적 기능을 강화하기 위해서 클라이언트의 환경에 변화를 가져오게 하는 것이다. 클라이언트의 대인관계를 포함한 생활환경의 개선을 위하여 사회자원을 사용하기도 하고, 심리적 원조를 제공하여 사회환경에 좋지 못한 요인들을 감소시키거나 제거하여 생활기능을 강화하는 것이다. 예를 들면, 왕따 학생 보호를 위해 가해자와 방관자를 대상으로 상담과 교육을 시행하고, 담임교사와 교장선생님의 협조를 통해 피해학생이 안전하게 학교를 다닐 수 있도록 환경을 조성하는 일이다.

(5) 옹호(advocacy)

옹호란 클라이언트에게 제공되지 않는 자원과 서비스를 얻을 수 있도록 하고, 클라이언트에게 불리한 영향을 미치는 실천이나 절차, 정책 등을 수정하며, 필요한 서비스 자원을 제공받을 수 있는 정책이나 절차를 만들기 위해 클라이언트와 함께, 또는 클라이언트를 대표해서 일하는 것이다. 즉, 힘이 약한 클라이언트를 위해 설득이나 강제력을 동원하여 영향력을 행사하는 것이다.

예를 들면, 임금 체불을 당하고 있거나, 비인간적인 방법으로 서비스를 받고 있거나, 차별받고 있거나 할 때 도와주는 것이다. 사회복지사는 모든 개인이 인간으로서의 존엄성을 가지고 살 권리가 있다고 믿으며, 차별, 빈곤, 불평등과 같은 장애물을 극복하기 위해 옹호활동을 한다.

KEY POINT

계획수립 과정(목표설정과 계약)의 주요 과업

① 1단계 : 클라이언트와 함께하기-욕구 명료화와 자기결정
② 2단계 : 문제의 우선순위 정하기-표적문제 선정
③ 3단계 : 목적 설정하기-개입의 필요성을 분명하게 함
④ 4단계 : 목적을 목표로 구체화하기
⑤ 5단계 : 계약의 공식화

목적과 목표 구분하기

① 목적 : 개입을 통해 얻고자 하는 장기적이고 궁극적 결과
② 목표 : 목적을 세분화한 것으로 단기적이며 구체적인 것

목표설정의 중요성

① 개입 방향을 명확히 제시
② 결과를 효과적으로 평가할 수 있는 근거

목표설정의 우선순위 기준

① 클라이언트에게 가장 시급한 문제
② 단기간에 달성할 수 있어 성취감을 느낄 수 있는 것
③ 클라이언트와 사회복지사가 합의된 문제로 선정한 것
④ 사회복지사의 능력과 기관의 기능상 무리 없이 달성할 수 있는 것

에간(G. Egan)의 SMART 형식의 개입목표 설정

① S(Specific) : 구체적으로 작성
② M(Measurable) : 측정 가능한 형태로 작성
③ A(Achievable) : 실현 가능한 표현으로 작성
④ R(Realistic & Result-oriented) : 목표는 현실적, 과정보다는 결과로 기술
⑤ T(Timely & Time frame) : 시기에 적절하고, 목표 달성을 위한 기간 명시

계약의 개념

목표설정에 따른 역할, 시간, 장소 비용, 기법, 평가에 대해 클라이언트와 동의

계약형식

① 서면계약 : 가장 공식적인 계약
② 구두계약 : 신속하고 쉽지만 공식적 힘 없음
③ 암묵적 계약 : 오해와 분쟁의 가능성이 있음

계약의 중요성

① 클라이언트 권리 보장
② 계획을 수립하고 수행하는 데 클라이언트 통제 능력 증대
③ 클라이언트의 충분한 의견 반영
④ 개입구조와 구체성으로 문제와 과업을 수행하려는 동기 촉진
⑤ 합의된 목표로 클라이언트의 자아존중감 형성과 자신감 향상

개입단계의 주요 과업

① 문제를 해결하기 위한 구체적인 변화전략 수립
② 원조, 교육, 동기유발, 자원연결 등을 통한 클라이언트의 변화 창출
③ 지속적인 점검을 통한 변화의 유지와 평가

개입단계에서 고려할 사항들

① 문제를 정확히 정의
② 문제해결을 위한 방향과 가능한 방안 설정
③ 문제해결 방안에 관련된 정보수집
④ 수집된 자료를 바탕으로 대처 행동 의논
⑤ 검사와 심리진단자료 등을 참고로 바람직한 행동절차와 의사소통 계획 수립
⑥ 계획된 것을 실제 생활에서 실천해 봄
⑦ 실천결과를 평가하고 행동계획 수정, 보완

직접적 개입

① 클라이언트와 직접 관계하면서 변화 추구
② 클라이언트를 직접 변화시켜서 클라이언트의 문제해결
③ 클라이언트의 내적, 주관적 원인에서 비롯된 문제들
④ 정서, 인지에 개입하는 기술 : 격려, 재보증, 일반화, 초점화, 직면, 조언 등
⑤ 행동변화 기술 : 모델링, 타임아웃, 체계적 둔감법, 역할연습, 강화, 소거 등
⑥ 정보제공, 가족치료, 교육, 상담 등

간접적 개입

① 클라이언트를 둘러싼 환경을 변화시켜 클라이언트 문제해결
② 사회적 지지체계 개발
③ 서비스 조정에 관련된 활동
④ 프로그램 계획과 개발
⑤ 환경조정(조작), 옹호, 자원개발, 의뢰 등

스티그마(Stigma)

낙인을 뜻하는 용어로, 수치심 등으로 다른 사람들에게 무시당하고 부정적인 인식(사회복지실천에서 낙인감 감소 필요)

빈곤의 함정(가난의 덫)

① 근로에 의한 소득보다 실업자에 대한 재정적 급여가 높을 경우 일할 능력이 있는 사람이 근로를 회피하는 현상
② 열등처우원칙 정책으로 빈곤함정을 방지(1834년 영국 신구빈법부터 시행)

빈민 분류

가치 있는 빈민	선량한 성격, 비의존적인 자활의지가 있는 등의 빈민	민간 구제 가치 있음	민간 구제
가치 없는 빈민	나태한 성격, 비양심적인 의존적 성격 등의 빈민	민간 구제 가치 없음	정부 구제

CHAPTER 11

사회복지실천과정 : 종결과 평가단계

제1절 종 결
제2절 평 가

CHAPTER

11 사회복지실천과정 : 종결과 평가단계

제1절 종 결

종결은 원조관계를 해제하기 위한 체계적인 절차를 나타내며, 계획된 종결과 계획되지 않은 종결로 나뉜다. 계획된 종결은 종결일을 미리 정하고 서비스 유형과 문제에 따라 종결 방식을 결정하며, 계획되지 않은 종결은 클라이언트나 사회복지사의 사정에 의해 조기종결되거나 일방적으로 발생한다. 이러한 종결 절차는 원조관계를 마무리하고 클라이언트의 상황을 고려하는 중요한 과정이다.

일반적으로 가장 바람직한 종결은 서비스 목표가 분명하여 달성 여부를 객관적으로 확인할 수 있는 경우이다. 서비스 목표가 증상 중심이고 구체적인 행동 목표일 때 종결을 결정하기가 비교적 쉬운데, 이러한 서비스 방법은 행동치료, 단기치료, 위기개입 등이 있다. 반면에 정신분석이나 다른 장기치료에서의 종결은 복잡하고 불분명하다. 그 이유는 서비스 목표가 비교적 덜 구체적이고 애매모호한 경우가 많기 때문이다. 의존적 경향이 강한 클라이언트라면 종결을 조심스럽게 다루어야 한다. 그들과 종결을 작업할 때 다른 클라이언트보다 긴 시간을 두고 종결을 논의해야 한다. 그들은 사회복지사와의 종결을 때로는 버림받는다고 느끼기 때문에 오히려 더 큰 상처를 받을 수 있다.

1. 사회복지실천과정의 종결

종결이란 개입활동을 계획에 따라 마무리하는 것이다. 계획이 종료되거나 목적이 달성되었을 때, 현실적인 어려움으로 원조과정을 지속할 수 없을 때 진행한다. 바람직한 종결은 클라이언트에게 성과를 검토할 기회를 제공하고, 클라이언트가 자신이 변화의 주체임을 인식하며, 종결 이후의 생활에 관해서도 자신감을 느끼게 해주는 것이다. 종결단계의 과업은 다음과 같다.

첫째, 성취된 변화를 유지하고 일반화한다.

둘째, 성원들의 종결에 대한 감정을 다룬다.

셋째, 다른 자원에 클라이언트를 의뢰한다.

넷째, 불만족스러운 종결의 원인을 분석한다.

다섯째, 성원들의 종결에 대한 준비를 원조한다.

여섯째, 개별 성원의 독립적 기능을 촉진하고, 집단에 대한 의존성을 감소시킨다.

일곱째, 미래에 대한 계획을 세운다.

여덟째, 집단 활동을 평가한다.

아홉째, 종결을 통보한다.

따라서 사회복지사는 그동안의 과정을 통해서 획득한 변화나 기술, 기법 등이 종결된 이후에도 유지될 수 있도록 계획을 수립한다.

2. 종결의 유형

1) 계획된 종결

계획에 따라 집단이 종결되는 경우이다. 목적과 목표를 성취하여 더 이상 서비스를 받지 않아도 되는 성공적인 종결을 맞기도 하고, 그렇지 않을 수도 있다.

(1) 목표 달성으로 인한 종결

바람직한 종결은 목표 달성, 충분한 진전, 제시된 상황이나 문제에서 벗어났을 때이다. 종결시점이 오면 접촉 빈도를 줄이면서 정서적 반응을 다룰 필요가 있다.

(2) 일정 기간만 개입이 계획되었을 때 종결

학기 중에만 서비스를 제공하는 학교 프로그램, 입원 기간에만 제공되는 병원 서비스 등이 있으며, 미리 알려진 종결이므로 클라이언트가 종결에 따른 감정을 해소할 시간을 가지게 된다. 종결에 대한 감정처리와 클라이언트의 문제해결을 위해 다른 기관으로 의뢰해야 한다는 이중부담이 있다. 따라서 기관 특성의 한계를 설명하고 적절한 의뢰를 해주는 것이 필요하다.

(3) 시간 제한적인 개입으로 인한 종결

애초에 개입 기간을 정하고 시작하는 방식으로 클라이언트의 정서적 애착과 의존뿐만 아니라, 종결에 따른 상실감도 줄일 수 있다. 사회복지사는 원조과정에서 얻을 것을 분명히 말해주고, 계속 개입이 필요하다면 다른 계획을 세우며, 개입 기간에 배운 것을 일상생활에 어떻게 적용할 것인지 확인하고, 사후 회기가 필요하다면 계획한다.

(4) 시간적 제한이 없는 종결

시간제한이 없는 방식에 의한 계획적 종결에서는 언제 종결할 것인지를 결정하는 것이 중요하다. 일반적으로 사회복지사와의 만남을 통해 원조과정에서 얻는 이득이나 효과가 점차 줄어들어 중요성이 없어질 때가 종결시점이다. 장기간 개입과정으로 클라이언트의 의존심이 증가하고 두 사람 사이에서 일어나는 인간관계의 정서적 반응이 친밀하고 밀접하므로 종결이 어려워질 수 있으니 더욱 주의해야 한다.

2) 계획되지 않은 종결

계획되지 않은 종결에는 클라이언트의 중도탈락에 의한 종결, 사회복지사의 사정에 의한 종결 등이 있다.

(1) 클라이언트의 일방적 종결

갑자기 연락이 두절되거나, 약속을 자꾸 어기거나, 여러 핑계를 대면서 문제를 노출하지 않거나, 종결을 원하는 마음을 간접적으로 표시할 때이다. 사회복지사는 클라이언트에게 종결은 중요한 문제이므로 신중하게 생각하라고 권하지만, 결국은 클라이언트의 자기결정권을 존중하는 것이 바람직하다.

(2) 사회복지사의 이동으로 인한 종결

사회복지사의 이직, 병으로 인한 휴직, 법적인 문제 등 개인 사정으로 종결되는 경우이다. 클라이언트가 감정을 적절히 처리하도록 돕고, 다른 사회복지사를 소개해 주거나 의뢰가 이루어지도록 돕는다.

3) 종결 반응

종결 반응에 대한 사회복지사의 기본적 개입 전략은 지지이다. 클라이언트의 부정적 종결 반응은 다음과 같다.

(1) 사회복지사에게 매달리는 반응

종결에 대한 긍정적 의미를 부여함으로써 종결 불안을 줄이도록 노력한다. 클라이언트가 독립적으로 문제를 해결하는 것이 목표임을 강조한다.

(2) 과거의 문제가 재발했음을 보고하는 경우

종결 이후 삶에 대한 불확실성과 두려움을 해소하고 위로해 주는 데 초점을 두고, 원조과정을 진행한다. 클라이언트가 가진 자원과 장점을 강조해 자신감, 자기효율성을 증진시켜 준다.

(3) 새로운 문제를 가지고 오는 경우

새로운 문제를 가볍게 다루면 안 되지만, 그 전에 종결이 싫어서 문제를 가지고 오는 게 아닌지 먼저 탐색을 한다.

(4) 사회복지사를 대치할 대상을 찾는 경우

의존심을 지속하려는 욕구 때문이므로 클라이언트가 자신의 역할을 인식하도록 돕고, 그 결과가 어떻게 될지 이해할 수 있도록 알려준다.

(5) 종결 갈등의 행동화

결석, 지각, 조퇴, 과업 수행의 회피나 지연, 예고 없는 방문, 사적 교류와 관련된 행동을 할 때에는 반응 행동에 대해 이야기하고, 정서적·사회적 지지를 제공해 준다.

3. 종결단계에서 사회복지사의 과업

사회복지사는 종결에 대한 클라이언트의 상처, 분노, 실망 등에 대한 반응, 그리고 표현 등을 인지해야 한다. 종결에 대한 클라이언트의 반응 범위가 넓고 다양하기 때문에 종결에서는 각 사례를 개별화하여 사정해야 하며, 다음과 같은 측면이 고려되어야 한다. 첫째, 문제의 본질, 접촉의 지속기간과 강도,

클라이언트와 사회복지사의 관계, 둘째, 자연적인 종결인지 강제적인 종결인지의 여부, 셋째, 클라이언트의 현 시점에서 발견한 특별한 스트레스, 지지의 가능성, 근래의 성공적인 사항, 넷째, 접속 기간에 성취한 이득과 목표, 그리고 마지막 면접에서 이룰 수 있는 다른 이득의 여부, 다섯째, 사례의 종결 또는 다른 기관으로의 이송 여부 결정 등이다.

1) 적절한 종결 시기 결정

적절한 종결 시기 결정은 첫째, 목표가 달성되었을 때 종결하는 경우, 둘째, 계획된 서비스 제공기관이 종결하는 경우, 셋째, 더 이상 클라이언트에게 도움이 되지 않는다고 클라이언트와 의견이 일치하는 경우 등 개입활동을 계획에 따라 마무리하는 것이다.

2) 클라이언트와 사회복지사의 종결에 대한 정서적 반응 처리

종결단계에서는 클라이언트가 복합적 감정 상태를 경험하기 때문에 그 감정을 공유하여 자유롭게 감정을 표현하도록 돕는다. 사회복지사 자체도 종결에 따른 다양한 감정을 경험할 수 있으므로 자기탐색 및 관리기술을 사용하여 효과적으로 다룬다.

자기탐색이란 자신의 사고, 감정, 행동을 표출하는 데 스스로 주의 깊게 관찰하면서 그것을 조정·통제해 나가는 것이고, 자기관리기술은 특히 자신의 생각, 감정, 그리고 행동을 관리하는 것이다.

3) 개입을 통해 획득한 효과의 유지와 강화

클라이언트가 얻은 문제해결 원칙을 앞으로 어떻게 활용할 것인지, 일반화 방법을 연습시킨다. 종결 후 일정 기간(1~6개월)은 클라이언트가 잘 적응하고 있는지 확인이 필요하며, 사후 세션은 사회복지사가 클라이언트에게 지속적으로 관심을 가지고 있음을 보여줌으로써 종결의 충격을 완화, 또는 최소화할 수 있다. 종결 이후의 사후 세션은 평가 및 변화 유지를 위한 기회이다.

4) 해결하지 못한 문제의 탐색과 처리

원조과정에서 다루지 못한 문제, 미진한 문제, 예견되는 문제 등 해결하지 못한 문제의 탐색과 처리가 필요하다. 해결하지 못한 문제에 대한 아쉬움이 크거나 윤리적 문제가 발생할 상황이라면, 이를 다루기 위해 별도의 회기를 고려할 수 있다.

5) 의 뢰

클라이언트에게 아직 해결되지 않은 문제가 남아 있는 경우 사회복지사는 클라이언트에게 추가적인 서비스나 자원을 제공해야 하는데, 이 경우 사회복지사는 같은 기관의 다른 서비스나, 혹은 다른 기관에 서비스를 의뢰하는 것이 필요하다. 의뢰는 다른 기관이나 외부 자원을 연결하는 서비스로 많은 변화를 수반하므로 신중해야 한다. 클라이언트에게 의뢰 이유를 정확히 설명하고, 의뢰에 관한 객관적인 정보를 제공한다.

6) 종결에서의 평가

원조과정을 평가하면서 어떤 것이 유용했고 유용하지 않았는지 확인이 필요하다. 클라이언트의 해결하지 못한 문제, 부분적으로만 달성된 목표, 예상하지 못한 결과에도 주목한다. 클라이언트가 초기에 언급했던 문제와 기대, 공유했던 목표 등에 초점을 두고 지나온 과정을 요약함으로써, 클라이언트에 대한 기대와 목표가 얼마나 달성되었는지를 확인한다. 또한 목표를 중심으로 클라이언트의 실제 생활에서, 그리고 클라이언트의 사고, 감정, 행동 등에서 어떠한 긍정적인 변화가 일어났는지를 확인한다.

평가는 성과를 가져오기 위해 클라이언트가 기여한 요인이 무엇인지 클라이언트 스스로 확인해 볼 수 있는 기회를 제공하는 것으로, 이를 통해 자신의 강점과 잠재력을 확인하고, 앞으로 활용 가능한 문제해결 방법을 되새길 기회를 갖는 것이다. 때로는 종결하기 어렵다고 판단하여 조정된 목표로 추가 진행하거나 회기를 연장하는 경우도 있다. 그러나 결국 중요한 것은 사회복지사의 평가보다 클라이언트 자신의 변화인식과 평가이며, 사회복지사는 클라이언트 중심에서 클라이언트 스스로 과정변화를 평가하고, 긍정변화를 되새겨 보도록 돕는 것이 핵심이다.

4. 사후관리

종결 후에도 클라이언트가 잘 적응하는지, 원조과정을 통해 얻은 효과와 변화를 유지하는지 확인하기 위해 진행하는 과정으로, 1~6개월 사이에 진행한다. 진행은 전화나 서신으로 확인하거나 개별 면접을 실시한다. 실천 초기 단계부터 사후관리의 내용 설명이 필요하며, 사후 세션은 종결로 인한 클라이언트의 충격 완화에 도움이 된다. 또한 클라이언트의 변화 지속성을 평가하는 기회이다.

제 2 절 평 가

1. 평가의 개념

사회복지실천에서 사용되는 중재 또는 개입의 결과를 사정하기 위한 기술이다. 평가는 문제해결 과정의 마지막 단계이며, 평가를 통해서 사회복지사와 클라이언트는 사회복지사가 의도한 대로 서비스 계획을 수행하고 있는지, 목적이 달성되고 있는지를 결정할 수 있다. 평가에 근거하여 사회복지사와 클라이언트는 다른 문제를 변화시키고 목적을 바꿀 수 있으며, 서비스 계획을 바꾸거나 다른 방식으로 계획을 수행할 수도 있다. 즉, 평가는 클라이언트의 변화를 위해 활용된 개입의 과정과 결과를 평가하는 것이다. 평가의 목적은 다음과 같다.

① 개입활동을 통해 목표달성이 되었는가를 확인하고 실행에 효과적이었던 반응과 전략을 피드백한다(효과성).
② 얼마나 효율적이었는지를 평가한다(효율성).
③ 자원이 적절하게 배분되어 사용되었는지를 평가한다(책무성).
④ 클라이언트의 변화와 진행 정도에 대해 클라이언트와 지역사회에 알려줄 책임이 있다(책임성).
⑤ 클라이언트가 어떻게 반응하고 변화되었는지 과정에 대한 점검이 필요하다.
⑥ 일련의 사회복지실천 과정들을 통해 사회복지사 본인의 능력이 향상되었는지를 점검한다.

2. 평가의 유형

1) 결과평가(Outcome Evaluation)

결과적으로 목표를 달성했는가? 즉, 성과평가 또는 효과성평가이다. 예를 들면, 청소년 진로교육 전・후로 진로효능감 검사를 하여 결과를 비교하는 행위, 또는 실험조사를 통해 실험하고 그 결과에 초점을 두는 행위 등이다.

결과평가란 프로그램을 통해 클라이언트가 어떠한 영향을 받았는가를 평가하는 것이다. 즉, 클라이언트의 변화 정도를 측정하는 것이다. 결과평가는 프로그램을 통해 내적인 변화가 있어야 프로그램의 목적이 달성되었다고 판단한다. 결과평가의 평가기준에는 태도, 지식, 기술, 행동, 사회적 조건, 지위 등이 있다.

2) 과정평가(Process Evaluation)

준비, 진행, 종결과정이 계획대로 잘 되었나? 즉, 과정을 중시하며, 프로그램 수행의 효율성과 유효성을 평가하기 위해 수행된다. 어떤 서비스를 누가, 누구를 위해, 얼마 동안 제공했는가? 개입과정에서의 변화요소, 시행착오와 어려움의 원인, 극복방안 등 과정을 집중해서 살핀다.

과정평가의 방법론으로는 사례연구(case study), 내용분석(content analysis), 메타평가(meta evaluation), 델파이분석(delphi-analysis), 외부 동료평가(peer review) 등이 사용될 수 있다. 과정평가의 결과는 프로그램의 개선에 도움을 줄 수 있으며, 장기 과제인 경우 프로그램 관리에 효과적으로 사용될 수 있다.

3) 형성평가(Formative Evaluation)

사회복지실천과정에 초점을 두고 진행 도중에 질적 상황을 평가하는 활동이므로 과정평가라고도 한다. 사회복지실천과정 동안 시행되는 사정과 관련이 있고, 질적 조사의 속성을 지녔다. 도중에 개입 계획을 수정할 수 있도록 환류를 제공하므로 미래지향적이며 점검적이다. 즉, 형성평가란 프로그램이 진행과정에 있으며, 여전히 유동적일 때 프로그램의 목표, 내용, 방법 등을 개선하고 수정하기 위한 목적으로 이루어지는 평가이다.

예를 들면, 학생을 대상으로 할 경우 추가적인 학습이 필요한지를 알아볼 수 있고, 흔히 말하는 수시(쪽지)시험은 형성 평가에 속한다고 할 수 있다.

4) 총괄평가(Summative Evaluation)

형성평가와 대비되는 평가유형으로 개입이 종결되었을 때 그 결과로서 산출된 성과와 비용에 종합적 판단을 하는 것이다. 최종 목표달성 여부를 효과성(목표의 달성 정도), 효율성(가성비) 측면에서 평가한다. 즉, 총괄평가란 일련의 목적을 갖는 활동이 종결되었을 때 그 활동의 효율성이나 또는 그 활동의 결과로서 산출된 성과에 대하여 종합적인 가치 판단을 하는 행위이다.

3. 평가의 방법

1) 단일사례설계(Single Case Design)

단일사례설계란 1 개인, 1 집단, 1 가족, 1 조직체 등을 평가하는 방법이다. 클라이언트의 행동, 태도, 감정 등을 반복적으로 측정함으로써 개입 전과 개입 후에 나타나는 클라이언트의 변화를 파악할 수 있다. 즉, 개입은 문제가 되는 조사대상자의 표적행동을 변화시키는 것이다. 그래프를 통해 표현하므로 치료 동기를 향상시킬 수 있고, 개입으로 인한 변화가 없더라도 문제를 점검하여 즉각적이고 실제적인 피드백을 받을 수 있다. 단일사례설계의 특성을 살펴보면 다음과 같다.

① 단일사례연구의 1차적인 목적은 가설의 검증에 있는 것이 아니라, 어떤 표적행동에 대한 개입의 효과성을 분석하는 데 있다.
② 하나의 대상 또는 사례를 가지고 반복적인 측정을 통해 개입의 효과를 평가한다.
③ 개인이나 집단뿐만 아니라 조직이나 지역사회도 연구대상이 될 수 있다.
④ 조사연구의 과정이 실천과정과 분리되지 않고 통합 가능하다.

⑤ 개인의 효과성에 대한 즉각적인 피드백을 얻을 수 있다.
⑥ 기초선 단계에서 경향을 충분하게 파악하기 위하여 개입을 지연시키는 것은 윤리적으로 문제가 될 수 있다.
⑦ 단일사례연구만으로 인과관계를 확신하기는 어렵다.
⑧ 조사연구의 대상이 하나의 사례에 국한되기 때문에, 그 결과를 일반화하는 데 제약이 따른다.

단일사례설계의 기본 구조는 다음과 같다.

① **클라이언트의 문제행동을 표적행동으로 선정**
구체적이고 측정 가능해야 한다.
② **기초선 A 관찰**
개입 이전의 표적행동 빈도, 강도, 기간으로 최소한 3회 이상 측정한다.
③ **개입단계 관찰 B**
클라이언트의 변화를 위해 사회복지사가 하는 모든 노력이 개입에 해당하며, 기초선 단계와 관찰 횟수를 동일하게 한다.

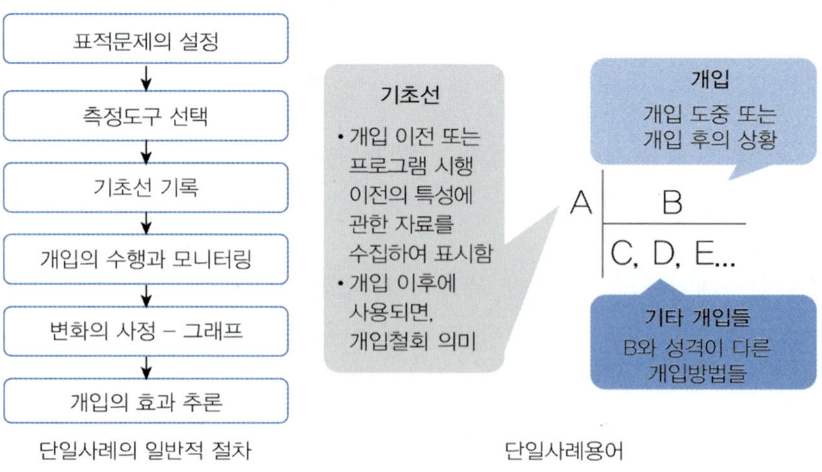

| 그림 11-1 | 단일사례설계

단일사례설계 유형은 다음과 같다.

① AB 조사

가장 기본적인 유형이다. 개입으로 인한 클라이언트의 행동변화를 개입 전과 비교하여 제시할 수 있다. AB 조사는 클라이언트를 선발하여 기초선(A) 기간에 표적행동을 관찰한 다음, 처치(B) 기간에 실험처치(중재)를 하면서 표적행동을 관찰하는 방식이다. AB 설계는 내적 타당도가 낮기 때문에 다른 적당한 대안이 없거나 보다 엄격한 설계를 위한 예비연구에서만 사용하는 것이 좋다.

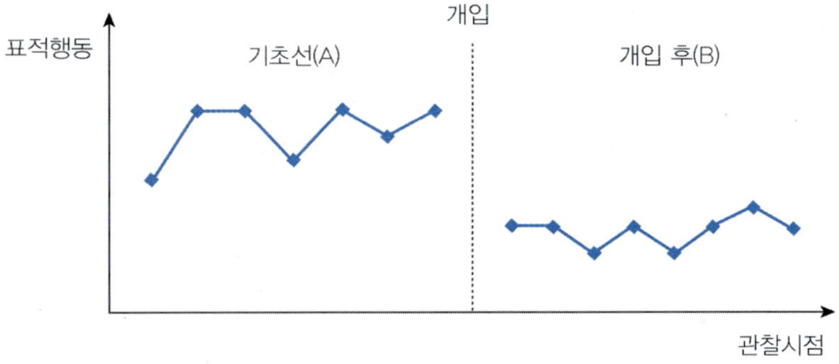

❙그림 11-2❙ AB 조사 설계

② ABA 조사

ABA 조사는 AB 조사 이후 다시 한 번 개입 없이 기초선 A를 추가해 봤는데 효과가 잘 나타난 경우 종결하는 조사이다. AB 설계와 기본적으로 같지만, 2차 기초선 조건이 추가된다는 점이 다르다. 2차 기초선은 실험처치 제공 이전의 조건으로 반전되는, 즉 되돌아가는 단계이다. ABA 설계는 내적 타당도가 비교적 높은 편이어서 표적행동이 처치조건에서 예상대로 변화한다면, 그 변화를 처치효과 때문이라고 결론을 내릴 수 있다. 장점은 제2기초선을 추가하여 AB설계의 낮은 신뢰도 문제를 극복할 수 있지만, 첫째 개입효과를 평가하기 위한 목적으로 개입을 중단하는 것은 윤리적 문제를 일으킬 수 있다.

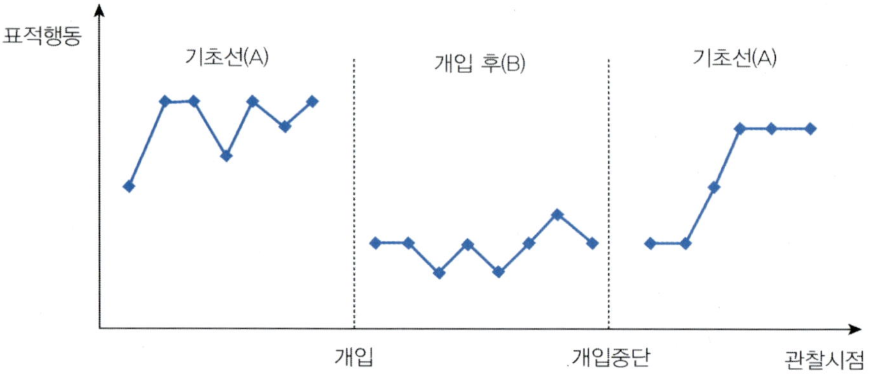

그림 11-3 ABA 조사 설계

③ ABAB 조사

ABA 조사에서는 처치조건이 철회되는 2차 기초선에서 실험을 마치기 때문에 처치효과가 사라진 상태로 끝난다는 문제점이 있다. 이러한 문제점을 해결하기 위하여 두 번째 처치단계를 추가한 것이 ABAB 설계이다. 이는 처치효과를 두 번씩이나 보여줌으로써 연구의 결론을 한층 더 강화시켜 준다. 만약 처치효과가 두 처치 단계에서 동일하게 나타난다면, 실험결과가 다른 어떤 가외 변인의 영향 때문이라는 경쟁가설의 설 자리는 크게 줄어들게 된다.

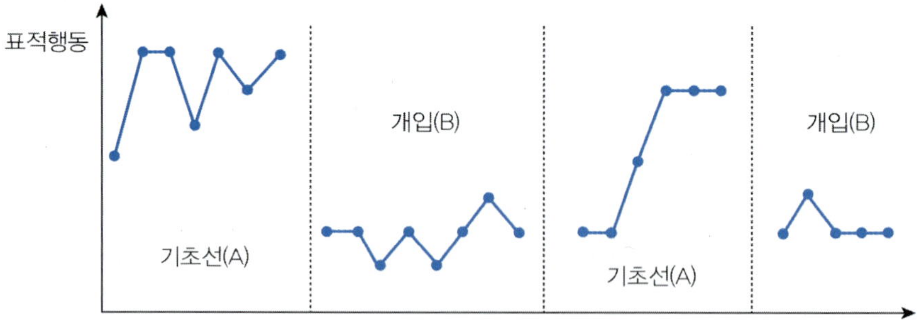

그림 11-4 ABAB 조사 설계

④ BAB 조사

기초선 없이 바로 개입이 시작되는 설계로 클라이언트에게 신속하게 개입해야 하거나 기초선을 측정할 수 없는 상황에서 설계되는 형태이다.

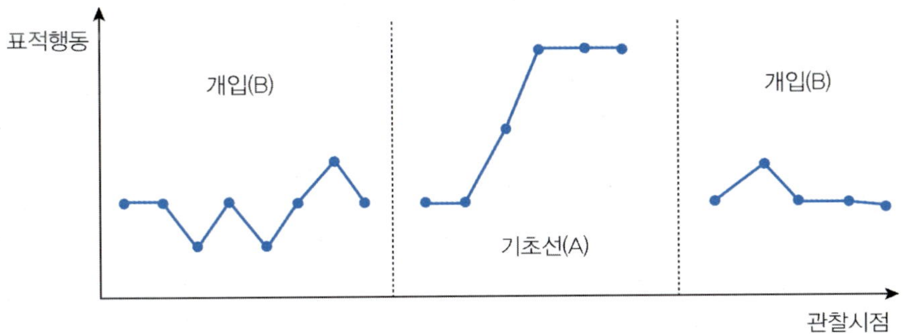

| 그림 11-5 | BAB 조사 설계

⑤ ABCD 조사(다중기초선설계)

개입효과가 나타나지 않아 다른 형태의 개입을 하거나 애초에 다중개입을 계획한 경우로, C와 D는 다른 형태의 개입이지만 ABA처럼 기초선 단계로 돌아간 것이 아니다.

다중기초선설계는 여러 개의 기초선을 측정하여 순차적으로 실험처치를 하고, 그 외의 조건을 동일하게 함으로써 표적행동의 변화가 오직 실험처치만으로 나타난 것임을 입증하는 설계이다.

다중기초선설계는 기본적으로 AB식 설계의 논리를 적용하고 있지만, 한 명의 클라이언트의 한 가지 표적행동에 관한 자료를 수집하는 것이 아니라, 둘 이상의 행동, 2명 이상의 클라이언트, 또는 둘 이상의 조건이나 상황에 관한 자료를 수집한다.

이 같은 방식으로 기초선 자료를 수집한 다음 각각의 표적행동에 일정한 시간간격으로 실험처치를 제공하는데, 이때 만약 실험처치를 받은 표적행동은 변화를 일으키고, 처치를 받지 않은 표적행동은 기초선에 그대로 머물러 있다면, 실험처치의 효과가 있었다고 추론할 수 있다.

다중기초선설계는 표적행동이 다수의 클라이언트에게서 나타날 때(예 같은 교실에 있는 여러 학생들), 한 명의 클라이언트에게서 하나 이상의 문제행동이 보일 때(예 교실에서 크게 떠든다거나 숙제를 하지 않거나 물리적 폭력을 가할 때), 아니면 한 명의 클라이언트가 나타내는 어떤 행동이 직장과 집 등 여러 상황에서 표출될 때, 사회복지사 등 전문가에게 도움이 될 수 있다.

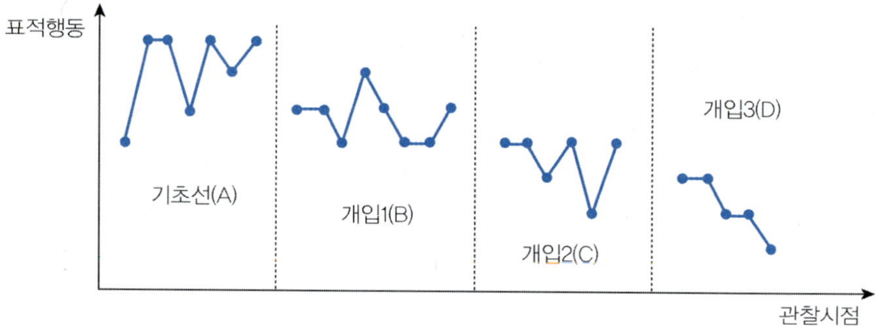

❙그림 11-6❙ ABCD 조사 설계

2) 과업성취척도(Task Achievement Scaling)

과업중심모델을 이용하여 과업성취 정도를 평가한다. 과업은 보통 며칠에서 1~2주 안에 완수할 수 있는 것으로, 한 시점에서 3개 이상의 과업은 부여되지 않는다. 서비스가 상대적으로 단기적이고 활동들이 구체적일 때나 단일사례설계의 적용이 어려울 때 유용하다. 과업을 표로 만들고 성취했으면 4점 만점, 성취 미흡이면 1점 등으로 평가하여, 각 과업에 대한 평가점수의 합계와 가능한 최고 점수의 합계를 나누면 성공률이 계산된다. 이 척도는 의도, 노력, 동기 등을 평가하는 것이 아니라, 과업의 달성 정도만 평가하는 것이다.

〈표 11-1〉 과업성취척도 예

과 업	성취 정도	평가
의료급여 수급자 책정	계획대로 이루어짐	4
ㅇㅇ병원 사회복지팀을 통한 수술비 지원	자부담 수술비의 70% 지원 약속	3
누나들을 돌봐줄 봉사자 확보	매일 방과 후 4시간씩 방문해 줄 봉사자 확보	4

완전성취 : 4, 상당 부분 성취 : 3, 부분 성취 : 2, 최소 성취 : 1, 전혀 진전 없음 : 0
과업이 3개이므로 총점은 12점(3개×4점), 성취도는 11점(4점+3점+4점)
11/12×100=91.7%

3) 목표달성척도(Goal Attainment Scaling)

개인 혹은 가족에 대한 개입으로 발생하는 목표달성 정도를 판단하는 방법이다. 개인이나 가족의 개별화된 목표에 도달한 정도를 측정하는 것으로, 개입의 목표들이 특정 클라이언트에게 해당하는 경우에 적용된다.

즉, 개입과정 동안 목표가 달성된 정도를 점수화하는 것으로, 클라이언트 개인의 목표에 대한 측정기준을 사용한다는 점에서 개별화 원리에 부합된다. 초점은 클라이언트의 문제가 아니라 바람직한 상태, 즉 가능한 결과이다. 단일사례설계로 개입의 효과성을 평가하기 어려울 때 사용한다.

〈표 11-2〉 목표달성척도 예

구 분	목표1 (가중치 0.5)	목표2 (가중치 0.3)	목표3 (가중치 0.2)
최적의 향상 (1.0)			
기대 이상으로 향상 (0.75)			
기대 정도로 향상 (0.5)			
기대 이하의 성과 (0.25)			
전혀 성과 없음 (0.00)			

전체 목표달성 수준 = (목표1 가중치×목표달성 수준) + (목표2 가중치×목표달성 수준) + (목표3 가중치×목표달성 수준)

4) 클라이언트 만족도 평가

개입기간 동안 클라이언트에게 제공된 서비스의 만족도를 묻는 기법으로 간단하지만 자주 사용한다. 기관의 인상, 개입의 성공 정도, 담당자 역량 등 원조과정의 중요한 측면들에 대해 클라이언트가 평가한다.

고려할 사항으로는 신뢰도와 타당도가 검증된 도구 사용, 추세 파악을 위해 같은 도구 반복 사용, 평가 조사는 정기적으로 실시, 최소한 문항 이상의 개방형 질문 포함 등이며, 한계로는 개입결과에 대해 클라이언트의 인식만 파악, 기관에서 제작되어 신뢰도 떨어짐, 참여자 선정의 오류 발생 가능 등이 있다.

서비스 만족도 조사는 척도형 조사표를 사용할 수 있으며, 클라이언트의 의견을 충분히 듣기 어렵다고 판단되면 개방형 질문지를 보충하여 사용할 수 있다.

서비스 만족도 조사에서 클라이언트는 사례관리 서비스에는 만족하지 않았지만 사례관리자에 대한 감사의 마음으로 긍정적인 평가를 하기도 하고, 반대로 사례관리 서비스에 만족하였지만 긍정적인 평가를 했을 때 이후 서비스가 종결될 것을 두려워하여 부정적인 평가를 하는 경우도 있다.

따라서 서비스 만족도 조사는 사례관리자가 아닌 다른 사람에 의해서 실시되는 것이 바람직하며, 종결의 의미와 사후관리 과정에 대한 설명이 충분히 제공되어야 한다.

5) 동료 검토(Peer Review)

동료 검토는 동료에게 검토를 의뢰하여 오류를 찾는 방법이다. 정해진 형식도 없고 별도의 격식을 차린 회의를 수행할 필요가 없어 비공식 검토에 속한다.

개입 결과보다는 과정에 초점을 두고, 평가기준은 10개를 넘지 않는 것이 좋으며, 선정 절차에 동의가 필요하고, 일반적으로 월 1회 30분 정도 정기 평가회를 시행하며, 목적은 사회복지사의 개입에서 나타나는 문제점 수정, 개선도모, 기관 정책이나 절차에 대한 수정요구 등을 한다.

일반적으로 두 명이 한 조가 되어 서로 검토해 주는 형태를 취하기도 한다. 동료 검토의 이점은 동적 테스트에서 발견하기 어려운 산출물(요구 분석 명세서 등) 등에서 발생할 수 있는 누락과 같은 결함을 조기에 발견할 수 있다는 것이다.

KEY POINT

종결
① 사회복지사의 개입 활동을 계획에 따라 마무리하는 것
② 사회복지사와 클라이언트 간 관계를 공식적으로 끝내는 것

종결과 평가단계의 주요 과업
① 적절한 종결 시기 결정하기
② 정서적 반응 다루기
③ 개입을 통해 획득한 효과 유지·강화하기
④ 필요한 경우 클라이언트를 다른 기관에 의뢰하기
⑤ 개입의 효율성, 효과성 검토하기

계획된 종결
① 서비스 제공 완료 혹은 시간제한으로 인한 종결
② 목표 달성으로 인한 계획된 종결

계획되지 않은 종결
① 클라이언트에 의한 계획되지 않은 종결
② 사회복지사에 의한 계획되지 않은 종결

클라이언트의 일방적인 조기 종결
① 클라이언트의 자기결정권 존중
② 전문가로서의 의견 제시

종결에서 발생하는 클라이언트의 저항 반응 4가지(부정적 반응)
① 사회복지사에게 집착(의존)
② 과거 문제의 재발을 사회복지사에게 알림
③ 새로운 문제가 발생했다고 알림
④ 사회복지사를 대신할 대리인 찾기

적절한 종결 시기 결정 기준

① 개입목적의 달성 정도
② 서비스 시간 내 제공 완료 여부
③ 클라이언트의 문제해결 정도
④ 클라이언트의 의존성
⑤ 사회복지사와 기관의 투자 노력
⑥ 이득 체감에 대한 사회복지사와 클라이언트의 합의 여부
⑦ 클라이언트에 대한 새로운 서비스의 적합성 여부

사회복지실천 평가의 개념

① 1997년 사회복지사업법의 평가 규정으로 인하여 법적 근거 마련
② 효과성 : 개입목표의 달성 여부와 관련
③ 효율성 : 목표 달성에 투여한 자원에 따라 성과를 비교

사회복지실천 평가의 목적

사회복지사와 사회복지기관의 책무성을 수행하는 것

형성평가 · 총괄평가

① 형성평가
과정평가라고도 하는데 프로그램 시작 및 중간 중간 평가하는 것을 의미
② 총괄평가
프로그램이 종결된 후 모든 과정을 종합적으로 총체적 평가하는 것을 의미

정성평가 · 정량평가

① 정성평가
평가내용이 서술식으로 세밀한 평가를 할 수 있음(질적 연구와 관련)
② 정량평가
평가내용을 수치로 기록하는 것으로 통계로 나타냄(양적 연구와 관련)

클라이언트 만족도 평가

① 개입기간, 서비스·프로그램에 대해 클라이언트의 의견을 구하는 평가방법
② 개입의 결과에 대한 클라이언트의 주관적 인식
③ 개입의 효과성을 측정하는 평가가 아님
④ 만족도 결과 공평성 문제 발생 가능성

사후관리

① 종결 후 일정 기간(1~6개월 사이)이 지나서 확인
② 클라이언트가 잘 적응하고 있는지, 변화의 유지 정도를 확인하는 것
③ 새로운 문제의 발생 여부를 알 수 있음
④ 문제가 있는 경우 재개입할 수 있음
⑤ 클라이언트에게 변화 지속에 대한 동기 제공
⑥ 종결로 인한 클라이언트의 충격을 완화시킴

사회복지시설의 평가기준

사회복지사업－측정도구가 별로 없음, 목표가 애매함

1. 평가기준
   ① 입소정원의 적정성
   ② 종사자의 전문성
   ③ 사회복지시설 환경
   ④ 입소자에 대한 서비스 수준

2. 평가분류
   ① 내부평가 : 외부전문가 배제
   ② 외부평가 : 외부전문가(제3기관) 평가

3. 평가의 목적
   ① 효율성 평가(형성평가) : 자원의 비용을 적절히 사용하고 사업을 완성시켰는가?
   ② 효과성 평가(총괄평가) : 투입과정이 끝난 후 목적에 얼마나 이바지하고 있나?

CHAPTER 12

사례관리

제1절 사례관리의 개념

제2절 사례관리의 과정

제3절 사례관리자의 역할

CHAPTER

12 사례관리

제 1 절 사례관리의 개념

인간의 문제가 단일 또는 단순하거나 한 번의 개입으로 문제가 해결되거나 개입이 손쉽고 비용이 저렴하다면, 사례관리는 존재하지 않을 것이다. 사회복지현장에서 클라이언트가 호소하는 문제와 욕구는 그 어느 때보다도 복잡하고 만성적이며 다양해지고 있다. 그리고 욕구를 충족시키려는 서비스공급주체들도 더욱 다원화되고 있다. 이에 사회복지영역에서는 클라이언트를 위한 서비스를 보다 효과적 · 효율적으로 전달해야 할 필요성이 꾸준히 제기되어 왔다. 그 현실적인 대안의 하나로 최근 사회복지현장에서 가장 많이 활용되는 것이 사례관리이다.

사례관리(case management)의 기원은 초기 사회복지실천에서 그 기원을 찾아볼 수 있다. 1880년대 후반 자선조직협회와 인보관에서 개발된 자선활동을 통합하는 사례조정은 사회복지실천의 중요한 구성요소가 되었다.

우리나라에서 사례관리는 1990년대 사회복지학, 간호학 분야에서 관심을 받기 시작하였다. 1990년대는 우리나라 사회복지의 방향이 지역사회복지 중심으로 전환되고, 재가복지서비스에 대한 확장이 이루어졌던 시기로 사례관리가 재가복지서비스의 제공을 위한 중요한 방법으로 관심을 받기 시작하였다. 우리나라의 대표적인 사회복지실천현장인 종합사회복지관에서도 사례관리를 도입하고자 하는 노력이 이어짐으로써 전문적인 실천방법으로 사례관리가 보편화되기 시작하였다.

사례관리는 사회복지사에게 일개 기관에 한정된 서비스를 넘어 클라이언트에게 필요한 지역사회 내 자원을 보다 적극적으로 발굴하고 연계하는 '클라이언트 중심'의 실천을 강조한다. 즉, 전통적인 실천에 비해 실천영역의 확대와 연계, 적극적인 아웃리치와 자원개발 및 평가 등을 요구함으로써 사회복지사들의 적극적인 실천동기와 역량을 강조하고 있어 사회복지실천현장에서 필요한 업무로 사회복지실천의 영역이라고 할 수 있다.

사회복지현장에서 이루어지는 사례관리는 '환경 속의 인간'이라는 사회복지의 기본 관점을 토대로 수행되기 때문에 사례관리의 개념과 원리에는 인간과 환경의 조화를 강조하는 통합적 접근이 전제되어야 한다. 통합적 사례관리는 더 이상 미시적 실천과 거시적 실천의 이중 미션을 담는 의미가 아니라 '여러 분야와 기관들이 함께 움직인다' 또는 '간접실천(자원 연계·조정 수준)과 직접실천을 병행한다' 정도의 의미로 전환되었음을 알 수 있다.

1. 사례관리의 목적

사회복지실천에서 학자들이 정의한 사례관리 목적을 살펴보면 다음과 같다.

인타글리아타(Intagliata)는 보호의 연속성 제공, 서비스제공의 보장, 서비스에 대한 접근성 강화, 서비스의 중복 방지 등을 목적으로 제시하고 있다. 미국사회복지사협회(NASW)에 의하면 사례관리의 주요한 목적은 다양하고 복잡한 욕구를 가진 클라이언트에게 가장 효과적이고 효율적인 양질의 서비스를 제공함으로써 클라이언트의 기능을 최적화하는 것이다. 그리고 사례관리의 목적에 클라이언트의 발달적 능력, 문제해결능력, 대처능력의 강화를 포함하고 있다.

목슬리(Moxley)와 커스트-애쉬먼과 헐(Kirst-Ashman & Hull)은 사례관리의 목적을 다음과 같이 제시하고 있다. 첫째, 사회적 서비스와 사회적 지원을 활용하는 데 있어 클라이언트의 기술과 능력 증진, 둘째, 클라이언트의 기능을 강화하기 위해 사회적 지지망과 관련된 서비스의 능력 개발, 셋째, 효과적이고 효율적인 서비스 전달의 증진을 목적으로 제시하고 있다.

위의 사례관리 목적을 종합해 보면 두 가지로 나누어 볼 수 있다. 첫째, 클라이언트의 사회적 기능 강화와 삶의 질을 향상시키는 것, 둘째, 포괄적이고 연속적인 서비스 제공을 통한 효과적이고 효율적인 통합적 서비스의 전달이다.

2. 사례관리 개입 원칙

일반적으로 사례관리의 목적 달성을 위해 클라이언트와의 관계 설정 및 서비스 제공 시 다음과 같은 원칙을 따라야 한다.

① 서비스의 개별화

클라이언트에게 제공될 서비스는 클라이언트의 확인된 욕구를 충족시키기 위해 특별하게 개발, 설계되어야 한다.

② 서비스 제공의 포괄성

클라이언트의 다양한 욕구가 여러 분야에서 충족될 수 있도록 포괄적인 서비스를 제공해야 한다.

③ 클라이언트의 자율성 극대화

서비스 제공과정이나 의사결정 과정에 클라이언트의 참여를 보장해야 하고, 일방적인 원조나 지나친 보호를 금지해야 한다. 클라이언트가 스스로 서비스를 선택하도록 필요한 정보를 충분히 제공해야 한다.

④ 보호의 연속성 혹은 서비스의 지속성

사례관리의 대상자들은 만성적이고 복합적인 욕구를 가지고 있기 때문에 이들에게는 지속적인 서비스가 제공되도록 해야 한다. 기관 단위의 개입을 초월하여 지역사회 내에서 필요한 자원을 발굴하여 지속적인 서비스가 제공될 수 있도록 해야 한다.

⑤ 서비스의 연계성

사례관리는 복잡하고 분리되어 있는 서비스 전달체계를 연결한다. 지역사회에 분산되어 있는 서비스의 정보를 제공하고 서로 연결하여 서비스의 효과성을 높인다.

⑥ 서비스의 접근성

도움이 필요한 모든 사람들이 민족, 인종, 종교, 성별, 계층 등의 이유로 이용자격 및 절차 등에서 어려움을 겪지 않고 서비스를 쉽게 이용할 수 있도록 서비스의 접근성을 향상시킨다.

⑦ 서비스의 체계성

유사한 서비스 간 중복을 줄이고 서비스 비용을 효율적으로 관리하기 위해 서비스 자원들을 조정함으로써 서비스의 체계성을 증진시킨다. 사례관리자는 서비스를 제공하는 공식적인 지원체계 간뿐만 아니라 가족이나 친구 혹은 친지 같은 비공식적 지원체계를 통합하고 기능적으로 연결하여 다양하고 체계적인 지지망을 구축한다.

⑧ 사례관리의 책임성 증진

과정과 결과, 질적 수준 등을 모니터링하고, 평가함으로써 서비스의 책임성을 증진시키고, 서비스의 비용 효과성을 높이고, 비용 절감을 해야 한다.

3. 사례관리의 구성요소

사례관리의 본질적인 의미와 목적에 부합하기 위해서 사회복지실천현장에서 갖추어야 하는 제반 조건이 사례관리의 구성요소에 해당한다. 구체적으로 설명하면 다음과 같다.

1) 클라이언트

사례관리 대상자는 현재 사회복지관을 중심으로 생계, 주거, 의료, 교육, 고용 등 복합적인 복지욕구를 가지고 있어 사례관리가 필요하다고 판단되는 개인 혹은 가족으로 지역사회에서 신체적·정신적·경제적·사회적 문제를 복합적으로 가진 아동, 청소년, 장년, 장애인, 노인, 가족 등 다양한 인구층의 클라이언트가 대상이 된다. 사례관리 대상자의 자격 조건과 선정 기준, 사례관리 대상자의 규모와 유형과 같은 사항을 규정할 필요가 있다. 이러한 사항에 대한 행정적인 기준을 마련함으로써 클라이언트의 상황과 특성에 맞는 관리가 가능해질 수 있을 것이다.

2) 사회적 자원

사회 자원은 인적·물적 서비스를 제공하고 지원하는 다양한 차원의 공급주체를 말한다. 비공식적 자원과 공식적 자원이 클라이언트의 문제를 해결하기 위해 조정, 통합되어 필요한 서비스를 제공한다. 사례관리자는 자원활용의 효율성을 높이기 위해 자원을 조직화하고 자원 목록을 작성하도록 한다.

3) 사례관리자

사례관리자는 클라이언트와 사회적 자원을 효과적이고 체계적인 방법으로 연계하는 역할을 수행한다. 직접적 실천 및 간접적 실천을 통해 복합적인 욕구를 가진 클라이언트에게 질 높은 서비스를 제공하고 연계함으로써 클라이언트의 기능과 복지를 최대화하는 전문사회복지사이다.

여러 가지 공급주체에 의한 사회 자원을 클라이언트가 활용하여 욕구를 충족해 나갈 수 있도록 촉진하고 조정하고 연결시켜 나감으로써 클라이언트 자신의 능력을 향상시키고 공급주체들의 능력 또한 발전시키는 것이 사례관리자의 역할이다.

4) 사례관리 과정

사례관리는 시간적으로 전개해 가는 과정으로, 보통 접수, 사정, 개입계획, 서비스 조정, 점검과 재사정, 평가와 종결, 사후관리 등으로 진행된다.

5) 사례관리 운영체계

사례관리 운영체계는 클라이언트에게 필요한 통합적 서비스를 전달하는 작동체계이기 때문에 효율적인 운영체계의 구축이 필요하다. 사례관리의 운영체계는 기관 내부 운영체계와 외부 운영체계로 구분할 수 있다. 이 외에도 슈퍼비전 체계, 솔루션 위원회 등과 같은 지원체계가 필요하며, 공공부문과 민간부문이 함께하는 사례관리 전달체계의 구축이 필요하다.

4. 사례관리의 등장배경

사례관리는 1970년대에 시작된 것으로 간주되며, 사회복지실천의 관심이 치료에서 보호로 변화되고, 사례관리가 보호중심 실천에 효용성이 높다고 인정되면서 1980년대 이후 본격적으로 현장에서 사용되기 시작하였다.

1) 탈시설화

비용의 문제, 가족 및 지역사회의 관계 단절 발생과, 시설을 나온 후 어디에서 지원을 받아야 하는지 알기 어려운 문제의 해결책으로 대두되었다. 이 때문에 사례관리의 시작은 서비스 연계의 문제이었다. 또한 복지국가의 재정적 위기 증가에 따른 서비스비용의 억제로 인해 복지비용이 삭감되면서 사회적 지원망 구축의 필요성이 대두되었다.

2) 서비스전달의 지방 분권화

중앙・지방자치단체에서 예산 지원으로 인한 복지의 양극화 현상과 지방자치단체 복지재단 설립 등이 원인이 되었다.

3) 복합적 욕구를 지닌 인구 증가

단순히 금전 지원으로써 빈곤 문제가 해결되지 않는 경우가 발생하고, 삶에 관련된 다양한 이슈들에 대응할 수 있는 서비스 제공처가 요구되었다.

4) 기존 서비스의 분산성

기존 복지관들의 역할이 분산되었으며, 아동/청소년/노인/여성/장애인 등 사회복지기관들의 역할이 세분화되었는데, 이 때문에 기존 복지서비스의 단편성을 극복하기 위해 통합적이고 체계적인 서비스 제공의 필요성이 대두되었다.

5) 사회적 지원망에 대한 인식 증가

1차 안전망으로서 가족, 2차 안전망으로서 지역사회, 3차 안전망으로서 국가로 인식이 변화하였고, 반면 가족이나 개인의 기능이 약화되었기에 1~2차 안전망 확대 및 강화가 요구되었다. 이러한 문제를 보완하는 방법으로 민간자원의 네트워크가 대안이 되었다.

6) 대인 복지 서비스 비용 효과

사회복지 서비스를 증명하는 방법이 효과성에서 성과를 평가하는 방법으로 변하였고, 성과 안에는 과정과 운영의 평가와 비용적인 면도 포함되었다. 사례관리가 강조되는 정치적 배경 속에는 예상 비용의 문제가 있으며, 사회복지사들도 효율성과 효과성의 임계치에서 서비스 제공자와 이용자와의 계약관계에 그치지 않고 서비스 활동을 매개로 어떻게 조화롭게 실천할 것인가를 고민하게 되었다.

제 2 절 사례관리의 과정

일반적으로 사례관리는 접수, 사정, 서비스 계획, 개입, 점검과 재사정, 평가 및 종결 등의 과정으로 이루어진다. 사례관리의 과정은 학자마다 단계별 차이는 있으나, 학자들의 주장을 통합하면 다음과 같은 과정으로 구분할 수 있다.

인테이크 ▶ 사정 ▶ 계획 ▶ 개입 ▶ 점검 ▶ 평가 및 종결

| 그림 12-1 | 사례관리의 과정

1. 인테이크(Intake, 접수)

인테이크란 클라이언트가 기관을 찾아오거나, 타 기관의 의뢰, 혹은 아웃리치를 통하여 알게 된 클라이언트의 문제와 욕구가 기관의 정책과 제공할 수 있는 서비스의 유형에 부합하는가를 확인하는 과정이다. 즉, 사례를 발견하고 클라이언트를 확인한 후에 서비스를 제공할 것을 약속하고 계약하는 과정이다.

2. 사 정

접수과정에서 사례관리 서비스를 제공하기로 결정한 클라이언트를 대상으로 그들의 복합적 욕구와 문제, 현재의 기능, 강점과 잠재능력, 공식·비공식 체계의 그들에 대한 보호능력 등에 관하여 전반적 자료를 수집하고, 종합적으로 분석하는 과정이다.

3. 계 획

사례관리의 목적을 달성하기 위하여 클라이언트에 대한 보호와 원조, 관리의 장·단기의 목표를 설정하고 비공식 지원체계와 공식 지원체계의 통합을 통해 서비스를 제공하기 위한 계획을 수립하는 단계이다. 즉, 목표달성을 위한 가장 적절한 해결방안을 모색하기 위하여 클라이언트에 대한 개별적 보호계획을 수립하는 과정으로 서비스 제공을 위한 세부목표와 우선순위를 설정하고, 서비스를 개발하고 계획하는 과정이다.

4. 개 입

계획된 공식·비공식 서비스와 자원망을 형성하고 보호계획 등 서비스가 실행되는 과정이다. 이 과정에서 기관 간의 서비스 중복이 있다면 서비스 조정도 이루어져야 한다. 또한 클라이언트의 사회적 관계망, 대인서비스 제공자들을 변화시키기 위해 직·간접적으로 개입하는 단계이다. 직접적 개입은 내부자원 획득이다. 이때 사례관리자는 실행자, 안내자, 교육자, 정보 제공자, 지원자로서의 기능을 한다. 간접적 개입은 외부자원 획득이다. 이때 사례관리자는 중개자, 연결자, 옹호자로서의 기능을 한다.

5. 점 검

점검은 사례관리 개입과정의 중요한 과업이라고 말할 수 있다. 서비스 실행 중에 발생하는 문제점을 파악하고 수정하는 과정이다. 점검과정 동안 사례관리자는 서비스제공자들과 지속적인 의사소통을 해야 한다. 점검은 클라이언트의 완성된 계획에서 정해진 서비스와 자원의 전달과정을 추적하는 방법으로 사례관리자에 의해 행해지는 활동적이고 유동적인 과정을 의미한다.

점검의 목적은 서비스 계획이 적절하게 이루어졌는지 등 서비스와 지원계획의 목표에 대한 성취를 검토하고, 서비스와 사회적 지지의 산출을 검토하며, 클라이언트의 욕구변화를 점검하여 서비스 계획의 변화 여부를 검토하는 것이다.

6. 평가 및 종결

평가 및 종결은 클라이언트에게 제공된 서비스, 클라이언트의 진척사항, 보호계획, 서비스 활동 및 서비스 체계의 효과성, 효율성을 종합적으로 판단하는 과정이다. 사례관리자의 전문적인 판단에 근거하여 클라이언트에게 서비스가 더 이상 필요하지 않을 때 사례관리 과정을 종결하는 것이다. 종결은 사례가 완전히 종결되기도 하고, 계속 프로그램에 의뢰를 하거나 새로운 서비스계획을 하는 활동이 이루어지기도 한다. 종결과 평가를 결정하기 전 단계에서는 사례관리의 목표가 어느 정도 달성되었는지 여부를 판단하는 평가 작업이 이루어진다.

이 단계에서는 사례관리자에 의해 형성되고 조정되는 서비스 계획, 구성 요소, 활동 등이 시간을 투자할 만한 가치가 있는지 여부를 측정하는 과정이며, 이것이 클라이언트의 삶에 어떠한 영향을 미치는지를 측정하는 과정이다.

평가는 클라이언트에 관한 서비스와 개입계획에 관한 평가, 목적달성에 관한 평가, 사례관리 서비스의 전반적인 효과성에 관한 평가, 클라이언트의 만족도에 관한 평가 등으로 구분할 수 있다.

제 3 절 사례관리자의 역할

사례관리자는 사례관리 역량 강화를 위해 개인 욕구를 충족시킬 수 있는 지역사회 내 현존 서비스에 관한 최신 자원 목록을 구축하고, 클라이언트의 서비스 접근이 용이하도록 기관의 직원들과 원만한 관계 체결을 할 수 있도록 한다. 또한 각종 프로그램과 서비스 수혜 자격요건 숙지 및 적절한 의뢰를 준비하고, 클라이언트가 충족하지 못하는 욕구를 사정하는 역할을 숙지해야 한다. 이러한 사례관리자의 역할을 세분하면 다음과 같다.

1. 계획자

클라이언트의 욕구를 충족시키기 위한 사례계획, 치료, 서비스 통합, 기관의 협력 및 서비스망을 설계하고, 체계적 개입계획이 이루어지도록 역할을 한다.

2. 사정자

클라이언트의 긍정적 요소에 중점을 두고, 클라이언트의 욕구를 수집·분석·종합한다.

3. 상담자

클라이언트에 대한 이해를 발전시키고, 본인 스스로 사회의 지지체계를 개발·유지하는 방법을 알 필요가 있음을 알려준다.

4. 옹호자

자기 자신에 대한 옹호와 대변 능력이 부족한 클라이언트에게 지역사회 자원이 적절하게 공급·분배될 수 있도록 노력하고, 클라이언트의 옹호자로서 클라이언트의 권리 침해에 맞서 클라이언트의 옹호를 위해 활동한다.

5. 조정자

클라이언트와 원조자 사이에서 자원 연계와 지지에 관한 조정·타협의 책임을 갖고 이를 수행하며, 갈등 감소와 지지망의 효과성 증진을 위해 원조자와 의사소통을 한다.

6. 중개자

클라이언트의 지식과 능력 부족, 혹은 기관에 의해 서비스를 제공받지 못할 경우, 다른 자원을 연계하는 역할을 한다.

7. 평가자

클라이언트에게 제공된 프로그램에 대해 프로그램의 효과성·효율성, 그리고 비용 효과성을 검토하기 위해 자료와 정보를 수집하고 분석한다.

현재 실시되고 있는 통합 사례관리의 개념은 지역 내 공공·민간자원에 대한 체계적인 관리·지원 체계를 토대로 복합적이고 다양한 욕구를 가진 대상자에게 복지, 보건, 고용, 주거, 교육, 신용, 법률 등 필요한 서비스를 통합적으로 연계·제공하고, 이를 지속적으로 상담·모니터링 해 나가는 사업을 말한다.

이러한 통합 사례관리의 목표는 지역주민의 다양한 욕구에 맞춤형 서비스를 연계·제공함으로써 지역주민의 삶을 안정적으로 지원하고, 복지제도의 효과성·효율성을 향상시키는 것을 목표로 한다. 아울러 통합 사례관리는 지역주민 모두를 대상으로 하지만, 특히 복지 욕구 및 경제적 여건을 고려하여 빈곤계층의 탈 빈곤, 그리고 빈곤 예방을 중점 목표로 설정하고 있으며, 고용과 복지 연계를 중점적으로 추진하고 있다.

KEY POINT

사례관리 정의

복합적 욕구를 가진 사람들의 기능화와 복지를 위한 공식적・비공식적 자원과 활동의 망을 조직・조정・유지를 위한 관리

사례관리의 목적

① 클라이언트의 역량 강화
② 클라이언트 보호의 연속성 보장
③ 서비스의 통합성, 접근성 증진
④ 사회적 책임의 증진
⑤ 성과관리

사례관리 개입 원칙

① 서비스의 개별화 : 개별적 욕구와 상황에 맞는 맞춤형 서비스 제공
② 서비스 제공의 포괄성 : 다양한 욕구가 충족될 수 있도록 서비스 제공
③ 클라이언트의 자율성 극대화 : 자기결정능력을 최대화
④ 보호의 연속성 : 클라이언트의 욕구를 점검하여 지속적으로 서비스 제공
⑤ 서비스 연계성 : 복잡하게 분리되어 있는 서비스 전달체계 연결
⑥ 서비스 접근성 : 클라이언트가 차별・배제 받지 않는 서비스 접근성 향상
⑦ 서비스 체계성 : 서비스와 자원을 조정하여 서비스의 체계성 증진

사례관리의 구성요소

① 클라이언트
② 사회적 자원
③ 사례관리자
④ 사례관리 과정
⑤ 사례관리 운영체계

사례관리의 등장배경

① 탈시설화의 영향
② 지역사회 서비스의 비중 강화
③ 복잡한 문제와 욕구를 가진 클라이언트의 증가
④ 클라이언트와 그 가족에게 부과되는 과도한 책임
⑤ 비용효과성에 대한 인식 증가
⑥ 기존 서비스의 단편성 극복 문제
⑦ 사회적 지원체계와 지원망의 중요성에 대한 인식 증가
⑧ 통합적이고 체계적인 서비스를 제공하고자 하는 필요성
⑨ 지역사회 중심의 재가복지 서비스 활성화의 영향

사례관리의 과정

아웃리치 → 사정 → 계획 → 개입 → 점검 및 재사정 → 평가

사회복지 사례관리의 특성

구 분	특 성
기 초	개별사회복지실천에 기초
대상자	클라이언트 및 그의 가족
목 적	사회적 기능 · 삶의 질 · 복지 향상
목 표	클라이언트의 역량 강화, 복지서비스 효율성 제고
실천기반	사례관리 운영체계와 서비스 전달체계
특 성	다차원적 특성, 미 · 거시적 특성, 수평 · 수직적 특성
주요 활동	통합적이며 지속적인 서비스 제공

사례관리 특징에서 공통으로 나오는 표현

① 복합적 욕구
② 클라이언트의 기능향상
③ 공식적 지원
④ 통합성

점검과 재사정

서비스 계획이 적절하게 실행되고 있는지, 클라이언트의 욕구에 변화가 있는지 검토하는 활동

사례관리자의 역할

조정자, 중개자, 옹호자, 기획자/계획가, 중재자, 서비스 제공자, 교육자 등

사례관리자의 서비스

① 간접서비스 : 지역자원 연결과 조정(서비스 체계 중심)(주된 기능)
② 직접서비스 : 현장상담 및 직접 해결(클라이언트 체계 중심)

기초생활보장수급자

국민기초생활보장법에 따라 최저생계비를 지급받는 사람(공공부조의 대표적 수급자)(의료비 등 각종 혜택)

차상위계층

기초생활보장수급자의 바로 위의 계층으로 기초생활보장 대상자에서 제외된 빈곤층

임의계속가입제도(비교)

① 국민연금 임의가입 : 국민연금 가입자가 고액수령을 목적으로 만기 이후에도 계속 가입하는 제도
② 건강보험 임의가입 : 근로자가 퇴직 후 종전 직장건강보험료 납입액 정도로 3년간 가입하는 제도

의료비 지원제도(비교)

① 수급자
병원 규모에 관계없이 세금으로 의료급여법에 관한 기준으로 지원
② 비수급자
일정 규모 이상의 병원 소속 의료사회복지사의 상담 결과로 지원

참고문헌

1. 국내문헌

강병철 외(2013). 사회복지실천의 이해. 동문사.
곽미정 외(2016). 사회복지실천론. 창지사.
구금섭 외(2014). 사회복지실천론. 공동체.
권향임 외(2018). 사회복지실천론. 창지사.
길귀숙 외(2022). 사회복지실천론. 양서원.
김근홍 외(2007). 사회복지역사와 철학. 학지사.
김기태 외(2007). 사회복지실천론. 공동체.
김만두 외(2001). 현대사회복지개론. 홍익재.
김범수 외(2006). 지역사회복지론. 공동체.
김성천 외(2007). 급진사회복지실천. 학지사.
김영미 외(2022). 사회복지실천론. 동문사.
김용환 외(2022). 사회복지실천론. 동문사.
김융일 외(2000). 사회복지실천론. 나남출판.
김정기 외(2002). 사회복지의 역사. 나남.
김혜란 외(2023). 사회복지실천론. 학지사.
김혜영 외(2017). 사회복지실천론. 공동체.
김효선 외(2023). 사회복지실천론. 공동체.
나동석 외(2014). 사회복지실천론. 정민사.
남연희 외(2021). 사회복지실천기술론. 지식공동체.
남연희 외(2023). 사회복지실천론. 공동체.
도광조(2021). 사회복지실천론. 양서원.
문현주 외(2023). 사회복지실천론. 창지사.
박귀영 외(2015). 사회복지실천론. 양서원.
박병현(2010). 사회복지의 역사. 공동체.
박주현 외(2015). 사회복지실천론. 창지사.
박희숙 외(2018). 사회복지실천론. 공동체.
백은령 외(2008). 사회복지실천론. 대왕사.
서보준 외(2024). 사회복지실천론. 정민사.
서종수 외(2022). 사회복지실천론. 지식공동체.
서혜석 외(2017). 사회복지실천론. 정민사.

성정현 외(2004). 가족복지론. 양서원.
송유미 외(2023). 사회복지실천론. 공동체.
신성자(2010). 사회복지실천론. 양서원.
양옥경 외(2004). 사회복지실천론. 나남출판.
양정남 외(2014). 사회복지실천론. 양서원.
양정하(2013). 사회복지발달사의 이해. 정민사.
엄명용 외(2018). 사회복지실천의 이해. 학지사.
이경남 외(2008). 사회복지실천론. 학지사.
이승연 외(2003). 사회복지실천론. 공동체.
이영분 외(2002). 사회복지실천론. 동인.
이윤로(2007). 최신 사회복지실천론. 학지사.
이원숙(2014). 사회복지실천론. 학지사.
이준우 외(2011). 전문 사회복지실천론. 인간과 복지.
임원선(2022). 사회복지실천론. 정민사.
장인협(1999). 사회복지실천방법론. 서울대학교출판부.
전재일 외(2018). 사회복지실천론. 공동체.
정순둘(2006). 사례관리실천의 이해. 학지사.
정원철 외(2022). 사회복지실천론. 양서원.
제석봉 외(2006). 사회복지상담심리학. 학지사.
조미숙 외(2021). 사회복지실천론. 동문사.
조학래(2017). 사회복지실천론. 신정.
조휘일 외(1999). 사회복지실천론. 학지사.
최덕경 외(2012). 사회복지실천론. 공동체.
최옥채(2018). 사회복지실천론. 양서원.
최은희 외(2017). 사회복지실천론. 양서원.
최혜경(2017). 사회복지실천론. 학지사.
최혜지 외(2014). 사회복지실천론. 학지사.
함세남 외(2001). 사회복지역사와 철학. 학지사.
홍봉수 외(2022). 가족복지론. 공동체.
홍봉수 외(2022). 사회복지학개론. 공동체.
홍봉수 외(2022). 지역사회복지론. 공동체.
홍봉수 외(2023). 사회복지법제와 실천. 공동체.
홍봉수 외(2023). 사회복지정책론. 공동체.
홍봉수 외(2023). 사회복지조사론. 공동체.
홍봉수 외(2023). 사회복지행정론. 공동체.

2. 국외문헌

A. Rubin(1987). Case Management. *In Encyclopedia of Social Work.* Silver Spring, MD : National Association of Social Workers.

Baker & Intagliata(1992). *Case Management in Social Work : Developing the Professional Skills Needed or Work with Multiproblem Client.* Springfield, IL : Charles C. Thomas.

Biestek, F. P.(1957). *The Casework Relationship.* Illnois : Loyla Univ. Press.

Compton & Galaway(1999). *Social Work Processes*(6th ed.). CA : Brooks/cole.

Elaine P. Congress(1999). *Social Work Values and Ethics.* Wadsworth/Thomson Learning.

Jonson & Rubin(1983). *A Social Work Practice Model for Case Management : The Case Management Model Grid.* Social Work.

Levinson, H.(1997). *Termination of Psychotherapy : In Some salient issues.* Social Casework.

NASW(1995). *Overview of a decade of Adjudication.* Washington. D. C.

Nichols & Schwartz(1995). *Family Therapy : Concepts and methods*(3rd ed.). Allyn & Bacon.

O'Connor(1988). *Case Management : System & Practice.* Social Casework.

Sheafor & Horejsi(2008). *Technique and Guidelines for Social Work Practice*(8th ed.) Pearson Education. Inc.

Skidmore, R. A., & Trackeray, M. G.(2000). *Introduction to Social Work*(8th ed.). London : Allyn & Bacon.

Zastrow, C. H.(1995). *The Practice of Social Work*(5th ed.). Belmont, California : Wadworth Publishing Company.

3. 인터넷 사이트

국가인권위원회 www.humanrights.go.kr

법제처 www.moleg.go.kr

보건복지부 www.mohw.go.kr

한국보건사회연구원 www.kihasa.re.kr

한국사례관리학회 kacm.net

한국사회복지관협회 kaswc.or.kr

한국사회복지사협회 www.welfare.net

한국사회복지실천연구학회 kaswpr.org

한국상담치료연구소 www.kocpt.com

한국여성정책연구원 www.kwdi.re.kr

한국임상사회사업학회 www.earticle.net

한국지능정보사회진흥원 www.nia.or.kr

한국직업능력개발원 hkivs.or.kr

찾아보기

인명

고든(Gordon) / 147
골드스타인(Goldstein) / 45
골드스테인(Goldstein) / 162

넬슨 존스(Nelson Jones) / 170
노던(Northern) / 171
노턴(Northen) / 222

돌고프(Dolgoff) / 72

라포포트(Rapoport) / 47
레셔(Rescher) / 64
레인(Raine) / 41
로빈슨(Robinson) / 43
로웬버그(Lowenberg) / 63
로저스(Rogers) / 43
리머(Reamer) / 64
리이드(Ride) / 47
리치몬드(Richmond) / 15, 40

말루치오(Maluccio) / 163

바틀렛(Bartlett) / 64
버틀란피(Bertalanffy) / 152
보웬(Bowen) / 128
브램머(Brammer) / 201
비에스텍(Biestek) / 171

셰퍼(Sheafor) / 221

에이브러햄 플렉스너(Abraham Flexner) / 39
오토 랭크(Otto Rank, 1939) / 43
워렌(Warren) / 136
웨이크(Weick) / 163
윌리엄(William) / 64

저메인과 기터맨(Germain & Gitterman) / 45
제인 애덤스(Jane Adams) / 38

찰스 다윈(Charles Darwin) / 24

카두신(Kadushin) / 207
커스트-애쉬먼과 헐(Kirst-Ashman & Hull) / 222
콤튼과 갤러웨이(Compton & Galaway) / 45, 222
콩그레스(Congress) / 82

태프트(Taft) / 43
토마스(Thomas) / 47
토인비 홀(Toynbee Hall) / 38
퇴니스(Tonnies) / 135

판토자와 페리(Pantoja & Parry) / 136
펄만(Perlman) / 15, 43
펌프리(Pumphrey) / 65
프로이드(Freud) / 43
핀커스와 미나한(Pincus & Minahan) / 16

하트만(Hartman) / 236
해밀턴(Hamilton) / 42
헵워스와 라센(Hepworth & Larsen) / 221
헵워스와 라슨(Hepworth & Larsen) / 21
홀리스(Hollies) / 42
홀리스와 우즈(Hollies & Woods, 1990) / 69

내용

가계도 / 235, 242
가계도 예시 / 236
가능하게 하는 자 / 108
가족(체계) / 123
가족대상 사회복지실천 / 123
가족대상 사회복지실천의 목적 / 124
가족대상 실천모델 / 127
가족력 / 228
가족문제의 역기능과 관련된 주요 개념 / 142
가족성원 간의 경계 / 126
가족센터 / 143
가족조각 / 243
가족체계에 대한 개입 / 125
가족체계의 외부와의 경계 / 126
가족체계의 특징 / 142
가치와 윤리 / 72
가치와 윤리의 관계 / 87
가치의 개념 / 63
간접적 개입 / 258, 264
감정이입(공감) / 177
강점관점 / 166
강화(reinforcement) / 257
개방체계(open system) / 153
개별사회복지실천 중심으로 사회복지실천방법론 정착 / 41
개별사회사업실천 / 47
개별사회사업의 등장배경 / 141
개별화(Individualization) / 180
개인 대상 사회복지실천 / 119
개인 대상 사회복지실천모델 / 121
개인(체계) / 119
개인대상 사회복지실천의 특징 / 141
개인력 / 228
개인존중의 원리(인간의 존엄성) / 68
개입 / 299
개입과정에서 사회복지사의 역할(Compton & Galaway) / 255
개입단계에서 고려할 사항들 / 263
개입단계의 주요 과업 / 263
개입목적 및 목표 설정 / 248
개입목적 설정 / 248
개입목표 설정 / 249
개입목표 설정의 지침 / 249
개입을 통해 획득한 효과의 유지와 강화 / 272
개입의 개념 / 254
개입의 유형 및 개입기술 / 256
결과 우선의 가치(인간을 위한 바람직한 결과) / 67
결과평가(Outcome Evaluation) / 275
경계(boundary) / 153
경청 / 200
경험적 가족치료 / 127
계약에 포함될 내용 / 252
계약의 개념 / 250, 263
계약의 요소 / 251
계약의 유형 / 253
계약의 중요성 / 263
계약형식 / 263
계획 / 247, 299
계획되지 않은 종결 / 270, 285
계획된 종결 / 268, 285
계획수립 과정 / 248
계획수립 과정(목표설정과 계약)의 주요 과업 / 262
계획자 / 301
고지된 동의(알 권리 바탕) / 88
공감의 두 가지 요소 / 187
공공기관 / 95
공유영역(shared area) / 154
과거의 문제가 재발했음을 보고하는 경우 / 271
과업성취척도 예 / 282
과업성취척도(Task Achievement Scaling) / 282
과정(process) / 158

과정기록 / 211
과정평가(Process Evaluation) / 276
관계 이론가들의 정의 / 171
관계형성에 대한 이해 / 169
관계형성을 통한 클라이언트의 참여유도 / 224
관계형성의 7대 원칙(비에스텍, Biestek) / 188
관계형성의 구성요소 / 174
관계형성의 기본 원칙(7대 원칙) / 180
관계형성의 목적 / 187
관계형성의 방해요인 / 184
관계형성의 장애요인 / 189
관련 서식 작성 / 225
관찰 / 199
교사 / 255
교육자 / 108
구두계약 / 253
구조적 가족치료 / 127
구조화 정도에 따른 면접 유형 / 197, 216
구조화된 면접 / 197
구체성 / 178
국가책임의 원리 / 70
궁극적 가치 / 65
권위과 권한 차이 / 187
권위성 / 174
권위와 권한 / 176
권한부여(=역량강화, 임파워먼트) / 166
그린우드(Greenwood)가 제시한 전문직 속성 / 31
긍정적 재해석 / 186
기관 설립주체 및 재원조달 방식 / 113
기관 설립주체 및 재원조달 방식에 따른 분류 / 95
기관의 기능과 목적에 따른 분류 / 94
기관의 목적에 따른 분류 / 113
기능에 따른 사회복지사 역할 분류 / 115
기능주의 모델 / 121
기능주의 학파 / 43
기록 / 217
기록과 클라이언트의 사적 관리(녹화·녹음) / 214
기록의 개념 / 206
기록의 기본 원칙 / 209
기록의 목적과 활용 / 208
기록의 유형 / 211
기존 서비스의 분산성 / 297
기준중위소득 / 218
기초생활보장수급자 / 306
기회균등의 원리(평등 및 기회 균등권) / 69
기획가 / 111

넓은 의미에서의 사회복지실천현장 / 93
노숙인복지시설 / 106
노인복지시설 / 99, 100
녹음 및 녹화기록 / 218

단일사례설계 / 277, 278
단일화모델 / 162
대인 복지 서비스 비용 효과 / 297
동귀결성(equifinality)과 다중귀결성(multifinality) / 155
동기화 / 225
동료 검토(Peer Review) / 284

라포(rapport) / 187
레비(Levy)의 사회복지 전문직의 가치 범위 / 67
로스(Ross)의 지리적·기능적 지역사회 / 135
로웬버그와 돌고프의 윤리원칙 준거틀 / 84
로웬버그와 돌고프의 의사결정모델 / 83

메리 리치몬드(Mary Richmond)의 사회복지 실천 기초 이론 구축 / 58
면접 시간 / 196
면접기술 / 217
면접에서의 의사소통기술 / 205
면접의 개요 / 216

면접의 구조적 조건 / 216
면접의 기술 / 199
면접의 목적 / 194
면접의 요건 / 195
면접의 유형 / 196
면접의 특성 / 194
명료화 / 203
모델링(modeling) / 258
목적과 관련된 가치 분류 / 65
목적과 목표 구분하기 / 262
목적에 따른 면접 유형 / 198
목표 달성으로 인한 종결 / 269
목표달성척도 예 / 283
목표달성척도(Goal Attainment Scaling) / 283
목표설정의 우선순위 기준 / 262
목표설정의 중요성 / 262
문제(problem) / 158
문제를 성장의 기회로 재규정 / 186
문제발견 / 233
문제에 대한 깊이 있는 정보 / 227
문제중심기록 / 213
문제해결 접근 / 43
문제해결모델 / 122, 157
문제형성(문제규정, 문제정의) / 234
물리적 환경 / 195
미국사회복지교육협의회(CSWE)의 사회복지실천의 목적 / 19
미국사회복지사협회(NASW)의 목적 / 17
미국사회복지사협회(NASW)의 사회복지실천의 기능 / 21
미군정기의 사회복지실천 / 51
민간기관 / 95

반구조화된 면접 / 197
반영 / 202
배분적 사회정의 / 65
변화매개자 / 255
변화매개체계 / 159
보웬(Bowen)의 다세대 가족치료 / 128
복지카드 / 31
복합적 욕구를 지닌 인구 증가 / 297
본질적 가치 분류 / 65
부수적 출처 정보 / 230
분야별 구분 / 114
분야별 사회복지실천현장 / 97
브론펜브레너(Bronfenbrenner)의 생태체계이론 / 165
비구조화된 면접 / 197
비밀보장 / 80, 183
비밀보장의 한계 / 189
비심판적 태도(Nonjudgemental Attitude) / 182
비언어적 의사소통 기술 / 205
빈곤의 함정(가난의 덫) / 264
빈민 분류 / 264

사람 우선의 가치(인간에 대한 바람직한 생각) / 67
사람(person) / 158
사례관리 개입 원칙 / 293, 304
사례관리 과정 / 296
사례관리 운영체계 / 296
사례관리 정의 / 304
사례관리 특징에서 공통으로 나오는 표현 / 305
사례관리의 개념 / 291
사례관리의 과정 / 298, 305
사례관리의 구성요소 / 294, 304
사례관리의 등장배경 / 296
사례관리의 목적 / 292, 304
사례관리자 / 295
사례관리자/조정자 / 109
사례관리자의 서비스 / 306
사례관리자의 역할 / 301, 306
사적인 질문에 답하기 / 217
사정 / 299
사정 단계의 주요 과업 / 242
사정 면접 / 198
사정단계의 과제 / 233
사정단계의 과제와 내용 / 233

사정도구 / 235
사정에 필요한 정보의 출처 / 242
사정을 위한 면접 / 216
사정의 개념 / 231
사정의 대상과 영역 / 233
사정의 목적 / 231
사정의 특징 / 232
사정의 한계성 / 242
사정자 / 301
사회도 예시 / 238
사회도(소시오그램) / 237
사회복지 면접의 특징 / 217
사회복지 사례관리의 특성 / 305
사회복지 전문직의 가치(레비, Levi) / 87
사회복지, 사회사업 / 29
사회복지관 / 97
사회복지관의 기능 / 98
사회복지사 / 114
사회복지사 결격사유 요약 / 115
사회복지사 선서 / 79
사회복지사 윤리강령 / 75
사회복지사 윤리강령의 개념 / 75
사회복지사 윤리강령의 기능 / 75
사회복지사를 대치할 대상을 찾는 경우 / 271
사회복지사업법에 의한 영역별 사회복지사 / 114
사회복지사에게 매달리는 반응 / 270
사회복지사와 클라이언트 간에 이루어지는 상호작용의 세 가지 방향 / 188
사회복지사의 역할 / 107, 114
사회복지사의 윤리강령 / 88
사회복지사의 윤리기준 / 78
사회복지사의 이동으로 인한 종결 / 270
사회복지사의 자아인식 / 189
사회복지시설의 평가기준 / 287
사회복지실천 3대 방법론 분화 및 확립 / 41
사회복지실천 가치의 개념 / 64
사회복지실천 기록 / 207
사회복지실천 목적의 특징 / 29
사회복지실천 윤리강령의 등장배경 / 89
사회복지실천 윤리의 필요성 / 73
사회복지실천 이전의 정의 / 15
사회복지실천 전 과정 / 222
사회복지실천 지식의 구성 수준(차원) / 31
사회복지실천 철학 / 25
사회복지실천 철학과 사회복지사와의 관계 / 25
사회복지실천 통합의 움직임(1950~1960) / 44
사회복지실천 평가의 개념 / 286
사회복지실천 평가의 목적 / 286
사회복지실천 현장의 분류 / 94
사회복지실천과 관계형성 / 169
사회복지실천과 기술의 통합 / 45
사회복지실천과정 / 221
사회복지실천과정에서의 계획 / 247
사회복지실천과정의 종결 / 268
사회복지실천에 영향을 미친 이념 / 30
사회복지실천에서 관계의 목적 / 172
사회복지실천에서 관계형성의 중요성 / 170
사회복지실천에서 면접의 개념 / 193
사회복지실천에서 전문적 관계의 특성 / 172
사회복지실천에서의 윤리적 딜레마 / 79
사회복지실천의 2가지 기능 / 29
사회복지실천의 3대 방법론(전통적 방법론) / 164
사회복지실천의 3대 축 / 30
사회복지실천의 5단계 / 241
사회복지실천의 가치 / 63
사회복지실천의 개념 / 141
사회복지실천의 과학적 속성 / 26
사회복지실천의 관계 / 13
사회복지실천의 기능 / 20
사회복지실천의 면접기록 / 206
사회복지실천의 목적 / 17
사회복지실천의 발전기(1960~1980) / 46
사회복지실천의 예술적 속성 / 27
사회복지실천의 윤리 / 71

사회복지실천의 윤리적 개념 / 72
사회복지실천의 윤리적 딜레마 / 79
사회복지실천의 이념과 철학의 개념 / 23
사회복지실천의 이중 초점 / 30
사회복지실천의 전문적 분화기(1920~1950) / 40
사회복지실천의 정의 / 15, 29
사회복지실천의 철학적 가치 / 68
사회복지실천의 통합 배경 / 44
사회복지실천의 핵심 가치(이중가치체계) / 87
사회복지실천현장의 개념 / 93, 113
사회복지와 사회사업 / 13
사회부적합계층(unfit) / 24
사회적 관계망 도표 / 238, 243
사회적 관계망 도표의 예 / 239
사회적 목표모델 / 132
사회적 자원 / 295
사회적 지원망에 대한 인식 증가 / 297
사회적 지지체계의 개발(대인관계로부터 제공되는 자원) / 259
사회적합계층(best fit) / 24
사회조사(social study) / 198
사회진화론 / 24
사회참여(통합)의 기능 / 137
사회체계이론 / 155
사회통제 기능 / 137
사회화 기능 / 137
사후관리 / 274, 287
상담자 / 302
상부상조의 기능 / 138
상충되는 의무와 기대 / 82
상호작용모델 / 132
상호작용의 관찰 / 230
새로운 관점의 등장과 개입전략의 확장(1980년대~현대) / 48
새로운 문제를 가지고 오는 경우 / 271
생산, 분배, 소비의 기능 / 136
생태도 / 236, 243
생태도 예시 / 237
생태체계관점에 관한 기본 내용 / 166
생태체계관점을 이해하는 주요 개념 / 166
생태체계이론 / 156
생활력 도표 / 240, 243
생활력 도표의 예 / 240
생활모델 / 161
생활시설 / 97
서구 사회복지실천의 역사적 발달 / 57
서구 사회복지실천의 역사적 발달과정 / 35
서면계약 / 253
서비스 기관(직접서비스) / 96
서비스 동의 또는 의뢰 / 225
서비스 제공방식 / 113
서비스 제공방식에 따른 분류 / 96
서비스 조정(coordination) 및 의뢰(referral) / 260
서비스 직접 제공자 / 108
서비스전달의 지방 분권화 / 297
성과 정보 체계(수행 정보 체계) / 215
소거(extinction) / 258
소시오그램 / 243
수단 우선의 가치(인간을 다루는 바람직한 도구) / 67
수단적 가치 / 66
수용(Acceptance) / 182
수용성 / 176
스티그마(Stigma) / 264
시간 제한적인 개입으로 인한 종결 / 269
시간적 제한이 없는 종결 / 269
시간제한성 / 173
심리검사 / 231
심리사회모델 / 121

아웃리치(Outreach) / 189
안정상태(steady state) / 154
양가감정 수용과 저항감 해소 / 225
언어적 의사소통 기술 / 205
에간(G. Egan)의 SMART 형식에 따라 개입목표 설정하기 / 250

에간(G. Egan)의 SMART 형식의 개입목표 설정 / 262
역량강화모델(임파워먼트모델, 권한부여모델) / 162
역량강화모델의 3단계 / 166
연구자와 조사활용자 / 112
열등처우원칙·균등처우원칙 / 218
옹호(advocacy) / 260
옹호자 / 110, 255, 302
외원단체협의회(KAVA : Korea Association of Voluntary Agencies) / 52
요약 / 201
요약기록 / 212
욕구(Need) / 242
우리나라 사회복지사 윤리강령 제정 연혁 / 89
우리나라 사회복지실천의 발달과정 / 59
우리나라 사회복지실천현장 발전 / 114
위기개입모델 / 123
윤리강령 / 88
윤리강령 전문 / 78
윤리강령의 가치와 원칙 / 78
윤리강령의 목적 / 78
윤리원칙 준거틀 / 85
윤리의 개념 / 71
윤리적 갈등 / 88
윤리적 갈등이 발생하는 상황 / 88
윤리적 결정의 철학적 근거 / 87
윤리적 결정의 철학적 근거(윤리 이론) / 73
윤리적 딜레마의 대처방안 / 82
윤리적 상대주의 / 73
윤리적 의사결정의 과정 / 85
윤리적 절대주의 / 74
의도적 감정표현(Purposeful Expression of Feelings) / 181
의도적 목적성 / 173
의뢰 / 273
의뢰-응답체계 / 161
의료비 지원 제도 / 306
의사소통 개입기술 / 257
의사소통과 관련된 개념 / 142
이야기체 기록 / 212
이용시설 / 97
인간의 존엄성 / 65
인권의 특징 / 87
인도주의와 박애주의 / 24
인보관운동 / 38
인보관운동의 목적 / 57
인보관운동의 특징 / 58
인보관운동이 사회복지실천에 미친 영향 / 58
인지구조의 변화 / 257
인테이크(Intake) / 189
인테이크(Intake, 접수) / 298
일반결정모델 / 83
일반적인 사회복지실천의 목적 / 29
일반체계이론 / 152
일반체계이론의 주요 개념 / 165
일반체계이론의 주요 내용 / 165
일정 기간만 개입이 계획되었을 때 종결 / 269
일제 강점기의 사회복지실천 / 50

자기결정권의 원리 / 69
자기노출 / 178
자료수집 / 227, 242
자료수집 시 정보의 출처 / 241
자료수집과 사정의 차이 / 242
자료수집에 포함될 요소(자료의 영역) / 227
자료수집의 개념 / 227
자료의 출처에 따른 자료수집 / 229
자선조직협회(COS) / 36
자선조직협회(COS)의 특징 / 57
자선조직협회·인보관운동 / 58
자선조직협회의 활동 목적 / 57
자아인식 / 179
자원 및 프로그램의 개발과 중개 / 259
자원봉사 관련기관 / 107
장소(place) / 158
장애인복지시설 / 102

재명명 / 203
재보증 / 204
적절한 종결 시기 결정 / 272
적절한 종결 시기 결정 기준 / 286
전문가(professional) / 159
전문가로서 사회복지사의 자질 / 179
전문가로서의 사회복지사 / 115
전문가체계 / 161
전문사회복지실천의 성장기(1900~1920) / 39
전문사회복지실천의 태동기(19세기 말~1900) / 36
전문적 관계형성의 기본 요소 / 174
전문적 관계형성의 기본적 요소 / 187
전문직 단체의 통합 / 46
점검 / 300
점검과 재사정 / 306
접수 및 자료수집 / 221
접수(Intake) / 223
접수과정에서 사회복지사의 역할 / 224
접수단계 / 241
접수단계에서 파악한 클라이언트에 대한 기본적인 정보 / 227
접수단계의 주요 과업 / 241
접수양식/초기 면접지에 포함되는 내용 / 241
접수의 개념 / 223
접수절차와 접수 시 필요한 내용 / 223
정보/자료수집 / 233
정보수집 면접 / 198
정보수집을 위한 면접 / 216
정서적 관계 / 177
정서적 안정 / 257
정성평가 · 정량평가 / 286
정신건강증진시설 / 105
정책개발자 / 111
제공물(provision) / 159
제도적 · 잔여적 복지 / 31
제한된 자원의 공정한 분배 / 81
조력자 / 108, 255
조정자 / 302
조직 정보 체계 / 215
좁은 의미에서의 사회복지실천현장 / 94
종결 / 267, 285
종결 갈등의 행동화 / 271
종결 반응 / 270
종결과 평가단계의 주요 과업 / 285
종결단계에서 사회복지사의 과업 / 271
종결에서 발생하는 클라이언트의 저항 반응 4가지(부정적 반응) / 285
종결에서의 평가 / 273
종결의 유형 / 268
주거 서비스 제공 여부에 따른 분류 / 97
주거서비스 제공 여부 / 113
주의해야 할 질문 형태 / 217
중개자 / 109, 302
중재자 / 110, 255
지역사회 목표 / 134
지역사회 문제 / 139
지역사회 자원 / 138
지역사회(체계) / 133
지역사회대상 사회복지실천 / 133
지역사회보장협의체의 기능 / 143
지역사회에서 사회복지사의 역할 / 139
지역사회의 개념 / 143
지역사회의 구분 / 135
지역사회의 기능(길버트와 스펙트, Gilbert & Specht) / 136
지역사회의 변화 / 134
지역사회의 변화와 목표 / 134
지역사회의 실천 개입 기술 / 143
지역사회조직 발달 / 41
지역사회조직사업의 실천 / 48
직권주의 · 신청주의 / 189
직면 / 201
직면하기 / 186
직접성 / 178
직접적 개입 / 256, 264
진단주의 대 기능주의 갈등(1930~1950) / 42

진단주의 학파 / 42
진단주의와 기능주의 대립(1930~1950년대) / 58
진실성 고수와 알 권리 / 81
진실성과 일치성 / 176
질문 / 200
질문하기 / 217
집단(체계) / 129
집단개입모델(집단 사회복지실천모델) / 131
집단대상 사회복지실천의 목적 / 129
집단대상 사회복지실천의 유형 / 130
집단대상 사회복지실천의 특징 / 130
집단사회복지실천 발달 / 41
집단사회사업의 발전 / 48
집단의 기능에 따른 3가지 모델 / 143
집단의 유형 / 142
집단의 특성 / 142
집단촉진자 / 256

차등적 가치 / 66
차상위계층 / 306
처벌(punishment) / 257
청소년복지시설 / 103
체계개발자 / 111
체계연결자 / 109
체계이론 / 152
초기 면접지(예) / 226
초기 사회사업의 발달 / 50
초점화 / 202
총괄평가(Summative Evaluation) / 277
치료를 위한 면접 / 216
치료모델 / 132
치료적 면접 / 199
치료적 면접 / 207

컴퓨터와 표준화된 기록 / 214
콤튼과 갤러웨이(Compton & Galaway)의 6 체계 모델 / 160
콤튼과 갤러웨이의 사회복지실천 체계 / 166
콩그레스의 윤리결정모델 / 82, 83
클라이언의 감정표현을 방해하는 요인 / 188
클라이언트 / 89, 294
클라이언트 만족도 평가 / 283, 287
클라이언트 정보 체계 / 215
클라이언트를 개별화하기 위한 사회복지사의 역량 / 188
클라이언트에 대한 사회복지사의 헌신 / 173
클라이언트와 사회복지사의 종결에 대한 정서적 반응 처리 / 272
클라이언트의 강점, 동기, 한계 등 / 228
클라이언트의 구두보고 / 229
클라이언트의 기능 수준 / 228
클라이언트의 문제 확인 / 224
클라이언트의 불신 / 185
클라이언트의 비언어적 행동 관찰 / 229
클라이언트의 일방적 종결 / 270
클라이언트의 일방적인 조기 종결 / 285
클라이언트의 자기결정(Self-determination) / 183
클라이언트의 자기결정권 / 80
클라이언트의 전이 / 185
클라이언트의 환경 / 228
클라이언트체계 / 160

타인에 관한 관심과 원조의지 / 175
타임 아웃(time out) / 258
탈시설화 / 296
토큰 경제(token economy) / 258
통제된 관계 / 173
통제된 정서적 관여(Controlled Emotion Response) / 181
통합적 실천모델 / 157
통합적 접근의 개념 / 148
통합적 접근의 등장배경 / 147, 164
통합적 접근의 실천모델 개발 및 적용 / 156
통합적 접근의 정의 / 164
통합적 접근의 주요 관점 및 이론 / 151
통합적 접근의 특징 / 149, 164

통합적 정의 / 16
퇴니스(Tonnies)의 공동사회·이익사회 / 135
투입, 전환, 산출, 환류 / 155

펄만(Perlman)의 개별사회사업(case work)의 구성요소 / 141
평가 및 종결 / 300
평가의 개념 / 274
평가의 방법 / 277
평가의 유형 / 275
평가자 / 302
폐쇄체계(closed system) / 153
표적체계 / 160
표현촉진기술 / 204
프로그램 개발자 / 111
프리드랜더(W. Friedlander)가 제시한 기본적 가치 / 66
핀커스와 미나한(Pincus & Minahan)의 4체계 모델 / 159
핀커스와 미나한(Pincus & Minahan)의 사회복지실천의 기능 / 22
핀커스와 미나한의 사회복지실천 체계 / 166
핀커스와 미나한의 사회복지실천의 네 가지 목적 / 18

학자들의 정의 / 29
한국 사회복지실천의 역사적 발달과정 / 49
한국기독교세계봉사회(KCWS) / 52
한국사회복지사협회 사회복지 전문직 윤리강령의 목적 / 77
한국사회복지사협회 사회복지 전문직 윤리강령의 주요 내용 / 77
한국외원단체협의회(KAVA) / 59
한국전쟁과 외원기관 / 51
한부모가족 복지시설 / 104
항상성(homeostasis) / 154
해결하지 못한 문제의 탐색과 처리 / 273
해석 / 200
행동변화 개입기술 / 257
행동수정모델 / 122
행동조성(shaping) / 258
행동체계 / 160
행정기관(간접서비스) / 96
헌신과 의무 / 175
헐 하우스(Hull House) / 38
헵워스와 라슨(Hepworth & Larsen)의 개입목표 설정의 지침 / 249
헵워스와 라슨(Hepworth & Larsen)의 사회복지실천 기능 / 21
현대적 정의 / 16
협상가 / 256
형성평가(Formative Evaluation) / 276
형성평가·총괄평가 / 286
홀론(holon) / 153
'환경 속의 인간'과 '환경 속의 인간 관점' / 151
환경 속의 인간 관점 / 164
환경 속의 인간 관점을 반영한 사회복지실천 내용 / 165
환경조정(environmental manipulation) / 260

AB 조사 / 279
AB 조사 설계 / 279
ABA 조사 / 279
ABA 조사 설계 / 280
ABAB 조사 / 280
ABAB 조사 설계 / 280
ABCD 조사 설계 / 282
ABCD 조사(다중기초선설계) / 281

BAB 조사 / 280
BAB 조사 설계 / 281

1차 현장 / 94
1980년대~2000년까지 / 53

2차 현장 / 95
2000년대~현재 / 54

저/자/소/개

■ **홍봉수**
동덕여자대학교 뉴에듀케이션 칼리지 교수

■ **권은예**
김포대학교 자유전공학과 외래교수

■ **김문수**
구미대학교 사회복지학과 교수

■ **박영애**
동원대학교 사회복지학과 교수

■ **정규영**
유원대학교 문화복지융합학과 교수

■ **정숙희**
동원과학기술대학교 보건복지과 교수

【제2판】

사회복지실천론

|공저자| 홍봉수
권은예 · 김문수 · 박영애 · 정규영 · 정숙희

|1판 1쇄| 발행 2024년 7월 31일
|2판 1쇄| 발행 2025년 7월 31일

|발행인| 김동훈
|발행처| **공동체**

|주소| 경기도 고양시 일산동구 호수로 358-39, 동문타워 1차 905호(백석동)
|전화| 031)814-3000(대표)
|팩스| 031)814-3100
|홈페이지| http://www.compub.co.kr
|전자우편| compub@naver.com
|출판등록| 2005년 10월 6일
|등록번호| 제396-2005-36호

|ISBN| 979-11-6725-970-7
정가 21,000원